ZOË JENNY, CASPAR JENNY
DIE NACHTMASCHINE

Der Zytglogge Verlag wird vom Bundesamt für Kultur
mit einem Strukturbeitrag für die Jahre 2021–2024 unterstützt.

Autorin, Autor und Verlag danken für die Unterstützung:

© 2024 Zytglogge Verlag, Schwabe Verlagsgruppe AG, Basel
Alle Rechte vorbehalten
Lektorat: Thomas Gierl
Korrektorat: Ulrike Ebenritter
Coverfoto: Kurt Wyss
Umschlaggestaltung: Hug & Eberlein, Leipzig
Layout/Satz: Hug & Eberlein, Leipzig
Druck: CPI books GmbH, Leck
ISBN: 978-3-7296-5170-8

www.zytglogge.ch

ZOË JENNY, CASPAR JENNY
DIE NACHTMASCHINE

MATTHYAS JENNY:
EIN LITERARISCHES LEBEN

ZYTGLOGGE

Für Naomi

ZOË

ALLES IST NUR EINMAL

Die Krankenschwester steht am Kopfende, der Pfleger am Fußende des Bettes. Er beugt sich über die Schuhe meines Vaters und bindet einen Knoten in die Schnürsenkel. Wie oft hat er wohl schon einem Toten die Schuhe angezogen? Das ist die Frage, die sich mir stellt, als ich am 11. Oktober 2021 um 9 Uhr morgens im Sterbezimmer der Hospizklinik in Basel sitze und zusehe, wie mein Vater bereit gemacht wird für seine letzte Reise.

Der Pfleger zieht den Knoten fest. Wozu? Mein Vater wird nie wieder aufrecht auf seinen Füßen stehen. Nie wieder in diesen Schuhen irgendwohin gehen.

Kein letzter Spaziergang mehr am Rheinufer. In den letzten Monaten ging er jeden Tag am Rheinufer spazieren. Genau in diesen Schuhen. Zehntausend Schritte pro Tag. Vielleicht das einzige Zugeständnis, das mein Vater an seine Gesundheit machte. Das Einhalten dieser zehntausend Schritte. Der Schrittzähler auf seinem Handy registrierte sie.

Es sind immer weniger geworden. Am Ende war der Weg zum Coop eine Leistung, die mein Vater freudig am Telefon mitteilte.

«Ich war einkaufen!»

Dann wurden die fünf Schritte von der Wohnungstür bis zum Lift, der ihn in die Waschküche brachte, eine Herausforderung, die er stolz durchgab.
«Ich habe die Wäsche gemacht!»
Der Bewegungsradius verengte sich zunehmend.
Im Hospiz war der Weg vom Bett zum Badezimmer eine Anstrengung, die er ohne Hilfe nicht mehr schaffte. Kurz darauf war an Aufstehen und Gehen gar nicht mehr zu denken und die Bewegung der Hand zum Telefonhörer eine nur mühevoll zu überwindende Strecke, bis auch dies nicht mehr möglich war. Wenn ich von Wien aus anrief, hielt ihm der Pfleger den Hörer ans Ohr. Zu Beginn meiner Besuche brachte ich den Kaffee ans Bett, am Ende führte ich ihm eine Schnabeltasse zum Mund.

An diesem Morgen liegen seine toten Hände auf dem Bauch, eine Hand auf der anderen. Während fremde Hände ihn anziehen, seine Schürsenkel binden, an seinem Hemd zupfen, liegen seine für immer still. Seine Finger sind blass und dünn. Sie werden nie wieder etwas greifen, nichts mehr suchen, nie wieder eine Kaffeetasse, ein Honigbrot zum Mund führen, nie wieder ein Buch öffnen, nie wieder schreiben.
Die Bewegungen des Pflegers sind sicher und ruhig. Freundliche Hände. Die Hände eines Menschen, der weiß, was zu tun ist. Alles hat seine Zeit, und jetzt ist es Zeit für meinen Vater, angezogen zu werden. Auch das Jackett. Das viel zu groß ist, aber alles war am Schluss zu groß, auch die Hosen, die an seinen abgemagerten Fesseln flatterten wie Segel.
In ein paar Stunden wird das alles zu Asche, denke ich. Auch die Finger des Pflegers, die noch jung sind und einen festen Knoten binden können: Irgendwann werden sie zu Asche. Wer wird dann seine Schuhe binden? Aber an diesem

Zoë

Morgen ist mein Vater dran. Die Schuhe mit den abgelaufenen Sohlen, die Schnürsenkel, der weiße Kittel des Pflegers – all das verschwimmt vor meinen Augen.

Ich stehe auf und gehe. Die Treppe hinunter, an der Rezeption vorbei. Auf der Empfangstheke das Besucherbuch. Wie oft bin ich in den letzten Wochen direkt vom Flughafen mit dem Taxi hierhergefahren und habe mich hier in dieses Buch eingetragen.

Draußen eine milde Oktobersonne. Vor dem Hospiz bestelle ich ein Uber. Wenn ich weggefahren bin, wird mein Vater abgeholt. Vom Bestattungswagen. Die grausamen unvermeidlichen Abläufe. Von der Klinik zum Friedhof Hörnli sind es mit dem Auto nur wenige Minuten. Als ich am Tag zuvor mit der Bestattungsfirma telefonierte, war der Gedanke, dass der Sarg, in dem mein Vater transportiert werden soll, geschlossen ist, unerträglich. «Kann man den Sarg wenigstens offen lassen?», fragte ich. Das sei aus Sicherheitsgründen leider nicht möglich, erklärte mir der Bestattungsbeamte.

Das sind die Abläufe: Man wird angezogen, die Schuhe werden gebunden und dann wird man in den Sarg gelegt. Aber wo wird das stattfinden, fragte ich mich. Ich habe in den Wochen, in denen ich in dieser Klinik ein und aus gegangen bin, nie einen Sarg gesehen.

Gibt es dafür ein eigenes Zimmer? Irgendwo unten, in den Tiefen des Hospizes?

Ich denke von Tag zu Tag. Der nächste Schritt ist die Überfahrt zum Friedhof, dann die Aufbahrung vor der Einäscherung. Immerhin: Bei der Aufbahrung wird der Sarg offen sein, obwohl niemand hingehen wird, weil mein Vater das so wollte. Keine Beerdigung, keine Todesanzeige, nichts. Alles, was er wollte, war, dass mein Bruder und ich seine Asche zusammen mit der Asche seiner Frau in den Rhein streuen.

> Die zeit vor mir –
> Die zeit nach mir –
> Dazwischen gleiten Träume dahin

Das schrieb mein Vater in seinem 1976 erschienenen Lyrikband «Zwölf-Wort-Gedichte».

Dieses Gedicht habe ich ihm am Totenbett vorgelesen. Wenn er noch etwas gehört hat, dann seine eigenen Worte.

In den letzten Wochen seines Lebens hat mein Vater es überaus geschätzt, wenn man ihm vorlas. Ich erinnere mich an einen meiner letzten Besuche in der Klinik. Es war ein besonders schöner und warmer Herbsttag. Das Bett wurde mithilfe von zwei Pflegern in den Garten geschoben. Ich las ihm aus Giorgos Seferis' Buch «Ionische Reise» vor.

Bei meinen Besuchen in Basel nächtigte ich jeweils im Gästezimmer einer Freundin. Sie war viele Jahre mit dem Philosophen Hans Saner zusammen gewesen und bekam nach dessen Tod einen beträchtlichen Teil seiner Bibliothek. In dieser Bibliothek hatte ich an jenem Morgen die «Ionische Reise» gefunden.

Immer wenn ich das Buch senkte, sagte mein Vater mit seiner heiseren leisen Stimme: «Lies weiter.»

Ich hatte das Gefühl, Vorlesen beruhigte ihn, als würden die Worte ihn einen Moment lang trösten, aus der Gefangenschaft seines zerbrechlichen, todkranken Körpers wegtragen; hinaus in die Beschreibung von Wolken, von Luft und Lichtverhältnissen, vom Staub der Straße anderer Länder und fernem Kinderlachen, während er im Bett lag, aus dem er nie mehr aufstehen würde. Neben ihm an einem Ständer auf Rollen der Infusionsbeutel mit dem Morphium.

Wir saßen im Halbschatten einer Kastanie. An den Tischen in der Sonne plauderten Patienten und Besucher und

Zoë

tranken Kaffee. Trotzdem waren wir ganz unter uns, allein mit den Sätzen von Seferis. Ich las den ganzen Nachmittag, während der Schatten der Kastanien langsam über den Innenhof wanderte; ich las fast das ganze Buch vor, bis die Sonne verschwand und es kühl wurde.

«Alles ist nur einmal», sagte mein Vater immer, wenn er ein Foto machte. Erinnerungen festzuhalten war ihm wichtig. Wenn er auf Besuch bei uns im Wienerwald war, machte er Fotos zu Ostern, auf der Wiese hinter dem Haus, von Naomi, seinem einzigen Enkelkind, mit einem Korb voller Schokohasen im Arm. An Weihnachten am Küchentisch, in der Mitte die Weihnachtsgans. «Alles ist nur einmal», sagte er und drückte ab. Weil er es immer sagte, auch schon, als ich ein Kind war, bedeutete der Satz nichts. Er sagte es einfach, wie eine Gewohnheit. Erst als er das letzte Mal bei uns war und es wirklich nur noch einmal war, sagte er es nicht mehr, und da wurde mir der Satz in seiner Bedeutung bewusst.

Als mein Vater immer schwächer wurde und es ihm schwerfiel, den Alltag zu meistern, fragte ich ihn, ob ich jemand organisieren solle, der Einkäufe für ihn erledigt und im Haushalt hilft. Er lehnte entschieden ab. «Auf gar keinen Fall!», sagte er. Er mache alles selbst und vor allem wolle er zu Hause bleiben. Er machte keinen Hehl daraus, dass er seine Ruhe wollte. Er freute sich, wenn Besuch kam, aber er sagte mir einmal, er sei auch mindestens so froh, wenn der Besuch wieder gegangen sei. Seinen Frieden zu haben, auch vor besorgten Mitmenschen, ist ein hohes Gut. Vielleicht vor allem dann, wenn einem nicht mehr viel Zeit bleibt.

 Manchmal rief er an, um zu sagen, dass er am Rhein in der Sonne sitze. Noch einmal die Wärme der Sonne im Gesicht fühlen. Vielleicht ist das Frieden.

«Jetzt dauert es nicht mehr lange», sagte er einmal. Ob er ein schönes Leben gehabt habe, fragte ich auf der Bettkante sitzend. Er zuckte mit den Schultern. Aber wenn ich heute an meinen Vater denke, dann sehe ich ihn am Rheinufer auf einer Bank, das Gesicht zum Himmel gestreckt, in der Sonne sitzen.

Er wollte nicht nur seine Ruhe, er wollte auch unbedingt zu Hause bleiben. In der Einzimmerwohnung in der Breisacherstraße im Kleinbasel, wo er die letzten sechs Jahre seines Lebens verbrachte. Als wäre er am Ende dorthin zurückgekehrt, wo vieles seinen Anfang genommen hatte. Parallel zur Breisacherstraße verläuft der Untere Rheinweg. Hier, direkt am Rheinufer, an einer der schönsten Promenaden Basels, wohnte er mit meiner Mutter und meinem ein Jahr alten Bruder 1972. Ich kam erst zwei Jahre später zur Welt.

Wenn wir am unteren Rheinweg spazierten, sagte er: «Hier haben wir gewohnt», und es klang fast so, als wäre es eine glückliche Zeit gewesen.

An die Breisacherstraße grenzt die Oetlingerstraße, an deren oberem Ende, an der Nummer 157, wohnte mein Vater mit uns von 1976 bis 1984. Von hier aus betrieb er den Verlag Nachtmaschine.

In den letzten Monaten seines Lebens ging er oft diese Straßen ab und machte eine Tour durch die Vergangenheit. Er nannte es den «Erinnerungsrundweg». Mindestens zehntausend Schritte dürfte der Weg lang sein. Ich weiß nicht, wie oft er diesen Weg abgelaufen ist und was ihm dabei durch den Kopf ging, aber jedes Haus, jeder Stein, an dem er vorbeikam, musste für ihn eine Bedeutung haben. Irgendwann machte er auch diesen Spaziergang zum letzten Mal.

Das Haus an der Oetlingerstraße steht immer noch. Auch das Haus mit der Bäckerei an der Ecke ist noch da. Hier

Zoë

bekam mein Vater damals am Abend das vom Tag übrig gebliebene Brot umsonst, weil sich herumgesprochen hatte, dass er als alleinerziehender Vater von zwei Kindern nur schwer über die Runden kam. Heute befindet sich ein Café darin. Sogar das Lokal «Zum Wilde Maa» existiert noch. Ich erinnere mich an den Flipperkasten, Schwaden von Zigarettenrauch und den Geruch von Frittieröl. Inzwischen ist das Restaurant rauchfrei, und gekocht wird saisonal. Dann war da noch der Laden an der Hammerstraße, wo mein Vater die Bücher aus seinem Verlag Nachtmaschine verkaufte. Im Dokumentarfilm «Nachtmaschine» von Angelo A. Lüdin sitzt mein Vater mit dem Künstler Dieter Roth hier im Schaufenster. Sie führen ein betrunken-philosophisches Gespräch darüber, was Wahrheit im Schreiben ist.

Als mein Vater im Dezember 2015 an die Breisacherstraße zog, schrieb er mir ein E-Mail, in dem er die Wohnung als hell und komfortabel beschreibt. Als ich sie zum ersten Mal sah, bin ich erschrocken. Hier soll mein Vater seinen Lebensabend verbringen? Es gab eine winzige Küche mit einer Elektrokochplatte und eine Nasszelle mit WC und Dusche, in der man sich kaum umdrehen konnte. Ihm genügte es.

    In dem einzigen Zimmer gab es gerade genug Platz für einen Schreibtisch und ein Bett. Auf dem Nachttischchen die Urne seiner verstorbenen Frau, Ursula. Auf die Holzurne hatte er ein auf Fotopapier ausgedrucktes Bild von Ursula geklebt. Darauf ist sie inmitten einer Blumenwiese zu sehen. In der Hand hält sie lächelnd eine Sonnenblume. Als er die Buchhandlung nach ihrem Tod weiterführte, hing das Bild an den Türstock gepinnt. Immer wenn er von der Buchhandlung nach hinten in die Küche ging, konnte er es sehen.

    Die unmittelbare Präsenz der Urne beruhige ihn, sagte er. Er könne nur schlafen mit Ursulas Asche neben seinem Bett.

Da das Zimmer zu klein war für seine Bibliothek und den Bestand seines Verlags, mussten fast alle Bücher in Kisten verpackt in einem Lager aufbewahrt werden. Trotzdem war das Zimmer bis zur Decke mit Büchern vollgestopft. Mein Vater fand Bücher auf der Straße.

Auf Facebook postete er die gefundenen Bücher regelmäßig in seiner Serie «Meine Straßenbibliothek». Er war immer wieder überrascht, was er alles fand: Adelheid Duvanel, J. D. Salinger, Jürg Federspiel, Truman Capote, Eveline Hasler, Simone de Beauvoir, Rainer Maria Rilke, Vladimir Nabokov, Thomas Hürlimann, Friedrich Dürrenmatt, György Konrád. Darunter waren neue, noch nie geöffnete Bücher, die achtlos weggeschmissen worden waren, aber auch solche, die vom vielen Lesen zerfleddert waren. Er nahm sie alle. Niemals hätte mein Vater ein Buch links liegen gelassen.

In den letzten zwei Jahren tat er Dinge, die er sein ganzes Leben nie getan hatte. Zum Beispiel im Brocki, dem Gebrauchtwarenladen, eine kleine Vase kaufen und Blumen ans Fensterbrett stellen.

Plötzlich tat er häusliche Dinge wie Bilder aufhängen, darunter ein gerahmtes Foto von seiner Mutter als Kind mit ihrem Hund. Wenn er im Bett lag, sah er dieses Bild.

Als meine Tochter bei einem Besuch das Chaos in dem Zimmer sah, wollte sie sofort aufräumen. Mein Vater hatte nichts dagegen. Im Gegenteil. Er mochte es, wie sie die Bücher nach Alphabet sortierte. Dann spielten wir Scrabble, während er schlief. «Nicht aufhören», sagte er einmal, als er kurz aufwachte. «Ich will eure Stimmen hören.»

Am Tag unserer Abreise hatte er einen Termin im Spital. Es war Anfang September. Mit dem Auto fuhren wir hin, und ich begleitete ihn noch hinein. Zehntausend Schritte konnte er schon lange nicht mehr gehen. Vielmehr verlangte jeder einzelne Schritt Konzentration. Damals fiel mir auf, wie schwer seine Schuhe an den dünnen Beinen wirkten, wie Gewichte, die er heben musste. Trotzdem ging er zügig, wie jemand, der keine Zeit zu verschwenden hat. Er ging schon immer mit einem gewissen Grundtempo, aber ich hätte nie geglaubt, dass ein Mensch, der todkrank ist, noch so schnell gehen kann. Meinen Arm zur Unterstützung wollte er nicht annehmen. Dann verschwand er im Lift, der ihn in die Onkologie in den achten Stock brachte.

Als wir wieder zurück in Wien waren, rief mich der Oberarzt an, der von einer noch nie gesehenen Sturheit sprach. «Ihr Vater akzeptiert nicht, dass er Hilfe braucht!»

«Ich weiß», hätte ich antworten können, «er will keine Hilfe, von mir nicht und von Ihnen nicht. Was erwarten Sie? Dass er sich friedlich und widerstandslos zum Sterben hinlegt? Sich in den tödlichen Komfort eines Spitalbettes begibt? Aus dem er nie wieder aufstehen wird? So viel Morphium können Sie meinem Vater gar nicht geben, dass er das nicht merkt.»

Entgegen allen Empfehlungen der Ärzte ging mein Vater wieder nach Hause. Als ich ihn wenige Tage später über Stunden nicht erreichen konnte, bat ich eine liebe Bekannte meines Vaters, in der Wohnung vorbeizuschauen. Sie rief mich an, als sie vor der geschlossenen Wohnungstür stand. Die Tür sei verriegelt, aber sie höre von innen schwach seine Stimme. Kurz darauf trafen die Polizei und die Sanität ein, und die Tür wurde gewaltsam aufgebrochen.

Ich stand auf dem Schulhof, um meine Tochter abzuholen. Während ich in dem Gewimmel der Kinder und Eltern nach meiner Tochter Ausschau hielt, sprach ich, das Handy in der Hand, abwechselnd mit der Bekannten, dem Polizisten und dem Sanitäter. Im Hintergrund hörte ich meinen Vater

«Nein!» rufen. Er wollte nicht mit. Doch sobald ein Mensch am Boden liegt und nicht mehr selbstständig aufstehen kann, ist die Polizei verpflichtet, ihn ins Krankenhaus zu bringen, auch gegen seinen Willen. Ich stellte mir vor, wie alle diese Personen in dem kleinen Zimmer herumstanden, mein Vater krank und wehrlos am Boden. Die Bekannte musste ein Formular unterschreiben. Mein Vater wurde auf die Trage gebettet und kam nie wieder in seine Wohnung zurück. Er hatte seine Verlegung ins Hospiz hinausgezögert, so lange, wie es nur irgend ging.

Komfort und Bequemlichkeit haben meinen Vater nie interessiert. Auch nicht mit 76, auch nicht, als es sehr ungemütlich wurde. So, dass es für die Menschen um ihn herum eine Qual wurde, es mitanzusehen.

Ich wusste, ich sollte ihm Fragen stellen, solange es möglich ist. «Alles ist nur einmal.» Den Satz hatte er mir eingebläut, und die Zeit lief erbarmungslos ab. Irgendwann ist der letzte Satz gesagt, das letzte Wort gesprochen. Ich überlegte, Interviews zu führen, mit einem Tonbandgerät alles aufzunehmen, damit kein Wort verloren geht. Aber dann fiel mir wie paralysiert nichts ein, was ich ihn hätte fragen sollen.

DAS GRABENKIND

Es gibt nicht mehr viele Menschen, die sich an meinen Vater erinnern, als er jung war. Auf einem Klassenfoto von 1959 sitzt er in der ersten Reihe (der Fünfte von rechts) vor dem Gottfried-Keller-Schulhaus. Vierzehn Jahre alt, die Hände zwischen den Knien gefaltet, in Anzug und Krawatte.

Zoë

Klassenfoto, 1960, Gottfried-Keller-Schulhaus, untere Reihe, 5. von rechts.
Bild: Max Bolli.

Zwei seiner damaligen Schulfreunde, die ebenfalls auf diesem Foto sind, kann ich dank Facebook ausfindig machen.

Einer von ihnen erzählt mir am Telefon, wie er einmal bei meinem Vater zum Mittagessen eingeladen war. Er wohnte an der General Guisan-Straße, in einer vornehmen Wohnung im obersten Stockwerk. Der Schulfreund war überrascht ob der eleganten Wohnung und des Dienstmädchens. Es war sonst niemand da, nur das Dienstmädchen, die das Mittagessen im Esszimmer servierte. Als der Schulfreund nach dem Essen helfen wollte, das Geschirr abzuräumen, meinte mein Vater, das sei nicht nötig, riss mit einem Ruck das Tischtuch zurück und schmiss das ganze Geschirr aus dem Fenster in den Garten.

Der andere Schulfreund sei ab und zu bei ihm zu Hause gewesen, schreibt er mir in einer E-Mail. Sie schauten gemeinsam Filme wie «Lassie», «Fury», «Corky» und «Der Zirkus» von Charlie Chaplin. Er wisse zwar nicht, ob er das überhaupt sagen sollte, aber sie seien sich auch nähergekommen. «Wie es bei jungen Burschen eben so ist.»

> Er wusste immer ganz genau, was er wollte, behauptete mein Vater. Was er nicht wollte, war, dass sich sein Sohn in einen Mitschüler verliebte und sich mit diesem auf dem Estrich, im Hauseingang, im Keller und in Gebüschen herumtrieb, bis den Vater die Meldung aus der Schule erreichte, das mit der Entwicklung seines Sohnes etwas nicht den richtigen Verlauf nehme. Die mit einem von feinstem Leder überzogenen Kleiderbügel für den Biberpelz von Mutter verabreichten Schläge führten direkt in den Graben zurück, aus dem es für einige Monate ein lustvolles Entrinnen zu einem anderen Körper gegeben hatte. Liebe und Lust als Lichtschimmer über dem Grabenrand.
>
> Aus «Die Beschreibung der Tiefsee»

Unabhängig voneinander erinnern sich beide Schulfreunde an einen Unfall, weil mein Vater danach monatelang nicht mehr zur Schule kam. Am Barfüßerplatz gab es eine Rampe, die er mit seinem Rudge-Fahrrad runterfuhr, so schnell, dass er sich überschlug, über die Mauer stürzte und sich ihm der Lenker mit voller Wucht in den Bauch bohrte. Seine Freunde standen um ihn herum und lachten. «Steh schon auf, Matz!» Sie glaubten, er mache nur Spaß. Aber er stand nicht mehr auf, sondern kam als Notfall ins Kinderspital – mit einem lebensbedrohlichen Milz- und Leberriss.

Es war bei Weitem nicht der einzige Unfall.

Auf seinem Computer finde ich folgende Notiz:

> Rechte Hand auf heiße Herdplatte, Hand in Öl, 4 Jahre alt, weinte nicht. Erstes Schuljahr, Neubad-Schulhaus, fiel aufs Kinn - musste mit Klammern geschlossen werden. Ferien in Gstaad - lief

> in Stacheldraht. Bein aufgerissen - beinahe verblutet in Nacht. Fiel durch Heuboden Gstaad, ca. 10 Jahre alt, neben Stacheln von Heuwender. Fuhr mit Rudge-Velo die Rampe Barfüßerplatz runter, fiel über die Mauer - Krankenwagen - Milzruptur. Pausenplatz, Gottfried-Keller-Schulhaus. Einer rannte in meinen Bauch, fiel hin, Krankenhaus, stumpfes Bauchtrauma. Unterer Rheinweg, 1972, mit Hund Doyan, zog mich Rheinbord runter, brach das rechte Unterbein ... Knochen ragte heraus.
> Tagebuchnotiz, undatiert

Mein Vater hatte Narben am ganzen Körper, und seit ich diese Aufzählung gelesen habe, verstehe ich, warum er so oft von Unfällen sprach. Von den Gefahren, denen Kinder ausgesetzt sind. «Steh auf!», sagte er, wenn ich als Kind hinfiel und mir das Knie aufschlug. Daraufhin stand ich auf, und das war's. Er sagte später, ich hätte nie geweint oder gejammert. Schlimmer als die Verletzung sei das Drama, das Eltern veranstalten. Er meinte, das Gute am Stürzen sei, dass man dabei lerne wieder aufzustehen.

> Wir wohnten damals in einem grauen dreistöckigen Haus, das rundum von einem großen üppigen Garten mit drei windschiefen Pappeln, einem Pfirsichbaum und mancherlei wuchernden Sträuchern, die meine Mutter mit Schneeball oder Goldregen bezeichnete, umgeben war. Sie schlug mir auf die Finger, wenn ich eine der gelben oder weißen Blüten in den Mund stecken wollte. Die sind giftig, man kann sterben, wenn man sie isst, sagte sie. Ein kleiner Sandkasten unter einem violetten Flieder war der Ort, wo ich mit den Geschwistern mit

großem Geschrei Großes gebaut und alles wieder zerstört hatte. War ich allein im Sandkasten, gehörte alles mir, und ich spielte Murmeltier, grub ein tiefes Loch mit dem Schäufelchen, grub auch die Erde unter dem Sand auf und grub so tief, dass ich mich im Loch verstecken konnte und verschwand unter dem herabrieselnden Sand. Es gefiel mir, ein Murmeltier zu sein, das seinen Winterschlaf macht und in der kühlen, mit Sand vermischten Erde schlief und träumte, es gefiel mir, verschwunden zu sein, und ich rührte mich nicht mehr. Die Hausmädchen und meine Mutter riefen meinen Namen, aber ich blieb mit geschlossenen Augen, die Fäuste unterm Kinn, im Loch sitzen und dachte, dass derjenige, der gerufen wird, nicht ich bin. Bis mich eines der Hausmädchen mit dem Ausruf «Hier ist ja unser kleiner Sandmann» aus dem Sand zog. Seitdem blieb der Sandkasten mit von Flechten bewachsenen Brettern zugedeckt und wurde nur noch bei den großen und lauten Garten-Partys meines Vaters für die Getränkeablage benutzt. Meine Schwester hatte mit ihren immer kichernden Freundinnen längst anderes vor, als mit mir im Sandkasten zu streiten, und mein Bruder spielte nicht gerne mit seinem kleinen Bruder, der ihm alles nachmachte.

Aus dem unveröffentlichten Roman «Durch die Luft»

Als Matthyas Christoph Jenny am 14. Juni 1945 in Basel zur Welt kam, war sein Vater Walter 51 Jahre alt.

Er war das letzte von drei Kindern, der Nachzügler. Sein Vater hatte als Speditionschef eine führende Rolle im Chemieunternehmen Ciba-Geigy. Die Familie gehörte zur oberen

Mittelschicht. Jeden Sommer mietete Walter Jenny ein Chalet, die Gütschihalde, in Saanen, Gstaad. In stundenlangen Aufzeichnungen filmte er mit seiner Bell-and-Howell-Super-8-Kamera seine Familie. Erst Schwarz-Weiß-Stummfilme, später in Kodacolor.

Matthyas im Kinderwagen, Saanen 1947. Bild: privat

Bei einem Picknick sitzt Matthyas ganz am äußeren Rand der Decke. Während der Bruder und die Schwester brav ihre Suppe löffeln, wirft er erst das Brot weg, dann den Silberlöffel und dann die Tasse hinterher. Das Wegwerfen des Silberlöffels bleibt mir im Gedächtnis. Ist das schon als

Kleinkind eine Absage an das bürgerliche Leben? In weiteren Sequenzen sehe ich meinen vierjährigen Vater Purzelbäume schlagen, Ostereier suchen, Äpfel pflücken, vor einer Ziege davonrennen. Im Hintergrund sanfte grüne Wiesen und die Berge des Berner Oberlands.

Saanen 1949. Bild: privat

Auch die folgende Filmszene bleibt hängen: Die Familie steht in einer Reihe auf dem Balkon des Chalets. An die Brüstung gelehnt winken sie lächelnd in die Kamera. Meine Großmutter, die älteren Geschwister, Walter und Valérie, und am Ende der Jüngste, mein Vater. Nur: Er steht nicht wie die anderen in der Sonne, sondern am Ende der Reihe im Schatten, seine Umrisse sind nur schemenhaft zu erkennen.

Mein Vater erzählte nicht viel aus seiner Kindheit, aber sagte oft, er musste sich gegen seine älteren Geschwister durchsetzen.

Zoë

Es begann ja schon mit meiner Geburt, dachte er und erinnerte sich an den familiären Running Gag, der am Familientisch über Jahre zum Besten gegeben wurde. «Er schrie nicht», sagte seine Mutter, «er blieb stumm. Auch die Schläge der Hebamme auf den Rücken des mit dem Kopf nach unten hängenden Körpers brachten aus ihm keinen Ton heraus, nein, er gähnte und schlief ein.» Er lachte mit, obwohl ihm die Geschichte nie ganz geheuer erschien, ja, eigentlich nicht glaubwürdig, so als wenn es mehr darum ginge, ihn bloßzustellen, nicht als etwas Besonderes, sondern als etwas Absonderliches hinzustellen. Eine andere Geschichte, die ebenfalls zu Gelächter und Zwischenrufen seitens seiner Geschwister führte, war das Verschmieren mit Kot, den ihm seine Geschwister aus ihren Töpfen ins Gesicht schmierten. Das Kindermädchen und das italienische Dienstmädchen, das nicht dasjenige war, das später von seinem Vater ein Kind haben wird, tranken in der Küche Kaffee und tratschten, während die Geschwister auf den Töpfen saßen neben der Wiege mit dem schlafenden Säugling. Er sei von «oben bis unten» (ein beliebter Ausspruch seiner Mutter dieses «von oben bis unten») mit Kot beschmiert gewesen. Mit Scheiße, sagte der Bruder lachend, mit Scheißdreck, sagte die Schwester böse kichernd, die ihn von Beginn an hasste, hänselte, plagte und beschimpfte. Ein Fremdling, ein Störenfried, der sich in das Leben von ihr und dem Bruder zwängte, als Jüngster zwar und derjenige, der beinahe seine Mutter und sich selbst umbrachte, nach einer schweren Geburt, und dann erst noch nicht schrie, wie es sich gehörte, nicht einmal dann, als ihm die Hebamme auf den Rücken schlug. Unbeeindruckt von der Welt hing er an der kräftigen Hand der Hebamme, stumm und gähnend. Selbst das mit Geschwisterscheiße verschmierte Gesicht schien den Säugling nicht zu beeindrucken, er blieb still und schrie nicht, nein, im Gegenteil, er lächelte, wie das Kindermädchen später berichtete, er lächelte mit der ganzen dick aufgetragenen Geschwisterscheiße im Gesicht. Ein Neger, riefen seine Geschwister, ein Negerbaby, schrien sie fröhlich und hüpften um die Wiege, bis das Kindermädchen mit dem Dienstmädchen im Schlepptau ins Kinderzimmer kam. Nach anfänglichem Schimpfen machte Gelächter durch die ganze Familie die Runde. Das Bild des zufrieden lächelnden, in der eigenen Scheiße liegenden und mit fremder Scheiße beschmierten Babys blieb bis zu seinem Auszug mit sechzehn aus dem Familienhaus ein fröhliches Familientischgespräch.

Aus «Durch die Luft»

Die Szenen könnten aus einem Schweizer Heimatfilm stammen: Durch das Auge meines Großvaters sieht man die Familie am blauen Ortsschild von Saanen vorbeigehen. Alle hübsch gekleidet im Sonntagsstaat, die Tochter mit einer Schleife im Haar, mein Vater in weißen kurzen Hosen und am Ende das Kindermädchen mit einem Rucksack. Später gehen sie im Gänsemarsch über eine Wiese, langsam und bedacht. Wäre es kein Stummfilm, würde man wahrscheinlich die Stimme meines Großvaters hören, wie er Regieanweisungen gibt: «Geht langsam und schön hintereinander.»

Meine Großmutter war eine elegante Erscheinung, groß und schlank, mit blonden Locken. Sie sieht sie aus wie eine

Schauspielerin aus den Fünfzigerjahren. In einer Filmsequenz sieht man sie in einem Sommerkleid im Garten, wie sie mit einem Gartenschlauch das Blumenbeet spritzt. Dann schiebt sich das italienische Kindermädchen ins Bild, und meine Großmutter spritzt ihre Füße und Beine ab. Neckisch hüpft sie von einem Bein aufs andere und hält den Rock hoch. Sie lachen. Die Kamera folgt dem Kindermädchen, das sich kichernd ins Gras wirft. Eine fröhliche Szene, wüsste man nicht, dass mein Großvater dieses Kindermädchen geschwängert hat und sie von einem Tag auf den anderen aus dem Familienbild verschwand.

Die Affären seines Vaters und später auch seiner Mutter zogen sich wie ein roter Faden durch die Kindheit meines Vaters.

Matthyas als Fünfjähriger beim Lesen. Porträt von Arturo Ermini (1911–1996).

Der Knabe kletterte den steilen Ziegenpfad zwischen den Felsen, die den großen Strand abgrenzten, empor. […] Nur wenige zog es in die einsamen Buchten auf dieser Seite des großen Strandes. Zwischen den Felsen, das wusste der Knabe, waren immer wieder junge Leute zu sehen, die Musik hörten, um ein Feuer saßen oder auf Decken und Strandmatten lagen und nackt badeten, was am großen Strand verboten war. […] Nie verstand er, was die Leute redeten oder was es bedeutete, wenn sich zwei im Sand wälzten. Manchmal glaubte er, dass sie kämpften, dann wieder hörte er ihr Lachen und andere, ihm eigenartig vorkommende Geräusche. Er schaute gebannt zu und atmete kaum. […] Schon von Weitem hörte er die Stimme seines Vaters und die Stimme einer Frau, die nicht seine Mutter sein konnte. Wenige Meter unter sich sah er seinen Vater auf einer Decke liegen. Mit einer Hand ließ er Sand auf den Rücken der Holländerin vom Zeltplatz nebenan rieseln. Sein Vater flüsterte ihr etwas ins Ohr, worauf sie sich umdrehte und sich an meinen Vater klammerte. Der Knabe kauerte sich so klein zusammen, wie er konnte, und wunderte sich über die Geräusche der Holländerin und seines Vaters. Die Beine der Frau waren hoch in die Luft gestreckt. Der Knabe lehnte sich etwas nach vorne, dabei rutschte er mit einem Fuß aus und einige Steine kollerten über den Felsen auf den Rücken seines Vaters, der sich sofort aufrichtete und nach oben schaute. Der Knabe stand auf und winkte seinem Vater, der sich hastig die Badehose anzog. Die Holländerin stieg an ihm vorbei, während er und sein Vater noch eine Weile am Strand saßen. Auf seine Frage, was er hier suche, sagte der Knabe, dass er Fuchs spiele, dass er gerne beobachte, sonst nichts tue. Jedenfalls nichts Böses. «Ist ja schon gut», sagte sein Vater. Auf dem Zeltplatz hatte seine Mutter bereits das Abendessen gerichtet. Schweigend saßen sie am Campingtisch. Immer wieder wollte der Knabe sein Erlebnis erzählen, war sich aber nicht sicher, ob er es erzählen durfte. Mehrmals machte er einen Versuch, aber jedes Mal sagte sein Vater etwas Belangloses zu ihm oder der Mutter. «Ich weiß eine Geschichte, die ich heute erlebt habe», sagte er endlich. «Ich weiß auch eine», sagte sein Vater schnell, «warte, ich erzähl erst meine Geschichte, dann du deine. Es gibt eine Geschichte», fuhr er fort, «die von der Mafia in Sizilien handelt. Ich glaube, Prosper Mérimé hat sie geschrieben. Die Polizei suchte einen Mörder, der sich auf einem einsamen Bauernhof bei einem befreundeten Bauern versteckt hatte. Als die Polizei auf dem Bauernhof eintraf, fragten sie den Bauern, ob er wisse, wo sich der Mörder versteckt haben könnte. Der Bauer verneinte. Der Sohn des Bauern, etwa so alt wie du, wusste aber, wo der Mörder sich versteckt hielt. Als ein Beamter auch den Sohn fragte, gab dieser mit einem Kopfnicken in Richtung Versteck des Mörders den Hinweis. Die Polizisten holten den Mörder aus dem Versteck und führten ihn ab. Der Bauer ging ins Haus und kam mit seinem Gewehr zurück. Er trat vor seinen Sohn und sagte, Verräter hätten hier nicht zu leben, und erschoss ihn auf der Stelle.» Der Vater lächelte seinen Sohn an: «So, jetzt kannst du deine Geschichte erzählen.»

Aus der Kurzgeschichte «Gefährliche Väter»

Auf Fotos wirkt mein Großvater charmant und weltmännisch. Er fuhr amerikanische Autos, rauchte Players-Virginia-Zigaretten, beschenkte seine Frau und Kinder großzügig. Ein Lebemann mit einem Hang zum Luxus. Mit seiner schönen jungen Frau geht er auf Kreuzfahrten, während seine Kinder über den Sommer in ein Ferienheim kommen. Zu jener Zeit war es üblich, wenn man es sich leisten konnte, Kinder in solchen christlich geführten Heimen abzugeben. Von einem dieser Aufenthalte hat mein Vater erzählt. Die Nonnen, die das private Kinderheim in Teufen führten, waren nicht christlich und erst recht nicht barmherzig, sondern ausgemachte Sadistinnen. Als er sich übergeben musste, beschimpften sie ihn und ließen ihn im eigenen Erbrochenen schlafen.

Mein Großvater arbeitete ein Leben lang bei der Ciba-Geigy. Zu jedem Jubiläum bekam er eine Karte, die die Mitarbeiter unterschrieben. Die letzte dieser Karten, schön verziert und mit einer Kordel versehen, erhielt er zum 35-jährigen Jubiläum. Ich sehe auf diese Unterschriften der damaligen Mitarbeiter wie auf Spuren einer vergangenen Zeit. Geborgen aus dem Schutt der Vergangenheit. Einer Zeit, in der mein Großvater ein angesehener Geschäftsmann war. Unterschriften längst verstorbener Menschen, die vielleicht damals zu den Gästen gehörten, die mein Vater beobachtete. In der Wohnung, die er als Theaterbühne beschrieb, in der die Gäste auftraten und seine Eltern ihre Rolle perfekt spielten.

In der Jubiläumskarte, die mein Großvater am 3. Juni 1959 zum Abschied erhielt, stehen folgende Zeilen:

Während 35 Jahren führte Sie Ihr Weg zur Arbeit in die CIBA, der Sie in vorbildlicher Pflichterfüllung und mit ganzer Kraft dienten. Heute verlassen Sie den ihnen lieb gewordenen

Arbeitsplatz und treten in den Ruhestand. Ihre langjährige, erfolgreiche Tätigkeit als Speditionschef in unserem Unternehmen verschaffte Ihnen wohlverdiente Anerkennung und hohes Ansehen bis weit über alle Meere hinaus.

Flughafen Basel-Mulhouse vor dem Abflug nach London, 1961. Bild: privat

Doch mein Großvater dachte gar nicht daran, in den Ruhestand zu treten. Bereits vier Wochen später arbeitete er für die damalige Fluggesellschaft Balair auf dem Flughafen Basel-Mülhausen. Er blieb dort bis ins Jahr 1968. Auf einer Dienstreise nahm er meinen damals 16-jährigen Vater nach London mit.

Warum mein Großvater so lange arbeitete, kann ich nur vermuten.

Im Nachlass finde ich ein Schreiben der Direktion, in dem er unmissverständlich dazu aufgefordert wird, endlich seinen Urlaub anzutreten.

Entgegen unserer Abmachung müssen wir zu unserem Erstaunen feststellen, dass Sie heute wieder in Ihrem Büro anwesend sind. Wir sind nun dazu gezwungen, daran festzuhalten, dass Sie spätestens ab 18. Februar 1964 mindestens einen dreiwöchigen Ferienaufenthalt zu absolvieren haben. In dieser Erwartung grüßen wir Sie freundlich. BALAIR AG. Direktion.

Vielleicht ging mein Großvater deshalb zur Arbeit, weil er es zu Hause nicht mehr aushielt. Meine Großmutter war kein Kind von Traurigkeit. Die Affäre mit dem Kindermädchen zahlte sie ihm heim, indem sie sich selbst einen Liebhaber nahm. Ein offenes Geheimnis. Ich erinnere mich, dass bei Familientreffen bei meiner Großmutter manchmal der Name «Waldmeier» fiel. Vielleicht ist er auf einem der schwarzweißen Fotos zu sehen. Einer der Männer, die meiner glamourösen Großmutter den Hof machten.

Ich erinnere mich an den Schrank meiner Großmutter mit den goldenen Schuhen. Ihre Tanzschuhe, die sie an den Partys der Basler High Society trug. Sie konnte die Schuhe schon lange nicht mehr tragen, aber sie zeugten von einer Zeit, in der sie schön und jung war – und auf einem Rachefeldzug gegen ihren alternden Mann, der sie nicht nur mit dem italienischen Kindermädchen, sondern den Gerüchten zufolge auch mit diversen Dienstmädchen betrogen hatte. Mein Vater erzählte mir, wie seine Mutter ihn mitnahm und er irgendwo warten musste, weil sie sich mit Waldmeier traf und er gegenüber seinem Vater nichts sagen durfte. Umgekehrt mussten die Affären des Vaters vor der Mutter mit allen Mitteln verschwiegen werden.

«Meine Mutter legte mich als Kind neben sich ins Bett als Schutz gegen den Vater. Ich war ein Grabenkind», erklärte mein Vater. «Jahrelang schlief ich im Bettgraben zwischen den Eltern.»

> Das Grabenkind vergrub sein Gesicht, seine Augen im Graben, um die Nacht nicht zu sehen, die Zeitung als heller Fleck auf Vaters schlafendem Gesicht, die schweren Brüste der Mutter, in Seide gehüllt, wie unerreichbare Geschenke, mit rosafarbenen und zu Schlaufen verknoteten Bändern verschnürt. Das Grabenkind wollte kein Grabenkind sein und verkroch sich in sein Bett, aus dem es schlafend, wenn Vater und Mutter zu Bett gingen, von der Mutter herausgehoben und in die Mitte des Ehebettes gelegt worden war, die Grenze markierend zwischen den unerfüllten Begehrlichkeiten des Vaters und der Verweigerung der Mutter.
> Aus der Erzählung «Die Beschreibung der Tiefsee»

Nach außen musste der Schein der perfekten Familie bewahrt werden. Mein Vater und seine Geschwister wurden von beiden Elternteilen zum Lügen gegenüber dem jeweils anderen angehalten, damit jeder seine Liebschaften in Ruhe ausleben konnte. In einer Welt von Biedermeiermöbeln, Christofle-Tafelsilber, Meissener Porzellan, Dinnerpartys und Jubiläen war eine Scheidung keine Option.

Waldmeier leitete das Reisebüro Kuoni in Basel, wo mein Vater nach der Schule eine kaufmännische Lehre begann, die er nach eineinhalb Jahren abbrach. Wie es sich anfühlt, einen Chef zu haben, der der Liebhaber der eigenen Mutter ist, kann ich nur vermuten. Aber es dürfte mit ein Grund dafür gewesen sein, weshalb mein Vater alles, was ihn an das bürgerliche Leben erinnerte, ablehnte, es als Synonym für das Lügengebäude, in dem er seine Kindheit und Jugend verbringen musste, verstand.

In einer unveröffentlichten Kurzgeschichte stellt er die Situation seiner Eltern eindrücklich dar:

Sie geht weg

Er hatte ihr versprochen, nach dem Vater zu schauen. Er hätte einen Termin mit der Speditionsfirma gehabt, den er verschieben konnte, sehr zum Ärger seines Vorgesetzten. Wir stehen unter Termindruck mit unseren Partnern, und Sie verschieben einen wichtigen Termin, blaffte dieser ihn an, was glauben Sie, was uns und letztendlich auch Sie das kosten könnte, he? Er verstand die Sprache, aber er fürchtete sich vor der versteckten Drohung nicht, er hatte ein Angebot in der Tasche, auf das er zurückgreifen konnte, wenn es für ihn spitz wird in der Firma.
Er trat durch das frisch gemalte Gartentürchen und öffnete die Haustür, die von einem gläsernen Windfang, in dem Schuhe, Regenschirme und Einkaufstüten lagerten, geschützt war. Sein Vater rief aus dem Wohnzimmer: «Wer ist da?» «Ich bin's», sagte er und trat in die Wohnstube, in der sein Vater auf dem Sofa lag, eine blaue Wolldecke über seinem kleinen abgemagerten Körper. Ängstlich schaute ihn sein Vater an: «Wo ist sie?», fragte er

mit trockener Stimme. «Sie ist beim Coiffeur, wie immer am Dienstag», gab er zur Antwort. «Ach was», erwiderte sein Vater, «ihr lügt, ihr lügt alle das Blaue vom Himmel herunter.» «Doch, sie ist beim Coiffeur», antwortete er ruhig und streckte ihm die Hand zur Begrüßung entgegen, die sein Vater aber übersah. «Sie will mich weghaben», sagte er ängstlich, «sie will mich versorgen, sie will mich abschieben in ein Heim.» «Nein, das will sie nicht und wird sie auch nicht tun. Du musst lediglich für ein paar Tage ins Pflegeheim, damit sie sich erholen kann.» «Aber du kannst doch hier wohnen und bei mir sein», sagte der alte Mann. «Tut mir leid, das kann ich nicht, ich bin geschäftlich gebunden.»

Matthyas, 15, mit den Eltern an der General Guisan-Straße.
Bild: privat.

Die Eltern Anne Maria Jenny-Hofmann und Walter Jenny, ca. 1955.
Bild: privat.

Immer dasselbe mühsame Gespräch mit Vater, dachte er. Wobei er die Angst seines Vaters, der den Überblick längst verloren hatte, nachvollziehen konnte. Auf dem Tischchen neben dem Sofa und dem Fernseher lagen in silbernen Schälchen grüne, blaue und weiße Pillen. Er holte in der Küche ein Glas Wasser und setzte sich auf den Sofarand, schob seinen Arm unter die Schulter seines Vaters und hob ihn in eine sitzende Stellung, führte die Pillen zu den trockenen, schmalen Lippen seines Vaters, der die Pillen ohne Widerstand in den Mund sog, und führte ihm das Glas Wasser an die Lippen. Vater schluckte mit einem deutlichen Kopfnicken die Pillen hinunter, wie wenn er deren lebenserhaltende Wichtigkeit bestätigen wollte. Und sogleich folgte der immer gleiche Satz: «So, und jetzt auf zu neuen Ufern.» Vorsichtig nahm er seinen Arm unter seinem Vater weg, der wieder mit ängstlichem Blick dalag.

Zoë

> «Sie geht weg», sagte er, «sie geht weg und lässt mich allein», sagte er, den Tränen nahe. «Ja, aber sie kommt ja wieder», beruhigte er ihn, «sie kommt nach einer Woche wieder zurück und ist erholt und du auch, und alles geht dann besser als zuvor.» «Wer es glaubt, zahlt einen Franken», sagte Vater, und er dachte, mein Gott, seit 40 Jahren höre ich diesen Spruch. «Ach komm, es wird schon gut, wie immer», sagte er. «Nichts wird gut», sagte Vater, «sie geht weg, und ich bin verloren.» Tränen rollten aus seinen fast erblindeten Augen. Er tupfte ihm die Tränen mit einem Papiertaschentuch weg und sagte: «Beruhige dich, alles wird gut.» Er kam sich bei der Lüge erbärmlich und hilflos vor. Er kann seinem Vater nicht die Wahrheit sagen, nicht jetzt und nie mehr. Er muss seinen Vater belügen, damit er ein einigermaßen friedliches Alter hat. Seit Jahren muss er seinen Vater belügen, damit sein Vater und auch seine Mutter ein friedliches Zusammensein haben. Sein Vater ist gegen 85 Jahre alt, ein alter gebrechlicher Mann, seine Mutter wird 55 und wird mit ihrem langjährigen Liebhaber zusammen für eine Woche auf eine Kreuzfahrt gehen.
>
> Aus der unveröffentlichten Kurzgeschichte «Sie geht weg»

Noch etwas anderes lag wie ein dunkler Schatten über der Familie, etwas, worüber nie gesprochen werden durfte: die Herkunft meiner Großmutter.

Als mein Vater meine Mutter heiratete, heiratete er die Tochter eines Mörders.

Das ist der erste Satz aus einem Roman, den mein Vater nie geschrieben hat.

Es gibt nur diesen einen Satz. Wenige Wochen vor seinem Tod übergab er mir ein dickes Bündel an Zeitungsartikeln der «Basler Nachrichten» und der «National-Zeitung» aus dem Jahr 1932. Die Artikel handeln von dem Mordprozess, den meine Großmutter aus ihrem Leben tilgen musste, wenn sie in Basel weiterleben wollte.

Am 12. Juni wurde von einem Fischer die Leiche eines Unbekannten, etwa 40 Jahre alten Mannes in Ottenheim aus einem Nebenarm des Rheins geländet.

Wie sich herausstellte, war der tote Mann ein Kokaindealer, der in der Fischerhütte meines Urgroßvaters brutal niedergeschlagen und anschließend in den Rhein geworfen worden war.

Hermann Greiner, mein Urgroßvater, und sein Komplize wurden zu lebenslangem Zuchthaus verurteilt, nachdem sie vergeblich versucht hatten, sich gegenseitig die Schuld zuzuschieben. Es war einer der spektakulärsten Raubmorde der Zeit, dessen Aufklärung die Basler Bevölkerung monatelang in Atem hielt. Mehrere Detektive, der Chef der damaligen Psychiatrie Friedmatt und Gerichtsmediziner waren involviert. Sogar ein Grafologe aus Paris wurde bestellt.

Das öffentliche Interesse an dem Prozess war groß. Die Zeitungen überschlugen sich mit Schlagzeilen.

Elf Uhr morgens in der Bäumleingasse. Vor dem Gerichtsgebäude ein großer Menschenauflauf. Die Straße versperrt mit Autos. Mit Sprungketten gesichert – die linke Hand im Hosensack unsichtbar durch eine Kette, die zum rechten Unterschenkel führt, gefesselt – werden die beiden Angeklagten unter starker Bewachung in Taxis verladen. Die Autos

umringt von Neugierigen. Väter heben ihre Kinder auf die Schultern: Schau, das sind sie, die ihn umgebracht haben.
Aus der «National-Zeitung» vom Samstag, 13. April 1932

Was das für meine damals 15 Jahre alte Großmutter bedeutete, zumal in einer Schweizer Kleinstadt, in der jeder jeden kennt, kann ich nur ahnen, aber der Name Greiner war für immer mit dem Verbrechen belastet.

Meine Großmutter änderte ihren Namen. In ihrem Pass stand: Anne Maria Jenny-Hofman. Die Existenz ihres Vaters musste sie vertuschen. Sie war virtuos darin zu schweigen. Gespräche durften nur auf der Oberfläche stattfinden. *Wir waren eine schweigende Familie gewesen* steht in der Erzählung «Die Beschreibung der Tiefsee».

Für meine Großmutter war Schweigen lebensnotwendig, für meinen Vater war es unerträglich. Vielleicht kam sein Bedürfnis zu schreiben aus diesem allumfassenden Schweigen heraus, aus der Unfähigkeit direkter Kommunikation. Etwas, das er weiterführte, er sprach oft kryptisch, mehrdeutig und rätselhaft. Vieles behielt er für sich, so wie seine Mutter. Nur im Schreiben konnte er aufräumen mit dem Chaos, es war das einzige Mittel, Licht ins Dunkel zu bringen und die tiefe Kommunikationsstörung, die sich auf die nächste Generation übertrug, zu mildern.

Zweifellos ist der Mord in der Familie ein Romanstoff, den auszuarbeiten sich lohnen würde. Mein Vater war an der Quelle, aber warum schrieb er nur den einen Satz?

«In jeder Biografie gibt es sogenannte Blind Spots, weiße Flecken. Schreiben ist die Taschenlampe, mit der man diese Blind Spots aufspürt», erklärte er mir einmal. «Es funktioniert allerdings nur, wenn man keine Rücksicht nimmt auf seine Familie.» Immer wieder sagte er, dass ich beim Schreiben keine Rücksicht nehmen dürfe. Auch nicht auf ihn. Vielleicht wollte er mich von etwas befreien, worunter er selbst litt. Vielleicht konnte er den Roman nicht schreiben, weil er Rücksicht auf seine Mutter nahm. Aufzuschreiben, was sie ein Leben lang mit aller Macht erfolgreich verschwiegen hatte, wäre ihm wie ein Verrat vorgekommen.

Er hat mir das Zeitungsbündel wie einen Staffelstab übergeben: «Mach was draus!»

Aufgrund des Unfalls, bei dem er sich einen Milz- und Leberriss zugezogen hatte, wurde er mit 19 Jahren als dienstuntauglich eingestuft. Obwohl er ein paar Monate bei der Balair arbeitete, kam es für ihn nicht infrage, in die Fußstapfen seines Vaters zu treten. Das Einzige, was ihn zu interessieren schien, war Bücher zu lesen. 1961 gaben seine besorgten Eltern ein psychologisches Gutachten in Auftrag, welches ich zwischen Briefen und Dokumenten fand:

> *In der Freizeit beschäftigt sich Matthyas hauptsächlich mit Literatur und er hat auch Freude an Musik. Matthyas ist sehr labil, leicht ablenkbar und beeinflussbar und dadurch fehlt ihm die innere und äußere Konstanz. Er ist sehr sensibel veranlagt, und jede emotionale Reaktion ruft bei ihm eine ziemlich starke Erregung hervor, sodass er zu Kurzschlusshandlungen neigt. Es ist ein sehr starkes Bedürfnis nach Unabhängigkeit und Freiheit vorhanden, und es wird ihm nicht leichtfallen irgendwo Fuß zu fassen.*

Literarisch beschrieb mein Vater die Situation folgendermaßen:

Zoë

Meine Eltern fanden meinen Buchkonsum bedenklich und, wie mein Vater sagte, charakterverderbend, vor allem auch, weil ich mich nicht um die Bücher aus ihrer Bibliothek kümmerte, daraus Nevil Shute, Galsworthy und Knittel las, sondern durch eine Buchhandlung fast täglich Bücher erhielt, die ich telefonisch vom Bett aus bestellte, die ich dann auch im Bett las und eine verworrene Kartei der gelesenen Bücher anlegte.

Sie schickten mich eines Tages, nachdem mir Vater ein Glas Wasser ins Gesicht geschüttet hatte, weil ich auch bei schönstem Sonntagswetter im Bett lag, in ein psychologisches Institut, um meine Intelligenz zu testen und was für einen Beruf ich erlernen könnte. Auf meine Vorschläge wie Matrose oder Jockey gingen sie nicht ein.

Aus dem Roman «Postlagernd»

Paris, 1964. Bild: privat.

Nach einem Jahr auf einem Bauernhof in Rothenfluh im Baselland, wo er Traktor fuhr und Kühe melkte, lebte mein Vater zeitweise wieder bei den Eltern und kam in Wohnungen von Künstlern und Schauspielern unter. Für sechs Monate besuchte er eine Schauspielschule in Zollikon, wo er René Schweizer kennenlernte, von dem er später insgesamt drei Bücher herausbrachte. Gerne erzählte er uns die Geschichte, wie er bei einer Tante in ihrer Drogerie als Assistent arbeitete.

> Gegen Weihnachten arbeitete ich auch sonntags, um all das unnötige Zeugs aufzustapeln und bereitzustellen. Sie wollte mir für diese Arbeit keinen Lohn geben, weil ich ihr Neffe sei und Verwandte auch mal gratis arbeiten könnten. Ich knurrte sie wie ein Wolf an, zog die Oberlippe hoch und wollte mich auf sie stürzen, da zog sie die Pistole, die sie immer bei sich trug, entsicherte und legte auf mich an.
> Ich fuhr nach Hause, legte mich stumm ins Bett und las Cocteaus «Kinder der Nacht».
> Aus dem Roman «Postlagernd»

CASPAR

UNTERER RHEINWEG, BASEL

Es war eine helle und schöne Altbauwohnung, die meine Eltern am Unteren Rheinweg bezogen hatten. Aus dem Fenster im vierten Stockwerk sah ich auf den Rhein. Mein Vater kam von der Arbeit zurück, brachte Geschenke mit. Meine Schwester Zoë wurde am 16.3.1974 geboren. Ich kam drei Jahre früher auf die Welt, am 17.3.1971. Unsere Geburtstage liegen nur einen Tag auseinander. Ich freute mich auf die Geburt eines Geschwisters. Das kleine Familienglück in der behaglichen Wohnung mit Ausblick auf den Rhein sollte jedoch nicht lange dauern. Meine Eltern trennten sich, als ich vier Jahre und meine Schwester ein Jahr alt war.

Es war die Nacht des Aufbruchs: Die Tür zu meinem Zimmer ging auf, das Licht des Korridors fiel ins Dunkel. Im Türrahmen stand mein Vater. Es war mitten in der Nacht. Er sagte kurz: «Nimm deine Bettdecke mit. Wir gehen.»

So endete das bürgerliche Familienleben nach wenigen Jahren. Meine Schwester blieb bei ihrer Mutter am Unteren Rheinweg, mein Vater fuhr mit mir im roten «deux-chevaux» los. Er holte noch einen Freund ab, der mit uns mitfuhr. Die Reise führte über den Autoput in Jugoslawien bis nach Sofia in Bulgarien, weiter in die Türkei und dann nach Griechenland auf die Kykladen-Insel Ios. In Istanbul zerschnitt der

Freund Pornohefte und verkaufte sie, um so Geld zu machen. Wir gingen ins ottomanische Cagaloglu Hamam neben der Hagia Sophia. Ich hörte frühmorgens den Muezzin in der Dunkelheit. Wir saßen in einem Café bei der Galata-Brücke; ich meinte, meine Mutter würde auf uns zukommen. Mein Vater hatte sich verabredet, aber nicht mit meiner Mutter.

IOS, GRIECHENLAND, 1974/1975

Wir fuhren weiter, ich hinten unter den Decken und Kissen, vorn mein Vater und A. Mein Vater immer rauchend, die Zigarette im Mundwinkel. Manchmal mit einer Hand das Lenkrad haltend, den anderen Arm im offenen Fenster. Nachts, wenn ich schlief, die vorbeirasenden Autos, das abklingende Geräusch, das sich in der Ferne bald ganz verlor. Der Gaskocher zischte, ich konnte das Butangas riechen, schaute in die blauweißen Flammen, die aus dem Metallring strömten. Wir kochten unterwegs, aßen draußen aus Emailletellern im kühlen Sand. Wir fuhren übers Meer auf einer Fähre mit dem Auto. Ich schlief in einem Swimmingpool, es war Nacht und es stürmte, ich musste erbrechen. Am nächsten Morgen erreichten wir die Kykladen-Insel Ios. Wir waren angekommen. Mein Vater mietete eine Hütte in einem Olivenhain. Neben der Hütte gab es einen Ziehbrunnen, ich hörte, wie der Blecheimer an den Mauern entlangschlitterte, hörte ihn unten auf dem Wasser aufklatschen. Später kam auch meine Schwester mit unserer Mutter nach Ios, von da an blieb Zoë bei uns, meine Mutter kehrte wieder nach Basel zurück.

Dieses Jahr auf Ios war das Leben in einem Paradies. Am Morgen das sich kräuselnde Meer, ein Snackwagen am

Strand, wo man immer Schinkentoasts und Coca-Cola bekam. Unsere Haare waren strohblond.

Ein Farbfoto, auf dessen Rückseite Ios und das Jahr 1975 steht, zeigt uns alle drei vor der Hütte, in der wir wohnten. Unser Vater umarmt uns beide lachend, ein liebender Vater, wir alle gebräunt, im Hintergrund auf dem Tisch die typisch griechischen Wasserflaschen, die weiß getünchte Mauer und die blau gestrichene Tür der Hütte. Das Bild einer Idylle inmitten einer bukolischen Szenerie. Ein anderes Foto zeigt meinen Vater und mich auf seinen Schultern, im Hintergrund bunte Zelte an den Hängen. Die Hippies hatte es auf diese Insel verschlagen.

Matthyas, Caspar und Zoë vor der Hütte auf Ios, 1975.
Bild: privat.

Am Hang hinter der Hütte das vermeintliche Grab Homers. Am Abend das Wasser, das sich in den Rinnen verteilt, um die Felder zu bewässern. Manchmal übernachtete mein Vater am Strand, und ich hatte Angst um sein Leben. Glaubte, das Meer könne ihn verschlucken. Am Morgen ging ich an den Strand, sah ihn dort im Sand liegen in weißen Hosen und weißem Hemd, den Kopf auf den Arm gebettet. Ich weckte ihn auf, wir gingen zurück zur Hütte, Hand in Hand.

1975 starb sein Vater. Wir waren irgendwo auf Ios mit dem «deux chevaux» unterwegs, als er uns sagte, dass er telefonieren gehen müsse. In einer Telefonkabine erfuhr er vom Tod seines Vaters. Als er zurückkam, sagte er uns, dass sein Vater nicht mehr lebe. Er sagte es so lapidar, als wäre es selbstverständlich, dass er gestorben war.

Ich habe nur wenige Erinnerungen an meinen Großvater. Ab und zu gingen wir in die Wohnung in der General Guisan-Straße, dort, wo mein Vater aufgewachsen war. Sein Vater saß in einem Ohrensessel, und ich durfte ihm die Suppe mit einem Löffel einflößen. Ich höre noch sein Schlürfen, sehe sein langes, vom Alter gezeichnetes Gesicht im Profil. Er war sehr liebenswürdig. Das Verhältnis meines Vaters zu seinem Vater hatte sich mit den Jahren verändert: Je älter mein Vater wurde, desto versöhnlicher war seine Einstellung, waren seine Gefühle für seinen Vater.

Eine Geschichte, die mir mein Vater ein paar Mal erzählte und die ihn wahrscheinlich irritierte und irgendwie erschütterte, bezog sich auf das tragische Verhältnis seiner Eltern. Es war ein offenes Geheimnis, dass seine Mutter seit vielen Jahren ein außereheliches Verhältnis führte.

An einem Sonntagmorgen kam sein Vater in sein Zimmer. Er setzte sich auf die Bettkante und zeigte ihm die Fotos von früher, das Glück der frühen Jahre, das Glück mit seiner Frau, das Glück mit seiner Familie, das nun zerstört war. Sein Vater weinte beim Anblick dieser Fotos, meinte, wie schön doch alles gewesen wäre. Dass mein Vater in einer Intrige zwischen seinen Eltern aufwuchs, hat ihn sicher für sein Leben geprägt. Zumal seine Eltern ihn in die Lügengeschichten, mit denen sie ihre Affäre kaschierten, einspannten. Dass sie ihn damit zu einem Komplizen machte, war sicher falsch und schädlich. Es muss ein Trauma für meinen Vater gewesen sein, das ihn zu extremen Entscheidungen verleitete, seinen Hass aufs Bürgertum verschärfte. Die bürgerliche Fassade war nämlich stets gewahrt worden, und viele meinten, seine Eltern lebten in einer guten Ehe. Aber mein Vater erlebte etwas anderes.

Da er uns allein aufzog, musste er sich von seiner bürgerlichen Herkunft verabschieden. Das großbürgerliche Leben mit seinen Eltern war einer existenzialistischen Lebensweise gewichen. Er war ein Kind seiner Zeit, das Leben war Abenteuer, Risiko, Wagnis. Immer noch war er der Reisende, der er vor der Familiengründung gewesen war.

In den letzten Jahren vor seinem Tod erklärte er mir, dass er immer eine «normale» Familie hatte haben wollen. Dass es anders gekommen ist, lag also nicht unbedingt in seiner Entscheidung. Durchaus hätte er ein bürgerliches Familienleben aufrechterhalten, wenn es das Leben gefordert hätte. Doch als es missglückte, griff er auf jene Ressourcen zurück, die das wilde Leben der Sechziger- und Siebzigerjahre bereithielt. Die Reise im Citroën in den Orient, das Leben auf einer griechischen Insel und später in der Künstlerkommune im Tessin. Er lebte damals das Leben eines Aussteigers, um später wieder ins bürgerliche Leben – zumindest beruflich – zurückzufinden. Einem Pendel gleich lebte er mal in jener, mal in dieser Welt, je nachdem, wie es ausschlug. Das machte sein Leben facettenreich, vielfältig, diskontinuierlich. Er sagte, dass er in seinem Leben 64 verschiedene Jobs gehabt habe, was ich gerne glaube.

Nach einer abgebrochenen Reisebürolehre bei Kuoni in Basel ging er auf Reisen. Von 1964 bis 1969 war er in der

Türkei, in Persien, Afghanistan, Pakistan, Indien, Malaysia, Mexiko, den USA und in Kanada unterwegs. Immer wieder sprach er von Afghanistan, von Kabul. Dort hat es ihm besonders gut gefallen. Gerne erzählte er von dem Morgen, als er auf einem Flachdach eines Hauses in Kabul erwachte, weil ihm ein Afghane die Füße massierte. Nie wieder hätte ihm jemand die Füße derart angenehm und wohltuend geknetet, erklärte er. Noch in seinem letzten Lebensjahr war es vor allem die Zeit in Afghanistan, an die er sich erinnerte und von der er sprach.

Die Länder, die er bereiste, lagen auf dem Hippie-Trail. Er folgte dem Trail bis nach Indien.

Als wir 1975 in Istanbul waren, gingen wir in den Pudding Shop (Lale Restaurant). In den Sechzigerjahren war dort ein Treffpunkt für Beatniks und später für Hippies und andere Reisende, die über den Landweg zwischen Europa, Indien, Nepal und anderen Orten in Asien reisten. Sehr wahrscheinlich, dass mein Vater auf seiner Reise nach Indien in den Sechzigerjahren auch den Pudding Shop aufgesucht hatte. Er ging mit mir dorthin. Ich aß den türkischen Milchpudding aus zerkleinerter Hähnchenbrust, Reismehl, Milch, mit Zucker und Zimt garniert.

Er war wohl kein Hippie im eigentlichen Sinn, eher orientierte er sich an den Beatniks. Sowohl bei den Beatniks als auch bei den Hippies ist das Reisen ein zentraler Bestandteil ihres Weltbilds und Denkens. Diesem Denken des Reisenden und Neugierigen war er zeitlebens verpflichtet, hatte sich immer für Ideen interessiert, die ein Leben in Routine infrage stellten. Das On-the-road-Credo hatte ihn sein ganzes Leben lang begleitet.

Meine Erinnerungen an dieses Jahr auf Ios sind ungetrübt, füllen mich bis heute aus. Die Dreschplätze, das Geräusch der Zikaden, der Geruch der Esel, das Meer, die weiß getünchten Mauern der Häuser und Kirchen, die sich vor einem strahlend blauen Himmel präsentieren.

Reise nach Ios, 2005. Bild: privat.

Dreißig Jahre später besuchten mein Vater, meine Schwester und ich die Insel Ios erneut. Wo früher die Hütte stand, steht jetzt ein Hotel. Discos und Clubs machen den Ort zu einem beliebten Touristenziel. Doch der Strand hatte sich kaum verändert, war wie vor 30 Jahren. Wir saßen dort im Sand, sprachen von früheren Zeiten. Seiner Trennung von unserer Mutter, dass er uns allein aufzog. Weit draußen an einem Klippenvorsprung sah man eine einzelne orthodoxe Kirche stehen. Er erzählte, dass er damals oft dort gewesen sei.

Bei unserem Besuch auf Ios gingen wir zu den Windmühlen hoch, die man zwar renoviert, aber sonst unverändert gelassen hatte. In einem nahe gelegenen Restaurant aßen wir etwas, sprachen zusammen. Es war sehr schön, mit unserem Vater noch einmal auf Ios zu sein.

Diese Kykladeninsel im Ägäischen Meer ist ein Teil seiner und unserer Geschichte geworden.

CARONA, 1976

Nach einem Jahr in der Hütte auf Ios wollte mein Vater in die Schweiz zurück. Wahrscheinlich waren es auch finanzielle Gründe, die ihn veranlassten, die Insel zu verlassen. Ich glaubte, dass wir nach Basel zurückkehren würden. Doch das war nicht der Fall. Er erklärte uns, dass er Leute in einem Dorf im Tessin kenne. Mit großer Wahrscheinlichkeit hatte er Kontakt mit David Weiss aufgenommen, den er von früher her kannte. Mein Vater hatte ihn oft in einem Steinbruch in der Nähe von Luzern besucht, einem Ort, wo Künstler aus verschiedenen Orten der Schweiz zusammentrafen.

So fuhren wir mit dem Citroën 2CV von Ios nach Carona ins Tessin. Das Einfahrtstor von Carona war so schmal, dass es selbst mit dem kleinen Auto unmöglich schien, durch das Tor hindurchzupassen.

Wir kamen auf der Piazza Montàa an, die von Palazzi umgeben war. Wir sollten in der Casa Aprile wohnen, das Haus neben der Casa Costanza, dem Palazzo, der von Meret Oppenheim bewohnt wurde. Die Casa Costanza trägt auch den Namen «Papageienhaus», weil im Giebelfeld des Hauses in manieristischer Weise ein Papagei abgebildet ist. Die Casa Aprile wurde von ihrem Neffen Christoph Wenger als weiteres Künstlerhaus zur Verfügung gestellt. Immer habe ich gedacht, der Name des Hauses würde für den Monat April stehen. Jetzt weiß ich, dass es sich um den Namen eines Bildhauergeschlechts aus dem 16. und 17. Jahrhundert aus Carona handelt. Überhaupt waren die Bildhauer aus Carona über Jahrhunderte in Milano, Rom, Genua und Venedig gesuchte Künstler und Handwerker.

Für den Umbau und die Sanierung der Villa suchte nun Christoph Wenger Freunde und Künstler. Er lud David Weiss aus Zürich in die Casa Aprile ein, wo dieser gegen freie Logis

Reparaturarbeiten in der Villa vornahm. Es folgten Markus Raetz aus Bern, Anton Bruhin aus Zürich. Als wir dort lebten, wohnten David Weiss, Anton Bruhin und Maria Gregor in dem Palazzo. Markus Raetz hatte zwar sein Atelier in der Casa Aprile, wohnte aber mit seiner Frau Monika und seiner Tochter Aimée in einem anderen Haus.

Nach unserer Ankunft konnten wir nicht direkt ins Haus einziehen. Wir wohnten vorübergehend in einem ehemaligen Ziegenstall, der sich auf der anderen Seite des Gartens befand. Ich erinnere mich gut an die Nächte, wo das Petroleumlicht der Lampe in dem engen Raum an den Wänden flackerte. Oft mussten wir in der Nacht nach draußen in den dunklen Garten, wo wir unsere Notdurft verrichteten. Es waren wahrscheinlich keine zwei Monate vergangen, als wir in die Casa Aprile ins oberste Stockwerk einziehen konnten. Ein Raum für meinen Vater und daneben unser Kinderzimmer. Dort hatten wir ein Etagenbett; meine Schwester schlief unten, ich oben.

Nachts hörten wir das Klappern der Schreibmaschine, den hellen Klingelton am Ende der Zeile, das ratschende Geräusch, wenn die Schreibwalze in die Ausgangsposition zurückgestoßen wurde. In den Rhythmus der Schreibmaschine mischte sich der Rhythmus der Musik, dem Sound von Dollar Brand (Abdullah Ibrahim), Lou Reed, den Rolling Stones.

In meiner Erinnerung lässt er immer wieder das Stück «Mannenberg» von Dollar Brand laufen. Ein Lieblingsstück meines Vaters und repräsentativ für seinen Musikgeschmack. Es bezieht sich auf die Township Manenberg nahe Kapstadt und gilt als Symbol gegen die damalige Apartheidpolitik in Südafrika. Der hypnotische Sound des Stücks entsteht durch das mit Besen gespielte Schlagzeug, die beiden Saxofonsoli und den metallischen Sound des Klaviers, der dadurch erzeugt wurde, dass dessen Hämmer mit Reißnägeln versehen worden waren. Das Stück wird getragen von der Sehnsucht nach Freiheit und entspricht dem Lebensideal meines Vaters. Es hat sich mir für immer eingebrannt, und wenn ich es heute höre, fühle ich mich wieder in die Kindheit versetzt, in jene Stunden, in denen ich wach lag und dem Schreibmaschinengeklapper meines Vaters und dem Saxofon zuhörte.

Die Tür zum hell erleuchteten Arbeitszimmer meines Vaters stand einen Spalt weit offen. Ein Lichtstreifen fiel in unser dunkles Zimmer. So schlief ich ein.

Für meinen Vater war Musik immer ein Motor. Beim Schreiben, beim Reflektieren. Die Musik trieb ihn an wie das Rauchen. Die Nächte, in denen mein Vater schrieb, waren so etwas wie der Anfang der Nachtmaschine, bevor dieser Name überhaupt existierte. Tagsüber das Leben mit den Kindern, nachts das Leben mit der Kunst. Die Nacht war voller Musik und Gedichteschreiben. Rock war das Lebensgefühl seiner Generation. Der Beat, die Songs, der Groove, der Rausch, der Exzess, das Leben in seiner ganzen Intensität, das ist das, was er auch in der Literatur suchte: Den Blues, den Rock, den Beat zu finden war sein Antrieb. Und die Texte der Rock-Songs, die beste Lyrik sind und die von Dingen sprechen, die auch in der Underground-Literatur verarbeitet werden.

Immer wieder hörte er Lou Reeds Livealbum «Rock 'n' Roll Animal» von 1974 mit den Liedern «Sweet Jane», «Heroin», «White light/White Heat», «Lady Day» und «Rock 'n' Roll». Das ist die Literatur des Rocks. Die Themen der Siebzigerjahre sind Drogensucht, Rausch, Tod, das kompromisslos ausgelebte Leben mit dem Risiko, alles zu verlieren. In «Highway-Junkie» steht als Leitgedanke:

> Ich habe nie genug vom Leben wie ein Süchtiger von der Spritze, in der einmal zu viel sein wird.

Der Satz erklärt das Leben zum Drogenrausch, der irgendwann zu einer Überdosis führen wird. Das künstlerisch-exzessive Leben verknüpft auf unheilsame Weise Produktivität und Selbstzerstörung.

Mein Vater musste Geld verdienen. Er arbeitete als Dachdecker, Kunstmaler und Schriftsteller. Während ich in den Kindergarten ging, blieb meine Schwester bei ihm in der Casa Aprile. Einmal stand ich auf der Wiese vor dem Kindergarten und entdeckte ihn auf einem Dach, wo er arbeitete und mir zuwinkte. Ab und zu verkaufte er eines seiner abstrakt-ornamentalen Bilder, die er mit Aquarell malte. Der Philosoph Hans Saner, der immer wieder in Carona zu Besuch war, kaufte ihm eines ab.

Es kam der Tag, als sich mein Vater entschied, einen Verlag zu gründen. Nachdem er ein Inserat über eine Liquidation einer alten Druckerei in Lugano gelesen hatte, verkaufte er den «deux-chevaux», ging mit uns zusammen in die Stadt hinunter und kaufte eine Rotaprint-A4-Druckmaschine mit allem Zubehör.

Das war der Anfang der Nachtmaschine. Von da an mischte sich die Musik mit dem Rattern der Druckmaschine, und die ersten Bücher entstanden: in der Nacht gedruckte Bücher, während wir schliefen.

Nach dem Tod meines Vaters kontaktierte ich den Filmemacher Iwan Schumacher, da dieser zu der Zeit, als wir dort lebten, die Casa Aprile zwei Mal besucht hatte, um David Weiss zu treffen. 2007 stellte er ein Porträt über das Leben und die Kunst von Markus Raetz her, der Mitte der Siebzigerjahre in Carona gewohnt hatte. Iwan Schumacher erzählte beim Telefonat im Mai 2023 eine Geschichte, die sich bei seinem ersten

Besuch in Carona 1976 ereignet haben soll. Mein Vater erzählte mir diese Geschichte nie.

Oberhalb des Dorfes gab es ein leer stehendes Hotel, das Bellavista. Die Bewohner der Casa Aprile, Markus, David, Matthyas und Iwan, dachten, dass sich dort sicher begehrenswerte Dinge finden ließen. So entschieden sie sich, in einem Renault 4 hochzufahren, um nachzuschauen. Maria und Monika blieben im Haus zurück. Als die vier im Hotel herumstöberten, fanden sie schöne Dinge wie Geschirr, das sie in die Casa Aprile herunterbringen wollten. Doch dazu kam es nicht, weil die Polizei aus irgendeinem Grund erfahren hatte, dass Leute ins Bellavista eingedrungen waren.

Es wurden alle verhaftet und in Untersuchungshaft genommen. Sie kamen ins Gefängnis von Mendrisio, wo sie getrennt in Zellen gesteckt wurden. Die Bitte meines Vaters, nach Hause zurückkehren zu dürfen, weil seine Kinder dort seien, wurde ignoriert. Sie wurden wegen bandenmäßigen Diebstahls angeklagt. Es kam zu einer Hausdurchsuchung in der Casa Aprile.

Das war der Anfang vom Ende der Künstlerkommune, denn Markus Raetz wurde daraufhin das Haus gekündigt, und er musste mit seiner Familie wieder nach Bern ziehen. So ging jeder nach und nach in die Deutschschweiz zurück.

UNTER KÜNSTLERN

Die Casa Costanza war von Lisa und Theo Wenger, den Großeltern von Meret Oppenheim, gegen Ende des Ersten Weltkriegs erworben worden. Mit ihrer Familie verbrachte sie ab 1919 viele Sommer bei ihren Großeltern in Carona. Dort begegnete sie als Kind vielen Künstlern. So lernte sie den

Schriftsteller Hermann Hesse kennen, der von 1924 bis 1927 mit ihrer Tante, der Sängerin Ruth Wenger, verheiratet war. Das Dorf Carona spielt in dessen Erzählung «Klingsors letzter Sommer» im Kapitel «Der Kareno-Tag» eine zentrale Rolle. Ende der Sechzigerjahre ließ Meret Oppenheim die Casa Costanza nach detaillierten Plänen renovieren und umbauen. Für den Umbau beauftragte sie den Architekten Aurelio Galfetti. Ebenso engagierte sie Otto Sommerhalder, der in einem Anwesen gegenüber der Casa Costanza lebte. Dieser hatte sich auf Antiquitäten spezialisiert und lieferte Meret Oppenheim die geeigneten Objekte, die sie in ihrem Haus installierte.

Da die Casa Aprile nur durch eine Gasse getrennt an die Casa Costanza grenzte, war es nur natürlich, dass ich mich oft in dem Haus aufhielt. Im Eingangsbereich standen zwei Krokodile aus Pappmaché, die sich im Luftzug hin und her bewegten, sobald man die Tür öffnete. Da Meret Oppenheim ab 1972 zwischen Paris, Bern und Carona pendelte, hatte sie zwischenzeitlich das Papageienhaus untervermietet. Damals wohnte der Berner Künstler Peter von Wattenwyl mit seiner Frau in der Casa Costanza. Von ihm stammten auch die Krokodile. Das erklärt, weshalb die Bewohner der Casa Aprile die Casa Costanza auch «Von-Wattenwyl-Haus» nannten.

Zudem besaß Meret Oppenheim am Eingang des Dorfs einen Garten mit Häuschen, das Belvedere hieß. Wir besuchten sie dort. Ich erinnere mich an ihre Stimme, ihr kurzes Haar, ihre große Gestalt, eine stattliche Frau.

Mein Vater hatte die ersten Bücher gedruckt. Neben dem Eingang der Casa Aprile hat er sie an einer Schnur aufgehängt, um auf seinen Verlag aufmerksam zu machen. Der Schriftsteller Hansjörg Schneider, der sich zu dieser Zeit in der Casa Pantrovà (Kurt Held und Lisa Tetzner hatten das Haus gebaut) aufhielt, lernte so meinen Vater kennen. Er hörte von einer Künstler-Kommune im Dorf. Weil er wissen wollte, wer dort lebte, ging er zur Casa Aprile und sah die ersten Nachtmaschine-Bücher vor dem Eingang hängen. Er entdeckte den Gedichtband «Zwölf-Wort-Gedichte», las darin und wurde neugierig. So lernte er Matthyas kennen. Es sollte eine lebenslange Freundschaft werden.

Casa Aprile mit den aufgehängten Gedichtbänden von Matthyas, 1976. Bild: Iwan Schumacher.

Matthyas vor Casa Costanza, 1976. Bild: Iwan Schumacher.

Caspar

Dorfplatz Carona, 1976. Bild: Iwan Schumacher.

Oft besuchte ich Markus Raetz in seinem Atelier. Er zeigte mir kleine Figuren, die er aus Obsidian geschliffen hatte. Er fragte, wie ich sie finde. Immer wollte er meine Meinung wissen. Markus war ein sehr einnehmender Mensch, der zu allen und allem einen unmittelbaren Zugang fand. Für mich als Kind war es wunderbar, von solchen Menschen umgeben zu sein. Zu meinem Geburtstag schenkte er mir Pfeil und Bogen sowie einen selbst hergestellten und bemalten Köcher. Es war ein sehr kinderfreundliches Umfeld. Markus hat auch mit meinem Vater zusammengearbeitet, z. B. fertigte er Zeichnungen für die ersten zwei Nummern der Literaturzeitschrift «Nachtmaschine» an, die 1975/1976 (Nummer 1) und 1977 (Nummer 2) in Carona erschienen sind.

In der Literaturzeitschrift erschienen weiter Zeichnungen von Anton Bruhin und David Weiss. Anton Bruhin ist mir besonders lebhaft in Erinnerung. Auch er hatte eine sehr unverkrampfte Art und Weise im Umgang mit Kindern. Er drückte mir z. B. eine noch unbeschriebene Chinakladde in die Hand und wollte, dass ich jeden Tag eine Skizze hineinzeichne. Da ich diese schnell hinsudelte, war er weniger zufrieden. Immer wollte ich, dass er mir mit der Maultrommel vorspielte. Ich sehe seine großen Augen, das armbrustförmige Instrument zwischen seinen Zähnen und die auf und ab gehenden Finger, welche die Lamelle in Schwingung bringen. Ich war glücklich, ihn spielen zu hören.

Markus Raetz: Jim Strong & John Kling, 1976.

Wenn ich an diese Zeit zurückdenke, steigt ein Bild in mir auf: Der Dorfplatz liegt hell und staubig im gleißenden Licht der Sonne. Mein Vater sitzt auf einer Bank vor der Casa Aprile. Mit Sonnenbrille, Zigarette im Mundwinkel, langen dunklen Haaren, Schnauz und Dreitagebart, übereinandergeschlagenen Beinen und Lederstiefeln. Über der Jeansjacke trägt er eine dunkelblaue Strickweste.

Eines Tages wurde ein Zelt hochgezogen, ein Zirkus war ins Dorf gekommen. Später setzte sich ein Clown neben mich, und wir unterhielten uns. Auf der anderen Seite des Platzes das Anwesen der Sommerhalders. Zwei übereinanderliegende schräg abfallende Holztreppen verbinden das Turmhaus mit dem Haus, in dem sich die Küche befindet. David Weiss hatte diese Ansicht in einer Kugelschreiberzeichnung festgehalten. Im Turmhaus, in dem die Sommerhalders wohnten, gab es damals keine Heizung, kein fließendes Wasser. Oft saß ich in der großen und dunklen Küche der Sommerhalders an dem großen Holztisch.

Bei den Sommerhalders hingen Maiskolben an einer Leine zum Trocknen, gab es Esel, Ziegen und Hühner. An einem heißen Tag rannte ein kopfloses Huhn über den Platz und das Blut schoss in die Höhe. Bruno, der Sohn der Sommerhalders, hatte einen Berberaffen von einer Afrikareise mitgenommen. Bruno trug immer blaue Arbeitskleider, auf der Schulter den Affen. Manchmal rannte der Affe wild umher, kreischte und zeigte sein blankes Gebiss; zum Glück war er an einer Leine. Wenn Bruno mit dem Traktor vor der Posta hielt, ging der Affe in das Restaurant hinein, trank eine für ihn bereitgestellte Cola und warf dann die Flasche auf den Boden. Alle lachten. Später wurde Bruno Sommerhalder Bürgermeister von Carona.

Immer wieder kamen Bekannte und Freunde der Künstler auf der Durchreise vorbei. Der zweite Besuch Iwan Schumachers Anfang 1977 galt dem Hesse-Weg, über den er einen Film machen wollte. Doch das Projekt konnte nicht realisiert werden, weil der Suhrkamp Verlag die Rechte nicht freigab. In diesem Zusammenhang entstanden die Fotos von meinem Vater und dem Eingang der Casa Aprile. In späteren Jahren beklagten wir uns, warum wir damals in Carona keine Fotos gemacht hatten. Doch wir haben die Bilder im Kopf, die Erinnerungen.

Ein Bild von Markus Raetz aber sollte unsere Familie ein ganzes Leben begleiten. Ich saß am Küchentisch in der Casa Aprile und malte mit Fingerfarben. Markus setzte sich neben mich und schaute zu. Ich wollte, dass er etwas für mich malte. «Ich kann dir alles malen, was du willst», sagte er mir. «Mal uns drei am Strand von Ios», bat ich ihn. Markus tauchte seine Finger in die Farben und malte in ein paar Minuten das Bild. Ich war sehr zufrieden damit. Mein Vater hat es später als Buchumschlag für «Die Beschreibung der Tiefsee» verwendet, und jetzt hängt es im Haus meiner Schwester.

Markus Raetz: Am Strand von Ios, Carona 1976.

Nachdem die anderen die Casa Aprile verlassen hatten, wohnten nur noch Matthyas, Zoë und ich dort.

Es muss an einem Abend gewesen sein: Drei Männer in langen Mänteln tauchten bei uns auf. Sie trugen Flinten bei sich. Mein Vater sagte, dass er zwei Kinder hätte. «Stai zitto!», war die Antwort. Sie versteckten ihre Waffen unter dem Bett meiner Schwester. Im Morgengrauen nahmen sie die Waffen wieder hervor und gingen weg. Bald wurde von einem Banküberfall in Lugano berichtet. Die Polizei kam und untersuchte das Haus. Sie trennten meinen Vater von uns Kindern. Das war das ausschlaggebende Ereignis, das meinen Vater dazu bewegte, die Casa Aprile zu verlassen. Er organisierte die Rückkehr nach Basel. Ein weiterer Grund für die Rückkehr war, dass er nicht wollte, dass ich in die Schule in Lugano ging. Im Schulbus nach Carona sah er die Schüler, wie sie sich prügelten.

Im Garten der Casa Aprile mit Lea Schneider und Maria Gregor.
Bild: Veit Stauffer.

So entschied er sich, das Dorf zu verlassen und mit mir und meiner Schwester nach Basel zurückzukehren. Ich kam dort in die Schule und meine Schwester in den Kindergarten.

KLEINBASEL, OETLINGERSTRASSE, 1977-1985

Mein Vater mietete eine Wohnung im Kleinbasler Quartier Matthäus in der Oetlingerstraße 157. Wir zogen in eine Vier-Zimmer-Parterrewohnung ein. Ich erinnere mich an die Anfangszeit in der Wohnung. Matthyas saß in einem Sessel und sagte, dass wir am Ende seien. Doch es war nicht das Ende, sondern ein Neuanfang, wenn auch kein einfacher. Meine Schwester ging in den Kindergarten um die Ecke, und ich wurde ins Bläsi-Schulhaus eingeschult.

Ende der Siebziger- und Anfang der Achtzigerjahre lebten hier viele Italiener, Spanier und Türken. Später kamen dann auch die ersten tamilischen Flüchtlinge. Oft sah ich sie in Gruppen herumstehen und trinken, da sie nichts zu tun hatten. Zu der Zeit gab es für sie noch keine Arbeit, was sich aber bald ändern sollte. Im Haus 157 lebten viele Italiener der ersten Generation. Sie kamen im Zuge der Gastarbeiterbewegung in die Schweiz. Bald durften sie sich aber durchgehend in der Schweiz aufhalten und mussten nicht mehr nach Ablauf von neun Monaten für mindestens drei Monate wieder in ihr Herkunftsland zurückkehren.

Meine Schwester und ich schliefen in den ersten Tagen neben der Druckmaschine im hintersten Zimmer, das auf den Hof hinausging. Später richteten wir unsere eigenen Zimmer ein, die zur Straße hin lagen. Jeder ein Zimmer für sich allein. Mein Vater konnte dann noch die Waschküche dazumieten, die sich außerhalb der Wohnung befand. In dieser Waschküche wurden in der Folge die Bücher gedruckt. Was in Carona begonnen hatte, fand hier seine Fortsetzung: das Drucken die Nacht hindurch. Ich hörte das Rattern der Maschine, wenn ich in meinem Bett lag. In der Waschküche herrschte nun nachts Hochbetrieb.

Oft saß ich dort in einem Stuhl, beobachtete meinen Vater, wie er arbeitete. Ein Handwerker der Nacht, ein vom Büchermachen Besessener. Ich roch die Chemikalien, die er brauchte, um die Druckplatten zu imprägnieren, eine rote Substanz, die er auf dem Metall verrieb. Dann spannte er die Druckplatte auf die Walze und begann zu drucken. Wie ein Pilot stand er hinter der Maschine und regelte den Ablauf.

Caspar

Das Rattern der Druckmaschine nachts. Mein Vater in weißen Hosen und weißem Hemd, Druckerschwärze an den Händen und die Zigarette im Mundwinkel. Vor dem Einschlafen kam er in mein Zimmer und zeichnete mit der Zigarette Muster in die Dunkelheit. Ja, manchmal versteckte ich die Zigarettenpäckchen.

An der Druckmaschine, 1980.
Bild: Claude Giger, Schweizerisches Sozialarchiv, Zürich.

Am Mittag kochte er das Essen. Gemeinsam saßen wir am Tisch in der langen Küche. Das Wasser wurde von einem Boiler über dem Schüttstein erhitzt.

Ich sehe die Flamme im Boiler brennen. Schriftsteller und Dichter kommen in die Wohnung. Manfred Gilgien, der am Küchentisch sitzt und aus einem Glas Ovomaltine trinkt, in der Annahme, es sei ein alkoholisches Getränk.

Auf dem Balkon, Oetlingerstraße, 1980. Bild: Esther Pfirter.

Matthyas war sein Vormund. Manfred Gilgien, der Dichtertypus der Straße, schwer alkoholsüchtig und die personifizierte Selbstzerstörung. Er wohnte oben um die Ecke in der Hammerstraße. Immer wenn ich dort vorbeiging, sah ich das offene Fenster mit dem sich im Wind bewegenden Vorhang. Es war eine Höhle, eine Trinkerbude, einsam und dunkel. Der Rotwein durchtränkte alles. Auf einem Foto sieht man eine Ratte über den Tisch huschen. So lebte er mit dem Alkohol und den Ratten zusammen und schrieb kein Wort mehr. Matthyas wollte ihn dazu ermutigen, wieder Gedichte zu schreiben, und versprach ihm für jedes Gedicht zwanzig Franken. Manfred kam regelmäßig mit neuen Gedichten. Bis mein Vater herausfand, dass er die Gedichte von Brecht abgeschrieben hatte, um an das Geld zu kommen.

Matthyas veröffentlichte 1978 Gilgiens Buch «Straßen-Tango». Ein gelbes Büchlein, auf dem Cover eine Schwarz-Weiß-Fotografie, die eine moderne Schreibmaschine zeigt.

Die Gestaltung von «Straßen-Tango» vermittelt den Underground, die Herkunft der Straße, das Unbürgerliche, eine Poesie der Dunkelheit. Unschweizerisch und nach dem Vorbild des amerikanischen Undergrounds. Einmal spielte ich im Hinterhof mit meinem Jugendfreund, als wir durchs Fenster des hinteren Zimmers spähten. Wir sahen, wie Matthyas und Manfred aufeinander losgingen. Eine Szene der Gewalt, die aus einer verzweifelten Alkoholsucht resultierte.Wir zogen in den ersten Stock, die Waschküche blieb die Druckerei. Neue Mieter zogen ein: Jacky Wittmer und seine Frau. Bald klebte auf der Polstertür neben dem Wohnungseingang ein Bild eines Säuglings, der raucht und mit Schnallen und Spangen in eine Vorrichtung eingespannt ist. Es handelt sich um eines der Necronomicon-Bilder von H.R. Giger. Zoë hatte Angst vor dem Bild, mich hat es eher fasziniert, und im Halbdunkel des Gangs gewöhnte ich mich an den eigenartigen Säugling. Matthyas meinte, dass das Bild nicht so geschickt platziert sei, zumal Kinder hier wohnten, lebten und spielten. Doch Jacky entfernte das Poster nicht. Er war ein schlaksiger Mann, der mit den Armen ruderte, wenn er etwas erklärte. Ein liebenswürdiger Mensch, aber ständig betrunken. Mein Vater erzählte mir, dass Jacky eine Million im Lotto gewonnen hätte und nun das ganze Geld in den Alkohol versenkte. Ich war im Keller und ging in das Abteil der Wittmers. Dort lagen wild verstreut Filmrollen herum. Ich nahm eine und las «Die wilden Jahre». Später erfuhr ich, dass Jacky Wittmer mit H.R. Giger Filme gedreht hatte. Auf einer Postkarte von Giger an ihn heißt es: «Ich bringe den Oskar mit.» Gemeint ist der Oscar, den H.R. Giger für «Alien» (1979) in der Kategorie «Beste visuelle Effekte» erhalten hatte. Jacky starb jung, da er durch seine Alkoholsucht geschwächt eine Operation nicht überlebte.

Zwei Jahre vor seinem Tod meldete sich der Filmemacher Fredi M. Murer bei meinem Vater. Ich fragte, was dieser denn wolle. Informationen über Jacky Wittmer wolle er haben, antwortete er. Immer wieder erzählte mir mein Vater, dass sich Murer bei ihm gemeldet habe. Es war mir ein Rätsel, warum Murer sich für Jacky Wittmer interessierte. Ich habe es von meinem Vater nie erfahren. Nach seinem Tod wollte ich es wissen. Ich kontaktierte Murer, und es kam zu einem zweistündigen aufschlussreichen Gespräch mit ihm.

Jacky Wittmer hat mit H.R. Giger Filme gemacht. Fredi M. Murer hat mit H.R. Giger zusammen 1968 den schweizerischen Science-Fiction-Kurzfilm «Swiss Made» gedreht, eine Dystopie über einen Schweizerischen Überwachungsstaat, der von einem humanoiden Außerirdischen beobachtet und dokumentiert wird. Das Kostüm für den Außerirdischen hatte H.R. Giger angefertigt. Es kann als eine Art Vorgänger von «Alien» angesehen werden. Derselbe aerodynamische Kopf, nur viel niedlicher und harmloser als sein entsetzlicher Nachfolger. Fredi M. Murer wollte eine DVD der Kurzfilme mit H.R. Giger herausgeben. Inzwischen ist diese unter dem Titel «Passagen» erschienen. Von Jacky Wittmer stammen drei Filme über H.R. Giger: «Aus einer anderen Welt» von 1979, «Giger's Necronomicon» von 1975 und «Tagtraum» von 1973. Der Film «Tagtraum» zeigt die drei Künstler H.R. Giger, Claude Sandoz und Walter Wegmüller in einer Villa vom 3. bis 17. November 1973. Das Konzept sah vor, dass alle drei Künstler an eigenen Leinwänden arbeiteten, die dann jeweils von den beiden anderen ergänzt wurden. Nach Murers Aussage hätten sie in der Villa zusammen gegessen und Haschisch geraucht.

Weil er nichts über Jacky Wittmer finden konnte, hatte er sich an meinen Vater gewandt, da er wusste, dass wir im Kleinbasel im gleichen Haus gewohnt haben. Er brauchte die biografischen Daten von Wittmer für das Booklet der Doppel-DVD. Tatsächlich hatte mein Vater nach dem Tod von Jacky Wittmer einen Nachruf über ihn geschrieben. Das Rätsel wurde also dank der ausführlichen Erklärungen von Fredi M. Murer gelöst.

«Hier spricht das Jenny'sche Poesietelefon. Sie hören Gedichte des Dichters ...» So sprach mein Vater jeden Sonntagabend auf den Anrufbeantworter seines Telefons. Ich höre noch das Klicken der Aufnahmetaste. Dann seine Stimme das Gedicht aufsagen. Nach der letzten Zeile ermuntert er die Zuhörer noch, falls sie selbst Gedichte schrieben, ihm diese an die folgende Adresse zu senden. Die Aufnahme wird mit einem Fingerdruck beendet.

Mein Vater hatte die Idee des Poesietelefons von John Giorno 1976 übernommen, der es 1970 im Umkreis von Andy Warhols Factory als Aktion «DIAL-A-POEM» erfunden hatte.

Immer wenn jemand anrief, hörte man das Geräusch des Anrufbeantworters. Das Gedicht konnte für 24 Stunden abgerufen werden. Ein Beitrag des Schweizer Fernsehens vom 15.2.1978 zeigt auf sehr schöne Weise die Intention dahinter: Ein Lastwagenfahrer hält an einer Telefonkabine an, steigt aus und wählt die Nummer des Poesietelefons. Mitten im alltäglichen Leben sollte uns das Gedicht einen Moment aus dem Trott herausholen, uns für die Dauer eines Gedichts in die Welt der Assoziationen und der Sprachkunst entführen.

Das Gedicht als Gegenmacht zum Gesellschaftsbetrieb war die Grundidee dieser Art von Literaturvermittlung. Mit dem «Tag der Poesie» wurde das Gedicht direkt in die Gesellschaft hineinkatapultiert. Es sollte an diesem Tag auf die Straße gebracht werden, unter die Leute. Mit selbst hergestellten Plakaten, die man in den Straßen aufstellte, und Handzetteln, die man den Passanten aushändigte, konnten die Gedichte unmittelbar in den Alltag und das Leben gelangen.

Plakat zum «Tag der Poesie», 1980.

1979 wurde der erste «Tag der Poesie» verwirklicht. Ich erinnere mich, wie Leute zu uns in die Wohnung kamen und mit Filzstift die Gedichte auf die Plakate schrieben. So hatten viele Gedichte ihre eigene Handschrift. Die Plakate wurden dann auf einem Holzrahmen im Hochformat befestigt. Zum

Schutz vor Regen überzog Matthyas die Plakate mit einer Plastikfolie, die an den Holzrahmen getackert wurde. Jahrelang stauten sich die Gedichtplakate in einem Winkel der Wohnung. Immer kamen neue dazu, und einige gingen über die Jahre kaputt. Bis 1988 hat Matthyas den «Tag der Poesie» durchgeführt.

Am dritten «Tag der Poesie» am 28. März 1981 pflanzte mein Vater den ersten «Baum der Poesie» im Kannenfeldpark. An diesem Tag wurde 20 000 Flugblätter mit Gedichten von 60 verschiedenen Dichterinnen und Dichtern verteilt. Weitere Bäume wurden an anderen Orten gepflanzt.

Das Poesietelefon, der «Tag der Poesie» und der «Baum der Poesie» sind aus dem Aktionismus der Siebziger- und Achtzigerjahre hervorgegangene Ideen. Als wir im Herbst 1977 nach Basel zurückgekehrt sind, war die Zeit der Jugendunruhen (das autonome Jugendzentrum AJZ in Basel), die Zeit der Punks, der Gastarbeiter, der subversiven Kunstentfaltung. Mitglieder des AJZ kamen zu meinem Vater und druckten Flyer für ihre Demos auf der Druckmaschine in der Waschküche. Einmal schloss sich einer sogar die ganze Nacht dort ein, um eine politische Aktion zu publizieren. Die Idee des Undergrounds war mit der Idee des Subversiven, Nichtkonformen und Antibürgerlichen verknüpft.

In der Hammerstraße, einer Querstraße zur Oetlingerstraße, initiierte der Galerist Felix Handschin die Hammerausstellungen I und II. Provisorische Kunstausstellungen in einer Fabrikhalle. Die Hammerausstellung I dauerte vom 23.9.1978 bis zum 12.11.1978. Da wir praktisch um die Ecke wohnten, gingen wir öfters dorthin. Die Idee der Hammerausstellung ist dem Geist der späten Siebzigerjahre, in denen mein Vater seine Projekte entwickelte, verpflichtet. Die Ausstellung sollte dem musealen Betrieb entgegengesetzt sein, die Künstler sollten ihre Werke vor Ort entstehen lassen. Zudem war der Eintritt kostenlos. Ich erinnere mich an feuerspeiende Eisenplastiken, an Wänden hängende Schläuche, an Lärm produzierende Eisenplastiken. Industriekunst für alle zugänglich und ohne falsches Pathos inszeniert und offengelegt.

Pressefoto Matthyas, «Tag der Poesie», 1980. Das Foto wurde im Hinterhof der Oetlingerstraße aufgenommen. Bild: Claude Giger, Schweizerisches Sozialarchiv, Zürich.

Dieses Kunstverständnis entspricht der Haltung der späten Siebziger- und frühen Achtzigerjahre. Das kommerzielle Denken war noch nicht bis in die letzte Konsequenz vollzogen. Die Arbeit meines Vaters muss vor diesem Hintergrund verstanden werden. In seinem Verlag Nachtmaschine publizierte er die Literatur, die er für gut befand und die ihn persönlich interessierte. So entdeckte er den Basler Dichter Christof Meury (1960–1983). Meury entsprach dem Typus des antibürgerlichen, obsessiven, leidenschaftlichen Dichters. «Es brennt» oder «ich brenne» soll er manchmal zu meinem Vater gesagt haben. Meury war ein Getriebener, der mit dichterischer Sprache in einer feindseligen Welt zu überleben versuchte.

Ein Herzstück der Underground-Literatur im deutschsprachigen Raum war die Alternativzeitschrift «Gasolin 23». Im Winter 1971 von Carl Weissner, Jürgen Ploog und Jörg Fauser gegründet, veröffentlichte sie amerikanische und deutsche Beat- und Cut-up-Literatur. Die acht offiziellen Ausgaben von «Gasolin 23» (die Nr. 1 war eine interne Ausgabe) erschienen zwischen 1973 und 1986. In dem Zeitraum also, in dem mein Vater mit dem Verlag Nachtmaschine aktiv war. «Gasolin 23» verstand sich als Gegenpol zum herkömmlichen Literaturbetrieb. Oder wie Jürgen Ploog in der editorischen Notiz verdeutlicht: als «eine vitale Alternative zur ungesunden Sterilität dessen, was hier so an handelsüblicher Literatur produziert und gefördert wird».

Schriftsteller und Verleger zugleich, veröffentlichte Matthyas Beiträge in «Gasolin 23» in den Themenheften 5 (September 1977, Stories), 6 (Oktober 1978, Poetry) und 7 (1979, Träume). Im Heft 5 sind u. a. die amerikanischen Autoren Sam Shepard, William S. Burroughs, Neal Cassady, Charles Plymell, Mary Beach und Charles Bukowski vertreten. Unter den deutschsprachigen Autoren befinden sich Jürgen Ploog, Jörg Fauser, Carl Weissner und Matthyas Jenny.

Als Schweizer Verleger veröffentlichte mein Vater zwei Repräsentanten der deutschen Underground-Literatur. Von Jörg Fauser (1944–1987) erschienen im Verlag Nachtmaschine 1979 «Requiem für einen Goldfisch» (Stories) und 1985 «Strand der Städte», eine Sammlung von 13 Essays. Jörg Fauser fand den Tod auf der Straße, als er von einem LKW erfasst wurde, nachdem er eine Feier zu seinem 43. Geburtstag verlassen hatte. Ich erinnere mich an diesen Tod, weil mein Vater es mir mitgeteilt hatte. Ich fragte ihn, ob er denn über den Tod von Jörg

Fauser traurig sei, worauf er antwortete, dass ihn das bis jetzt noch niemand gefragt hätte. Von Jürgen Ploog (1935–2020) veröffentlichte er 1979 «Motel USA/Amerikanisches Tagebuch», ein in typischer Underground-Manier gestaltetes Bändchen.

Die Erinnerungen an diese Zeit sind zum Teil dunkel. Meine Schwester hat im ersten Teil ihres Romans «Das Blütenstaubzimmer» ihre Kindheit im Kleinbasel verarbeitet. Für sie war es wohl eine schwierigere Lebensphase als für mich.

Nach der Krebsdiagnose meines Vaters und als es ihm wieder ein bisschen besser ging, machten wir Ende Oktober 2020 mit Naomi einen gemeinsamen Spaziergang zum Haus, in dem wir einen Teil unserer Kindheit verbracht hatten. Mein Vater ging am Stock, Naomi hüpfte herum, war zuvor noch auf der Schaukel beim Pausenhof, wo ich früher zur Schule gegangen war.

Eriz, Kanton Bern, 1981. Bild: privat.

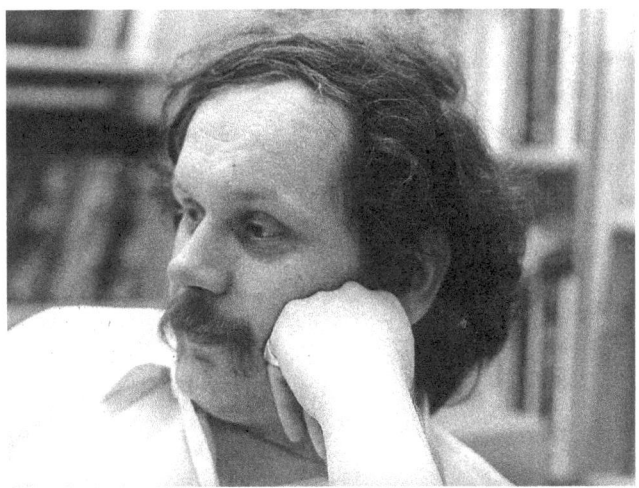

Oetlingerstraße, 1982. Bild: Ursy Trösch.

GROSSBASEL, BACHLETTENSTRASSE 17

Die Jahre in der Bachlettenstraße im gleichnamigen Quartier Bachletten waren von verschiedenen Ereignissen geprägt. Mein Vater lebte hier mit seiner Partnerin Ursula Wernle zusammen. Sie hatte eine Buchhandlung gegründet, die immer noch besteht.

An einem Abend klagte mein Vater über heftige Bauchschmerzen. Meine Schwester Zoë war bei ihm. Sie gingen auf die Notfallstation, wo eine sofortige Operation angeordnet wurde. Mein Vater litt an Divertikulitis. In jener Nacht, in der er beinahe gestorben wäre, nahmen sie ihm den Darm heraus, wuschen diesen und nähten ihn wieder an. Der zuständige Arzt kam nach der siebenstündigen Operation verschwitzt zu uns und teilte uns mit, dass unser Vater die Operation überlebt habe, aber noch nicht sicher sei, ob die Naht halte. Wenn nicht, würde er sterben. Es war eine Höllennacht. Die Naht hat gehalten. Doch leider ist während der Operation ein Fehler unterlaufen.

Als mein Vater wieder über ungewöhnliche Schmerzen im Unterleib klagte und Fieber bekam, entdeckten sie auf dem Röntgenbild die Fäden eines im Bauch vergessenen Tuchs. Die Nervenkrise war noch nicht überstanden, und er musste erneut operiert werden. Der Tod war noch nie so nahe gerückt, die Sterblichkeit und Verletzbarkeit meines Vaters waren nie zuvor so offenbar geworden. Der Tod sei geräuschlos, hatte er gesagt. Während der Rekonvaleszenz litt er immer noch unter starken Schmerzen und musste Morphium nehmen, da sprach er von den «Farben der Schmerzen». Sie hätten verschiedene Abstufungen wie auf einer Farbskala.

Einmal, mein Vater muss um die Mitte dreißig gewesen sein und ich ungefähr neun, kam ich in sein Zimmer. Er lag schweißgebadet und kreidebleich mit Schüttelfrost auf dem Bett. Ich dachte, er müsse sterben. Mit keuchender Stimme erklärte er, dass er einen Malariaanfall habe und dieser bald wieder vorbeigehen werde. Die Krankheit war zum ersten Mal in einem Hotel in Singapur China Town ausgebrochen.

Dem Tod diesmal nur knapp entkommen, entwickelte mein Vater ungeahnte Kräfte. Es kam die Zeit, als er die Buchmesse in Basel initiierte und voranbringen musste. Ich kann mich an den Tag erinnern, als er in die Messe Basel fahren musste, um das Projekt einem Gremium vorzustellen. Es war ein heißer Sommertag. Da mein Vater stark schwitzte, erklärte er mir, dass er mehrere frische Hemden mitnehmen müsse, die er dann auf der Toilette auswechselte. Die Präsentation des Projekts fand auf jeden Fall Anklang, und es sah so aus, als würde die Messe darauf einsteigen. Die Messe Basel gab dann grünes Licht unter der Bedingung, dass die Buchmesse nur mit begleitendem Literaturfestival durchgeführt werde.

Unterhalb der Buchhandlung in der Bachlettenstraße hatte mein Vater ein Büro eingerichtet, wo er dann die Buchmesse und die Veranstaltungen für das Literaturfestival organisierte. Ihm wurde eine Sekretärin von der Messe bezahlt, die dann dort arbeitete. Oft ging ich ihn im Büro besuchen.

In dieser Zeit kaufte er mit Ursula zusammen einen blauen Chrysler PT Cruiser, den er bis zuletzt fahren sollte. Jeden Sommer fuhren sie mit dem Wagen nach Korsika. Nach den Ferien saßen mein Vater und ich auf der Terrasse und plauderten. Er war von der Sonne gebräunt, roch nach Meer und Sand, und wir verbrachten entspannte Stunden. Es waren glückliche Jahre für ihn. Die Buchhandlung florierte, mein Vater konnte seine Projekte verwirklichen. Irgendwann hatte die Buchhandlung so viel Gewinn abgeworfen, dass Ursula in der Lage war, das Haus zu kaufen, in dem sich die Buchhandlung befand. Das Glück schien ihnen gewogen, doch es sollte nicht lange anhalten. 2005 bekam Ursula die Diagnose Bauchspeichelröhrenkrebs, nachdem sie seit längerer Zeit Mühe mit Schlucken gehabt hatte. Es handelte sich um ein malignes Plattenepithelkarzinom.

Am Tag der Diagnose ging ich mit meinem Vater ins Café Templum, das sich an der Straßenecke befindet. Dort erklärte er mir, dass Ursula unheilbar krank sei und mit größter Wahrscheinlichkeit sterben müsse, es nur noch eine Frage der Zeit sei.

Am nächsten Tag hat er jede Zuständigkeit für das Literaturfestival und die Buchmesse abgegeben. Es war ihm klar, dass ihm nur noch wenig Zeit mit Ursula blieb und er diese ab sofort uneingeschränkt mit ihr verbringen und sie pflegen würde. Von einem auf den anderen Tag war mein Vater in eine

Hölle gestoßen worden, in einen Wettlauf mit der Zeit, in dem es um Leben und Tod ging.

Diese Haltung dem menschlichen Leben gegenüber war eine seiner großen Charakterstärken. Sie zeigte sich in allen Situationen, in denen es anderen schlecht ging. Er hat sich immer hilfsbereit gezeigt. Sein gesellschaftlich-soziales Engagement im Bereich der Literatur gründete auf einer humanistischen Grundeinstellung. Wenn es erforderlich war, musste die Karriere auf alle Fälle hinter die Menschlichkeit zurücktreten, wie es sein Verhalten gegenüber Ursula bewies. Karrieristisches Kalkül war ihm fremd, und damit provozierte er jene, die auf Berechnung und Egoismus setzen.

So pflegte mein Vater Ursula bis zu ihrem Tod im Mai 2007. Die Krankheit bestimmte ihr Leben. Gemeinsam führten sie die Buchhandlung weiter. Wenn Ursula vor Schmerzen oder Schwäche nicht konnte, stand er hinter der Verkaufstheke und betreute die Kunden. In diese Zeit fiel auch der Umbau der Buchhandlung. Oft wälzte sich Ursula vor Schmerzen auf dem Boden der Küche, die sich hinter der Buchhandlung befindet. Matthyas spritzte ihr dann Morphium. Die Konfrontation mit ihrem Leid und dem körperlichen Verfall zehrte an ihm. Aber er ließ sie niemals allein, war immer bei ihr, unter Aufbietung all seiner Kräfte. Selbst angesichts des nahenden Todes von Ursula gingen sie noch auf Reisen, nach Syros an den Ort Kini in Griechenland und unter schwersten Umständen einige Monate vor ihrem Tod nach Hurghada in Ägypten.

Nach Ursulas Tod fiel mein Vater in eine schwere Krise. Obwohl es ihm sehr schlecht ging, führte er die Buchhandlung weiter. Wenn ich ihn besuchen kam, lagen in der Küche Buchbestellungen übereinandergeschichtet, dass man kaum einen Weg fand. Alles schien auf der Kippe kurz vor dem Kollaps, und doch stand er jeden Tag hinter der Theke, nahm Bestellungen auf, bestellte Ware, klebte Preise auf die Bücher, verpackte an Weihnachten die Bücher in Geschenkpapier.

Testamentarisch hatte Ursula verfügt, dass ihre Asche auf Korsika in den Calanches ins Meer gestreut werden sollte. Es war meinem Vater unmöglich, im ersten Sommer nach ihrem Tod dorthin zu fahren.

Erst 2008 reiste er mit der Urne im Chrysler allein hinunter. Den gleichen Weg, den er immer mit Ursula gefahren war. Er würde die enge Straße zu den roten Felsen hinauffahren, dorthin, wo er die Asche ausstreuen sollte. Einmal rief er an. Im Hintergrund hörte ich die Geräuschkulisse badender Menschen, das Geschrei von Kindern. Er war in einem Hotel, von wo aus er am folgenden Tag in die Calanches fahren wollte. Der Aufenthalt dort war für ihn kaum erträglich. Allein mit der Urne im Hotelzimmer sitzend, hörte er draußen das Leben, das Glück der Menschen. So wie er selbst oft glücklich mit Ursula zusammen gewesen war. Nun war sie tot und sein Glück mit ihr für immer vergangen. Ich spürte, dass er froh war, mit jemandem reden zu können, aber ich ahnte die Dunkelheit, das große Unglück in und um ihn herum. Der Badestrand, das Hotel, die Menschen, das alles wurde für ihn zu einem Albdruck, da es ihm das Ende seines Glücks noch heftiger vor Augen führte. Der Liebeskummer und der Verlust des geliebten Menschen nahmen ihn in voller Gänze in Besitz, und er würde sich zeit seines Lebens nie mehr davon erholen. Bei niemandem trifft die Allerweltsweisheit, dass die Zeit alle Wunden heile, weniger zu als bei meinem Vater. Später erzählte er mir, dass das Ausschütten der Asche ein einziges Fiasko war. Ein Aufwind hätte ihm die Asche ins Gesicht getrieben und seine Brille verklebt. Die andere Hälfte der Asche nahm er wieder nach Basel mit.

Zuerst Dichter, Schriftsteller, Verleger und später Buchauslieferungschef, Literaturaktivist, Buchmessegründer, war er nun auch noch Buchhändler geworden. Er hatte so ziemlich jeden Beruf ausgeübt, der mit Büchern zusammenhing. 2006 initiierte er «Das Kleine Literaturhaus». Die Räumlichkeit befand sich direkt unter der Buchhandlung. Durch ein einziges Fenster drang Licht von der Straße hinein. Alle Wände waren mit Büchern ausgekleidet. Es war zugleich eine kleine Bibliothek. Der Name war als Gegenpol zum Literaturhaus Basel zu verstehen, das für ihn mit einer schweren persönlichen Enttäuschung verbunden war. Von 2006 bis Herbst 2015 führte er im «Kleinen Literaturhaus» unzählige Veranstaltungen durch.

Im Rahmen der fünften Ausgabe von «culturescapes» mit dem Land Rumänien wurde dort vom 21. bis 23. November 2007 rumänische Literatur vorgestellt, u. a. Ana Blandiana und Catalin Dorian Florescu. Bald etablierte sich das «Kleine Literaturhaus» als Ort für besondere Literaturanlässe. Bei der Veranstaltung über die 2006 ermordete russisch-amerikanische Reporterin und Menschenrechtsaktivistin Anna Politkowskaja kamen so viele Besucherinnen und Besucher, dass diese die ganze Treppe hoch saßen oder standen. Der Raum bot nur für ungefähr 40 bis 50 Leute Platz. Nach den Lesungen gab es immer einen Apéro mit Wein, Prosecco, Crackern, Salzstangen und -brezelchen sowie belegten Brötchen. Bei dieser Gelegenheit konnte man auch mit den geladenen Autorinnen und Autoren ins Gespräch kommen. Es herrschte eine ungezwungene und intime Atmosphäre.

Besonders in Erinnerung geblieben ist mir eine Veranstaltung im Dezember 2009. Auf 160 Seiten zeigt der sehr schön aufgemachte Fotoband «Les Alsaciens» von Marc Grodwohl (Gründer des Freilichtmuseums «Écomusée d'Alsace») elsässische Trachten. Auffallend war, dass bei dieser Gelegenheit nur französischsprechende Gäste anwesend waren. Als würde sich ein Graben zwischen deutschschweizerischer und elsässischer bzw. französischer Kultur ziehen. Das Gespräch mit Marc Grodwohl, meinem Vater und anderen Anwesenden im Anschluss an die Veranstaltung war sehr herzlich und sympathisch. Diese Anlässe zeigten einmal mehr den offenen Geist meines Vaters, der keine kulturellen Grenzen scheute oder diese gar zu überwinden suchte. Die Neugierde war stets ein Charakteristikum meines Vaters und zeigte sich im vielseitigen Programm des «Kleinen Literaturhauses».

Es war hilfreich, dass er die Buchhandlung seiner verstorbenen Frau weiterführen konnte und so auch beschäftigt war. Sobald mein Vater nichts zu tun hatte, fiel er in eine Depression und musste schauen, wie er damit fertigwurde. Ich konnte ihm nicht helfen, er war in einer Kapsel aus Trauer eingeschlossen. An den Wochenenden setzte er sich manchmal einfach ins Auto und fuhr weg. Es tat ihm gut, unterwegs zu sein, allein mit sich und seinen Gedanken. Einmal fuhr er bis nach Milano und wieder zurück. Er überquerte noch die später eingestürzte Morandi-Brücke. Das Fahren wird ihn wohl beruhigt haben. Er liebte es, Auto zu fahren, und er tat es sein ganzes Leben. Wenn ich an einem Samstag oder Sonntag sah, dass der Chrysler nicht auf dem Parkplatz stand, wusste ich, dass er irgendwo unterwegs war.

2008 heiratete meine Schwester in St. Moritz im Suvretta-Hotel. Es war ein sehr schöner Tag, mein Vater fuhr mit Zoë in einer Kutsche, Rosenblätter wurden in die Luft geworfen. Auf der Wiese vor dem Hotel spielte ein Streichquartett, Freunde und Verwandte sprachen miteinander, ein Glas Sekt in der Hand. Es waren Momente und Bilder des Glücks. Doch das größte Glück für die Familie war die Geburt von Naomi am 31. Januar 2010. Wenn Naomi und Zoë auf Besuch nach Basel kamen, wohnten sie im ersten Stock über der Buchhandlung.

Die Küche hinter der Buchhandlung wurde bald zum Treffpunkt. Oft wenn ich meinen Vater besuchen ging, war jemand da. Zwischen Verkaufstheke, Kaffeemaschine, Kunden und Küche fand mein Vater noch Zeit, sich mit seinen Gästen zu unterhalten. Ein ständiger Gast war Hansjörg Schneider. Mindestens zweimal die Woche besuchte er meinen Vater. Wenn ich ihn dort traf, kamen wir ins Gespräch und Hansjörg interessierte sich immer auch für die andere Person, fragte nach, was man machte. Hansjörg war und ist ein wirklicher Freund der Familie – und auch der älteste.

Wir sprachen nicht viel über Literatur, aber Matthyas gab mir einige Empfehlungen. Da war ein Buch, das ihn derart fesselte, dass er an diesem Tag nicht arbeiten ging. Man stelle sich vor, mein Vater, der eine Kaderstelle bekleidete, meldete sich krank, um zu Hause ein Buch fertig zu lesen. Es handelte sich um das Nationalepos «Krieg im Sertao» des brasilianischen Dichters Euclides da Cunha. Ein anderes Buch kam zur Sprache, als ich ihm bei einer Autofahrt von meiner Arbeit als Asylbeobachter erzählte. Ich kam auf den Begriff «Kanun» zu sprechen, das in der albanischen Gesellschaft verankerte Gewohnheitsrecht, das u. a. die Blutrache kennt. Er erinnerte sich sogleich an ein Buch, das er gelesen habe und das genau dieses Phänomen beschreibe. Es handelte sich um Ismail Kadares Roman «Der zerrissene April». Gerne las er auch Thriller und war begeistert von Jilliane Hoffmans Roman «Cupido» und Henning Mankells «Mittsommermord», die er mir ans Herz legte. Weniger wichtig war ihm die Unterscheidung zwischen Literatur und Unterhaltungsliteratur. Was für ihn zählte, war die Spannung, das Handwerk, eine überzeugende Geschichte.

ZOË

ROADRUNNER

«Ein dringendes Bedürfnis nach Freiheit und Unabhängigkeit», das stand nicht nur im psychologischen Gutachten über meinen Vater, es war das Ansinnen einer ganzen Generation. Er war nicht der Einzige, der es vorzog, auf den Hippie-Trails der Welt unterwegs zu sein, statt «etwas Anständiges» zu lernen. Die Erwartungen seiner Eltern, nämlich sich in einer Firma hochzuarbeiten, so wie es sein Vater getan hatte, war das Letzte, was er vorhatte.

Von 1969 bis 1970 war er unterwegs: Türkei, Indien, Pakistan, Afghanistan, Malaysia, Singapur.

Die einzige Kommunikationsmöglichkeit waren Airmail-Briefe, die die Eltern postlagernd aufgaben, wo immer mein Vater sich gerade aufhielt. In ihrer Wohnung in Basel verfolgten sie auf einer Weltkarte die Route des verlorenen Sohnes. Jeder Brief wurde mit großer Erleichterung entgegengenommen, und meistens schrieben sie noch am gleichen Tag zurück. Manchmal sogar mehrmals. Es ist rührend zu lesen, wie sie um ihn besorgt waren, während er irgendwo per Anhalter durch die Lande zog.

Meistens blieben seine Briefe neutral, nur ab und zu ein paar Beschreibungen wie diese aus Kabul vom 28.5.1968:

> Gestern war ich vor einem amerikanischen Restaurant, da fuhr doch tatsächlich Kashoggi in einem Buick vorbei, mit viel Fahnen und Polizisten. Es mutet seltsam an, solche Leute in Kabul zu sehen.

Von den Drogenexzessen, den realen Gefahren und den zerrütteten Illusionen dieser Reisen schrieb er seinen Eltern wohlweislich nichts. Erst viel später, nachdem sein Vater schon verstorben war, schilderte er die Erfahrungen in seinem 1981 erschienenen autobiografischen Roman «Postlagernd».

> Und dann erwischte Franz eine schlechte Ladung, eine üble Mischung von Heroin und Strychnin, zwar eine übliche Mischung, aber es kam auf das Mischverhältnis an. […] Seit vier Tagen lag nun Franz in seinem Bett, konnte nicht mehr sprechen, außer einem kaum verständlichen Lispeln, fiel zusehends zusammen, konnte nicht mehr essen, und den Löffel mit den aufgelösten Vitamin- und Penicillintabletten bekam ich kaum zwischen seinen Zähnen durch. Zeitweise machte der Hotelier oder ein Angestellter einen Kontrollgang, ich hatte deswegen Kissen und Schlafsäcke hinter seinem Kopf aufgebaut, sodass niemand, der die Tür öffnete, sein Gesicht sehen konnte und glaubte, er würde schlafen. Vor Aufregung und den nur drei, vier Flaschen Raki täglich bekam ich Durchfall und musste ständig auf die Toilette rennen, auch konnte ich nichts mehr essen. Der Franzose fuhr nach Athen, der Japaner flog nach Tel Aviv. Die neuen schien das Drama nicht zu interessieren, sie waren erst in Istanbul angekommen und hatten nur einen Zwischenhalt im Sinn.

Zoë

Die stumpf werdenden Augen von Franz machten mich fast wahnsinnig, die Fliegen, die sich wie Aasgeier auf Franz setzten, der Gestank der Autobusse durch die Fenster, der Lärm der Straße, das Gewäsch der Neuen: «Wonderful City, you know, turkish bath … fun City … ohhh very nice …» Was für Idioten, mit ihren lächerlichen Landkarten und Adressbüchern, Plänen und Schecks. Mein Durchfall und die Krämpfe auf der Toilettenschüssel, der Gaskocher, der ständig umfiel, die Kartonschachtel, die ich Franz unterlegte, und die Bierflasche, in die ich seinen verschrumpelten Schwanz steckte, damit er pissen konnte, sein Antibiotika-Schleim in den Mundwinkeln, das keuchende «morgen fahr ich nach Hause», das jämmerliche Verrecken in einem schmuddeligen Bett, die Hitze, die Fliegen, das Zucken und Flattern der Augenlider, der Löffel, der plötzlich zwischen seinen Zähnen stecken blieb, als die Krämpfe der Sepsis begannen, die ihn halbmeterhoch jagten, dann der durchgebogene Rücken, erstickendes Ächzen, als er dann so blieb, mit durchgebogenem Rücken. Franz starb an einem geschäftigen Nachmittag im Spätsommer 1966, etwa einundzwanzigjährig – wie ich.

Aus «Postlagernd»

Heute liest sich der Roman, der sich sprachlich an Kerouac und den amerikanischen Beat-Schriftstellern orientiert, als ein eindringliches Zeitdokument.

2014 gaben die «Schweizer Monatshefte» eine Ausgabe zu Beat in der Schweiz heraus, in der auch mein Vater interviewt wurde.

> Ich folgte diesen Autoren lange um die ganze Welt. Im Gepäck kein Prospekt vom Reisebüro, sondern immer ein Buch, das von diesen Ländern und dem Leben da erzählte. Und das Reisen an sich war auch bis zu einem gewissen Moment sehr aufregend: ständig in Bewegung zu sein, neue Leute kennenzulernen und wieder zu vergessen.

In dieser Zeit waren Schreiben und Reisen eins. Er warf sich in die Welt hinein, lebte von der Hand in den Mund, ohne festes Ziel, die Abenteuerlust als einziger Kompass. Er hatte eine Hingebungsfähigkeit, in der Welt zu sein und sich von ihr durchdringen zu lassen. Er reiste ohne Gepäck, trampte von Land zu Land, oftmals auf dem Beifahrersitz von Lastwagenfahrern.

> Dann per Autostopp nach Istanbul (Reisegepäck bestand aus einer Tasche mit Gedichten von Gottfried Benn und Dollar 500.- in Schecks.) Weiterreise nach Teheran-Herat-Kabul-Rawalpindi-New Delhi-Kalkutta-Rangoon-Bangkok-Kuala Lumpur-Singapore-Djakarta-Saigon-Hong Kong. In Kalkutta, Rangoon und Kuala Lumpur waren zu dieser Zeit Aufstände, Bürgerkrieg (Rangoon) und Chinesenaufstände in Kuala Lumpur. Die Züge fuhren mit aufgestellten Maschinengewehren durch den malaysischen Dschungel. In Saigon musste man auf dem Airport bleiben.
> Aus «Postlagernd»

Interessant ist es, über Länder zu lesen, in die man heute gar nicht mehr reisen kann, weil sie inzwischen viel zu gefährlich geworden sind. Wenn ich ihn fragte, was das schönste Land gewesen sei, das er je gesehen habe, sagte er, ohne zu zögern: «Afghanistan.»

> Wir kamen in tiefer Nacht an die Grenze, über uns der schimmernde Morgenlandhimmel in biblischer Pracht. Die afghanischen Zollbeamten schienen anderntags alle stoned zu sein. In allen Ecken wurde gepafft, und überall roch es nach Haschisch. Jeder hatte gerötete Augen und lächelte freundlich und sanft. In Herat übernachteten wir in einem kleinen Hotel. Ein baumlanger Afghane brachte außer Tee einen beachtlichen Klumpen Haschisch und eine kleine kupferne Wasserpfeife. Dieser Service gefiel mir ausgezeichnet. Der Chauffeur fuhr nun auch nicht mehr so schnell wie in Persien. Gemächlich glitten wir mit unserem Truck über die Betonpisten nach Kandahar.
>
> Am Straßenrand zogen Kamelkarawanen vorbei, in der weiten Ebene lagerten Kuchis mit ihren dunkelblauen und schwarzen Zelten. Die Kleider der Frauen und Kinder leuchteten wie Blumen in der graugelben Öde auf. Selbst die dunklen Gesichter der Militärposten schienen freundlich.
>
> In Kandahar zeigte ein Amerikaner einer kleinen Ansammlung von Afghanen die Weltkarte und erklärte ihnen, wo Afghanistan lag, da wurde einer wütend, fuhr mit der Hand über die Karte, «Offghaniston», und alle nickten. Die Welt bestand für sie nur aus Afghanistan.
>
> Aus «Postlagernd»

Auf diesen Reisen sind auch seine ersten Gedichte entstanden, die er in seinem Gedichtband «Mittagswind» zusammengetragen hat. Sie tragen Titel wie «Herat», «Tien Hsia», «Delirium» oder «Tote Hunde in Bagdad». René Schweizer schrieb in seinem Nachwort:

> *Menschen wie Matthyas Jenny verzweifeln Tag für Tag aufs Neue, ihr ganzes Leben lang. Sie sind gezeichnet, auserwählt und immer an der Grenze der absoluten Wahrnehmung. [...] Wie jeder Suchende erlebte er Gipfel des Wohlergehens und Abgründe des Schreckens. Höllenqualen und paradiesische Herrlichkeiten durchrasten ihn in wildem Galopp.*
> René Schweizer, aus dem Nachwort des Gedichtbands «Mittagswind», 1973

So berührend und interessant seine Gedichte und die Passagen aus «Postlagernd» in ihrer Unmittelbarkeit sind, so schmerzhaft ist es für mich, die teilweise extremen Trink- und Drogeneskapaden meines Vaters zu lesen. Das schonungslos zur Schau gestellte Suchtverhalten war keine literarische Koketterie. Die Alkoholsucht, die ihn als jungen Mann prägte, war etwas, was er erst später in seinem Leben besiegen sollte. Was das Selbstzerstörerische betraf, war er ganz und gar ein Kind seiner Zeit.

Er sagte mir oft, dass viele Menschen aus seinem Umfeld diese Zeit nicht überlebt haben und jung gestorben sind, an Drogen, Suizid und später an Aids. Eigentlich ist es ein Wunder, dass er selbst überlebt hat. In Malaysia erkrankte er an Malaria. Sein ursprünglicher Plan, nach Australien weiterzureisen, platzte.

> Im Zug quälte ich mich auf den leeren Sitzen rum, konnte nicht liegen, konnte nicht sitzen, Hitze und Kälte strömten durch meinen Körper, konnte kaum

atmen in der stickigen Dschungelluft. Durch die geöffneten Fenster kamen gewaltige Schwärme von Moskitos, die sich überall niederließen, einige tanzten vor meinen Augen, wurden mit ihren schwirrenden Flügeln und Rüsseln so deutlich wie unter einem Mikroskop. Ich klappte zusammen und wachte erst wieder im Middle Road Hospital in Singapur auf. [...] «Sie haben Glück gehabt, etwas später, und Sie wären gestorben», sagte der malaysische Arzt bei der Entlassung. «Aber Sie werden jedes Jahr krank werden, lassen Sie sich behandeln.»

[...] Mit zitternden Knien und noch schwankend ging ich auf die Straße, nahm ein Taxi zur Sam Leons-Road im Chinesenviertel, wo es billige Hotels gab. Unwirklich schien mir der Himmel, das Sonnenlicht, die Menschen. Was ging vor?

Aus «Postlagernd»

Der Roman «Postlagernd» endet in New York in einem Café mit einer Alkoholikerin in der Illusionslosigkeit.

In einem puerto-ricanischen Restaurant tranken wir Kaffee, starrten an uns vorbei. Sie reinigte ihre Fingernägel mit einem Streichholz, schaute zeitweise unter ihren langen Haaren hervor, kalte, fast grausame Augen. Das Gesicht des Menschen, der zwischen Beton, Eisen und endlosen Nächten nach der einzigen möglichen Wärme suchte: der eines Schlucks aus einer Flasche ... «So long», sagte sie, stand auf und ging hinaus in den Regen.

Auch in seinen späteren Geschichten identifizierte sich mein Vater mit den Ausgestoßenen, den Outcasts und Misfits der

Gesellschaft, insbesondere den Drogenabhängigen und Obdachlosen, jenen, die auf der sozialen Stufe ganz unten sind.

Als er nach seinen ausschweifenden Reisen wieder zurück nach Basel kam, arbeitete er unter anderem bei der Schweizerischen Kreditanstalt in der Depot-Verwaltung. Wie ein Chamäleon war er in der Lage, sich sofort seiner Umgebung anzupassen, um sein Überleben zu sichern.

Doch das Dasein als Angestellter und eine damit verbundene Karriere war für einen Freigeist wie ihn nicht möglich. Einerseits wollte er einem normalen Job nachgehen, eine Familie gründen und sich in die Gesellschaft integrieren, andererseits lehnte er jede der Gesellschaft angepasste Lebensform aus tiefstem Inneren ab.

1970 lernte er meine Mutter in einer Diskothek in Basel kennen. Sie war 18 Jahre alt, hatte ihre Schönheit und Jugend, er das Charisma eines Menschen, der von der Welt etwas gesehen hat. Sicherlich war seine rebellische und unerschrockene Art für meine Mutter anziehend, insbesondere da sie unter einem lieblosen und repressiven Elternhaus litt. Seine Reiselust war eine willkommene Möglichkeit, ihrer verhassten Mutter zu entkommen. Kurzerhand flüchtete mein Vater mit ihr nach Istanbul.

> Im Sommer 1970 packten wir den vor ein paar Tagen erworbenen Hillman-Stationcar voll und fuhren unter den Verwünschungen von R.s Eltern nach Istanbul. R. war im 2. Monat wunschschwanger, und ihr wurde oft übel – dann hielten wir an staubigen, mit Abfall übersäten Straßenausbuchtungen an, wo sie sich zwischen Sträuchern, an denen schmutzige Papierfetzen hingen, übergeben konnte. Auf dem jugoslawischen Autoput-Abschnitt vor der bulgari-

Zoë

schen Grenze häuften sich die Kreuze und Madonnenbilder der tödlich Verunfallten. Diese Todeszeichen, die in der gleißenden Sonne beim Vorbeifahrenden aufblitzten und in der Nacht von Kerzen beleuchtet waren, wären nun, wäre ich Schriftsteller, eine Metapher für das Leben und den Tod, denen man auf seinem gemeinsamen Weg begegnete. Ich müsste als Schriftsteller darüber schreiben. Aber ich war kein Schriftsteller, sondern Bankkaufmann, der seinen gut bezahlten Job in der Börsenabteilung aufgab, R. schwängerte, eine Occasion kaufte und einfach mit seiner schwangeren Liebe wegfuhr. Während ihr jetzt täglich übel wurde und sie sich würgend und keuchend am Straßenrand übergeben musste, war mir fast zwei Jahre lang in der Bank übel. Ich las alle Fachbücher über Aktien- und Obligationenmärkte, den Welthandel und über Internationales Bankenrecht. Während ich mich mit Termingeschäften abmühte, dachte ich an die Zeit, als ich in Indien war und auf einem Hoteldach, vom Geruch brennender Holzfeuer umhüllt, die Sonnenuntergänge beobachtete. Aber im fensterlosen klimatisierten Großraum der Großbank gab es keinen Platz für Träume.

Aus dem unveröffentlichten Roman «Nachtmaschine»

Mein Vater war ein Träumer, und er blieb ein Träumer bis zum Schluss. Er war kein schwelgender Träumer, eher ein Radikalträumer. Einer, der nicht nur schreiben wollte, sondern sich vorgenommen hatte, ein poetisches Leben zu führen. Eine seltene Spezies. Immer wieder änderte er sein Leben kompromisslos, wenn es nach seinem Empfinden zu «normal» wurde.

Als mein Bruder auf die Welt kam, zogen meine Eltern für einige Monate in ein Haus in Purasca im Tessin. Dort arbeitete mein Vater im Credito Svizzero in Lugano. Ein weiterer Versuch, einem Job als Angestellter nachzugehen. Doch was meinen Eltern zunächst als romantische Idee erschien, nämlich als junge Familie in einem Tessiner Dorf zu leben, wurde schon bald beengend. Ihre Freunde lebten alle in Basel. Alles, was mein Vater wollte, war, als Schriftsteller zu leben, und die Stelle auf der Bank dürfte ihm keine Freude bereitet haben. Aber wie sollte er das anstellen, zumal er jetzt eine Frau und ein Kind hatte, die er versorgen musste?

Vom Tessin zogen sie wieder zurück nach Basel an den unteren Rheinweg. Sein erster Gedichtband «Mittagswind» erschien. Vom Schreiben von Gedichten zu leben war allerdings eine Illusion.

Meiner sehr jungen Mutter, die unter schweren Depressionen litt, die man damals weder erkannte noch behandelte, wurden die hochenergetische und zuweilen ungestüme Art meines Vaters, aber vor allem die Alkoholeskapaden und radikalen Lebensvorstellungen zu viel. Es waren denkbar schlechte Voraussetzungen für eine gemeinsame Zukunft. Ich war zwei Jahre alt, als die Ehe in die Brüche ging. Mein Vater betonte zwar gerne, dass sowohl mein Bruder als auch ich Wunschkinder waren. Trotzdem muss man sagen, dass unsere Eltern für die Gründung einer Familie gänzlich ungeeignet waren.

> Im März 1975 trennte ich mich von meiner Frau und fuhr mit Caspar in die Türkei und den Iran, fuhr zurück nach Griechenland und blieb drei Monate auf Ios.
> Aus biografischen Notizen

Zoë

Während dieser Zeit war ich bei meiner Mutter und ihrem damaligen Freund. Mein Vater erzählte mir, dass wir uns erst nach vielen Monaten in Griechenland wiedersahen. Meine Mutter schob mich in einem Buggy über eine Brücke in Piräus, wo er uns entgegenkam. Ich hätte sofort meinen Schnuller aus dem Mund genommen, mit dem Finger auf ihn gezeigt und «Papi» gesagt. Er sei erleichtert gewesen, weil ich ihn trotz der langen Trennung sofort erkannt hätte.

Mein Bruder und ich blieben bei unserer Mutter in Ios, und mein Vater reiste allein ab.

Aus den von Phöniziern kahlgerodeten und durch jahrhundertelange Erosion zerklüfteten, rötlichbraunen Aghios Illias leuchtet das weiße Grabmal Homers, von dem niemand weiß, auf welcher der sechs in Frage kommenden Kykladen-Inseln er begraben liegt, was ihm so schnell keiner nachmacht; ganz zu schweigen von seiner Illias und der Odyssee, die ich nie lesen werde.

Weiter unten in der Buchtebene verschwindet unter den vom Meereswind verkrüppelten Pinien- und Oleanderbüschen das Haus, in dem meine Frau und ihr Freund mit meinen Kindern zurückbleibt, ich bin heilfroh, dass ich endlich von der Insel verschwinde; vor allen Dingen nach der vergangenen Nacht, in der ich, völlig zerrüttet vom Ios-Club kommend, die Tür eingetreten habe, unschuldige Traubenstöcke ausriss und beinahe in den fünf Meter tiefen Ziehbrunnen gefallen wäre. Das Gezeter meiner Frau, die den herumfliegenden Traubenstöcken auswich, noch in den Ohren, klettere ich den steilen Ziegenpfad zur einzigen Straße der Insel hinauf, sämtliche

> Steine, auf denen ich ausrutsche, sämtliche
> Sträucher, an denen ich hängen bleibe, ver-
> fluchend.

Aus der Erzählung «Kalimera»

Den Zerfall der Familie verarbeitete mein Vater in der Erzählung «Die Beschreibung der Tiefsee», die 20 Jahre später 1996 im Lenos Verlag erschien. Er beschreibt darin auch, wie er in Griechenland vom Tod seines Vaters erfuhr. Es sind für mich die vielleicht beeindruckendsten Zeilen, die er je geschrieben hat.

> Als ich von Vaters Tod erfuhr, in einer engen, hei-
> ßen Telefonkabine am Hafen von Piräus, war er
> schon seit drei Wochen begraben. Wie Mutter am
> Telefon sagte, hatte sein Todeskampf fünf Tage und
> fünf Nächte gedauert, bevor er dann im Schlaf mit
> Atmen aufhörte. Der Arzt, ein Zunftbruder von
> Vater, ließ ihn zu Hause sterben. Es hätte keinen
> Sinn gehabt, ihn ins Spital transportieren zu
> lassen. Sein Tod war unausweichlich, vorherseh-
> bar und durch nichts mehr zu verzögern oder gar
> aufzuhalten. Er starb im Schlaf, ohne letzten
> Seufzer, ohne Aufbäumen, einfach so. Mutter
> weinte nicht, als sie von seinem Tod erzählte. Ich
> stand in der engen, stickig-heißen Telefon-
> kabine. Draußen wurden die Elf-Uhr-Fährschiffe
> nach Santorini, Rhodos, Mykonos beladen. Lastwa-
> gen fuhren vorbei, Motorräder, Rucksacktouris-
> ten verteilten sich auf die Fährschiffe. Durch den
> Lärm konnte ich Mutter kaum verstehen, und das
> Kleingeld ging zur Neige. Ich schob immer klei-
> nere Münzen in den Apparat, der viel zu rasch und

viel zu gierig fraß. Ich konnte immer nur jaja sagen, weil Mutter in einem geschäftigen Tonfall ununterbrochen redete. «Er glaubte, er sei wieder im Militär und gab Befehle», sagte sie, oder: «Zum Glück hatte ich die Gemeindeschwester, wir konnten ihn kaum umdrehen, um die Liegewunden zu behandeln.»

Ein einziges Mal unterbrach ich ihre detaillierte Schilderung belangloser Entsetzlichkeiten mit der mir bis heute unerklärlichen, absurden Frage, ob er denn, bevor sie ihn einäscherten, rasiert gewesen sei. Mutter war wohl über meine Frage erstaunt. Es blieb einen Moment still, dann wurde die Leitung unterbrochen, das Gespräch, durch meine Frage verstummt, war beendet, ich hatte keine Münzen mehr. Vor der Telefonkabine stand Dany mit meinem vierjährigen Sohn an der Hand. Gereizt durch die Enge und Hitze in der Kabine und mit nervösem Muskelzittern trat ich schweißüberströmt heraus.

Aus «Die Beschreibung der Tiefsee»

Aus Briefen zwischen meinem Vater und seiner Mutter geht hervor, dass er plante, mit uns Kindern nach Israel auszuwandern und dort in einem Kibbuz zu leben. Seine Mutter bot ihm sogar an mitzukommen, da sie sich nach dem Tod ihres Mannes sehr einsam fühlte: «[...] ich danke Dir noch vielmals für Dein Telefon aus Athen und bin froh, dass ich mit dir reden konnte. Hoffentlich war die Post nun eingetroffen, das ist der 2te Brief nach Ios. Ich habe Dir ja ausführlich geschrieben über den Tod von Deinem Vater. Ich kann nicht mehr sehr gut allein sein [...] Ich komme gerne zu Dir, entweder auf Ios oder nach Israel [...]»

Ein Plan, der sich nie manifestierte. Mein Vater erklärte mir später, dass seine Mutter immer wieder vorgeschlagen hatte, mit ihm zu wohnen und auf uns Kinder aufzupassen. Er hatte das immer rigoros abgelehnt. Für uns Kinder wäre es sicher gut gewesen, aber mit seiner Mutter zu leben war für ihn unmöglich.

CASPAR

FERNFAHRER, USA-REISENDER UND HIGHWAY-JUNKIE

Als wir 1974 mit dem 2 CV von Basel in die Türkei fuhren, ging die Reise über den Autoput durch Jugoslawien. Die Transitstrecke von Österreich nach Griechenland war eine extrem gefährliche Straße. Wir fuhren damals nach Sofia in Bulgarien, wie mir mein Vater später berichtete. In seinem Roman «Postlagernd» beschreibt mein Vater eine Szene als Fernfahrer. Der tödliche Autoput findet hier ein literarisches Denkmal.

> Die Sonne im Gesicht donnerten wir mit rund 110 den vor Hitze und Abgasen flimmernden, leicht nach Südost abfallenden jugoslawischen Autoput runter. Vor mir Bill in seinem mit Teppichknüpfmaschinen beladenen Leyland-Truck. Wir waren unterwegs nach Bagdad mit Erlösungsmaschinen für Tausende von Araberkindern, die mit ihren kleinen Fingern Millionen von Knoten knüpfen, damit Milchbuben und Marzipanmädchen in ihren schicken Villen geile Partys abhalten können. Wir sitzen in den Kabinen, eine Yugo-Rast-Hure oder ein Stricher auf dem Beifahrersitz, aber meistens alleine mit hundert Tonbandkassetten und jagen uns tagelang,

wochenlang mit voll aufgedrehten Motoren nach. Durch das Rütteln geil wie hundert Kanaken, das Auf- und Niederstampfen der Kolben in den Kreislauf übergehend. 32 Tonnen Maschinen im Rücken, 380 PS unterm Arsch und den ganzen verqueren Männlichkeitswahn von Tempo und Stärke hinter Sonnenblenden auslebend.

Links und rechts des Autoputs Hunderte von Eisen- und Holzkreuzen, ein Foto im Kreuzpunkt, Plastikblumen ... die Opfer dieser Mörderstraße ... die ebenso den Fuß nicht mehr vom Gaspedal bekamen, draufstanden, verbissen, fluchend, die Straße runterjagten, die Faust auf der Sirene und beim Aufprall als lebender Torpedo durch die Windschutzscheibe rasten, auf Felsen, Hauswände, Mauern, Bäume klatschten oder in den Armaturen zerrissen hängen blieben, dann als dampfender Fleischhaufen verscharrt, und da, wo ungefähr der Schädel an der Scheibe zerbarst, ein Eisenkreuz am Straßenrand. Man gewöhnt sich an diese Kreuze, Schrotthaufen, Blaulichter, beachtet sie nicht mehr als die Hunde, Katzen, Schafe, Hühner, die zerquetscht auf dem Asphalt kleben. Dann die Dörfer. Von Staub bedeckte Bäume und Büsche. Dazwischen spielende Kinder, alte Leute. Niedere Hecken, schwarz von Ölspritzern. Dahinter das Dorfleben und jeder unachtsame Schritt bringt den Tod.

Noch etwa fünfzig Kilometer bis Nîs. Vor mir Bill und weiter vorne taucht ein Dorf auf. Wir stehen auf den Gaspedalen, die Faust bereit, auf die Sirenen zu hauen oder sich an den Orgelzug zu hängen, damit alles, was da lebt, Reißaus nimmt vor den Monstren, deren Fahrer vom Rhythmus, Tempo, Dröhnen abhängig wurden. Die Sucht des Vorankommens, des Überholens, der Zeit Sekunden abzuwürgen. Die Orgeln auf dem Kabinendach, silberne Wegräumer, alles auf die Seite blasende Chortrompeten.

Bill hängte sich an seinen Orgelzug, das Dorfschild wischte vorbei, Bill orgelte und orgelte dunkle Gestalten durch den Staub, erste Steinhäuser, dann plötzlich die roten Bremslichter Bills vor mir in einer gewaltigen Staubwolke. Bills Auflieger schert nach links, nach rechts in den Straßengraben. Lawinen von Stein, Grasbüschel, Federn wirbeln durch den Staub, knallen auf meine Scheibe. Ich stehe voll auf der Bremse, keine Zeit runterzukuppeln, durch den Staub wirbelt etwas Helles, platscht mit einem dumpfen Laut auf meine Scheibe, ein rötlicher Fleck blieb an der Scheibe, der sofort von Staub überzogen wurde. Häuserkonturen, Bäume viel zu nahe, die Straße unsichtbar, keine Sicht, den Mund offen, das Steuerrad aus Gummi. Alles fliegt grauenhaft schnell vorbei, und das verdammte Ding hält und hält nicht. Es schlingert, ruckt, zerrt, 32 Tonnen schieben nach vorne, Geräusche von splitterndem Holz, kreischendem Metall, dumpf rutschenden Pneus und Geschrei aus den aus dem Staub auftauchenden und wieder versinkenden Mündern.

Keine zwanzig Meter vor mir kippt Bills Auflieger wie in Zeitlupe nach links, reißt den Motorwagen mit, schlittert wie ein abgeschossener Elefant über die Straße, alles mitreißend, vernichtend, tötend, bohrt sich kopfüber in ein Feld, während ich mit meinem hin und her schlenkernden Camion vorbeirutsche. Endlich bleibt die Maschine stehen. Ich klettere aus der Kabine, starr und mechanisch und renne übers Feld zu dem, was mal Bills Führerkabine war, und das, was in den Armaturen und dem Gestänge hängt, war Bill.

Die plötzliche Stille ist genauso erschreckend wie die zertrümmerte Kabine mit dem zerfetzten Bill. Ein Doppelpneu leierte aus, aufgewirbelter Staub regnete nieder, das Monstrum krepiert dampfend. Anstürmende Dorfbewohner, ein dunkler Klumpen schreiender, rufender Menschen, die durch die mickrigen Gemüserabatten hüpfen. Eine Frau weiter hinten bleibt am Straßenrand, auf den Knien kauernd hin und her wippend, ein Kleiderbündel am Boden, in dem vor Sekunden noch ihr Kind lebte und spielte. Da gibt's keinen Trost, außer es wären Lügen.

Um nicht gelyncht zu werden, musste ich mich in meiner Führerkabine einsperren, bis die Polizei kam. Viel später, nachdem ich stundenlang verhört wurde und für etliche Tage in einer Einzelzelle saß und etliche eiserne Kreuze in die trockene Erde gerammt wurden, fahre ich weiter, sehr langsam, sehr still ... fast lautlos ... fast lautlos ... fast lautlos.

Aus «Postlagernd»

Unfalltod, Drogentod, Liebestod, das sind die Todesarten, die meinen Vater literarisch beschäftigten. Im Leben lauert der Tod überall und immer. Die Passage aus «Postlagernd» wurde mit einem veränderten Ende in «Highway-Junkie» unter dem Titel «Road Runner» noch einmal veröffentlicht. Die Straße als Ort des Lebens und des Todes, der Bewegung und des

Tempos, des Unterwegsseins und des Vorwärtskommens, das ist «on the road» in all seinen Facetten.

Als wir 1976 in Carona lebten, ging mein Vater für einige Wochen in die USA, wo er mit dem Greyhound durch die Staaten reiste. Ich kann mich seltsamerweise an seine Abwesenheit gar nicht erinnern, aber meine Schwester. Ich fühlte mich in der Künstlerkommune gut aufgehoben. Es waren ja auch Frauen da, wie Maria Gregor, Monika Raetz. Maria ging mit mir gerne ins Schwimmbad, und ich hielt mich auch oft in ihrem Atelier auf. Monika und Markus Raetz waren sehr behütende und aufmerksame Personen, sodass sich mein Vater keine Sorgen machen musste.

> Ich kaufe eine Postkarte, um meinen Kindern, die im Tessin zurückgeblieben sind, einen Gruß zu schreiben. Ich lege die Karte auf den Stamp-Automaten, um Briefmarken herauszulassen. Die Schiebetaste ist verbogen, sodass ich sie nicht hineindrücken kann. Ein schwarzer Soldat dreht sein Radio auf volle Lautstärke und wippt den Blues mit. Noch mehr Betrunkene strömen grölend in die Wartehalle; wirken wie fast Ertrunkene, die mit letzter Kraft den rettenden Strand erreichen und nun über das gerettete Leben in Begeisterungstaumel ausbrechen ... Aus dem abfahrenden Bus sehe ich noch, wie sich ein Mann über den am Boden Liegenden beugt, sich wieder aufrichtet, den Kopf zur Seite neigt und ratlos mit den Schultern zuckt. Später auf dem Highway fällt mir ein, dass die Postkarte für meine Kinder auf dem defekten Stamps-Automaten liegt.
> Aus «Highway-Junkie»

Auf dem Cover von «Highway-Junkie» ist der springende Windhund, das Logo der Greyhound-Linie, abgebildet, der einen Highway hinunterrennt. Das sind die Insignien des Undergrounds, die Straße, der Highway, der Greyhound, das amerikanische Leben, die Weite und das Bedrohliche. Und die exakte Beobachtungsgabe, was sich dort abspielt, auf dem anderen Kontinent, Geschichten eben, die sich nur dort finden, in dieser speziellen Umgebung, die nicht europäisch ist, nicht schweizerisch.

Cover «Highway-Junkie», 1983

Cover «Motel USA» (Covergestaltung von Walter Hartmann, dem Grafiker von «Gasolin 23»), 1979.

Cover «Reqiem für einen Goldfisch» (Covergestaltung von Walter Hartmann), 1979.

**ICH BIN
DAS GESICHT
DAS HINTER DEN
EINSCHUSSLÖCHERN
ERSCHEINT**

Gedichte aus dem indianischen
Widerstand
von Reymundo Tigre-Pérez
und Esidro Ortega
NACHTMASCHINE

Cover «Ich bin das Gesicht das hinter den Einschusslöchern erscheint», 1983.

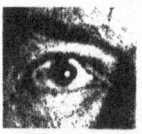

**Fünf nach zwölf –
na und?**
Sind wir die Endzeit-Generation?

Niklaus Meienberg	Hans Peter Gansner
Kurt Marti	Theo Pinkus
Heinrich Wiesner	Sergius Golowin
Gret Haller	Ursula Koch
René Regenass	Gertrud Wilker
Paul Parin	Jürg Amann
Manfred Züfle	Ingrid Schmid
Hans A. Pestalozzi	Reto Hänny u. a.

Herausgegeben von Jürgmeier
Nachtmaschine

Cover «Fünf nach zwölf – na und?», 1984.

SPANISH TRAIL ROUTE

Verschwitzt und unrasiert stieg ich aus dem Greyhound-Bus, um im Stationsrestaurant «Fort Stockton» einen Becher Kaffee zu trinken. Vor der Eingangstür lehnten mit verschränkten Armen Bürstenschnitt-Texaner; kantige Gesichter, breitkrempige Hüte bis zu den Augenbrauen runtergezogen – Revolverhelden ohne Revolver –, Tätowierungen auf den Ober- und Unterarmen. Ich drückte mich an den John Waynes vorbei und erhielt auch prompt den unvermeidlichen Schubs in den Rücken – stolperte, ohne umzublicken, ins Restaurant und ging schnurstracks zur Kaffeemaschine, wo ich mir einen Becher schnappte, den mir ein schwammiger Kerl gleich wieder wegschnappte und mit einer wegwerfenden Handbewegung auf die Tür zeigte. Jetzt erst sah ich das Plakat an der Glastür: No hitchhikers, no dirtys, no loafing, no lotering, no profane language ... etwas viel auf einmal. Ich sagte dem Busdriver, dass ich gerne einen Kaffee getrunken hätte, ob er da wohl was regeln könnte. Er rief dem Thekenwächter einige gutturale Worte zu, und ich bekam meinen Kaffee; setzte mich mit dem Pappbecher an einen Tisch und schaute die Freiesten aller Menschen an. Vor der Tür wurden drei «Long-Beach-Hippies» von den von einem Männlichkeitswahn besessenen Intelligenzgrößen rumgeschubst. Jeder durfte jeden schubsen, und fiel einer dummerweise auf die Nase, dann durfte man noch auf ihm rumtrampeln.

Ein riesiger, kaugummischmatzender Kerl setzte sich an meinen Tisch und fixierte mich, was so viel hieß wie: eine falsche Bewegung und du liegst flach.

Mir wurde schwül im Magen und ich achtete darauf, dass kein Aschestäubchen meiner Zigarette auf den Boden fiel, kein Kaffeetropfen von meinem Schnauz den Tisch dieses sauberen Lokals beschmutzte, und vor allem schaute ich ihm nicht in die Augen. Die Kerle spielten ernst, und wenn ich an die Chevrolets dachte, in denen Hippies saßen, über den Sonnenblenden ein Gun befestigt, dann glaube ich, dass es gefährlich ist, NICHT KONFORM zu sein.

Ich warf den Becher in den Abfalltrog - KEEP CLEAN - und musste jetzt nur noch heil zum Bus gelangen. Das Geschubse vor dem Restaurant war in vollem Gange. Ich hatte keine Angst - aber diese Südstaatler waren ganz einfach zu groß. Die Hände in den ausgebuchteten Jackentaschen zu Fäusten geballt, Backenzähne zusammengepresst trat ich hinaus.

«Hey Kid!», rief auch schon fröhlich einer der Prototypen und swingte auf mich zu. Ich dachte kurz an verschiedene Prügeleien und dass es hier nicht schlimmer werden konnte.

Wortlos ging ich an ihm vorbei, einen Schritt über einen am Boden liegenden Hippie und rein in den Bus. Die konformen Passagiere blickten fies zur Seite, und ich plumpste aufatmend in meinen Sitz.

Draußen stand der Cowboy, sein Gesicht von der Abendsonne leicht gerötet und schaute ziemlich «marlboro» in den Bus.

Aus «Highway-Junkie»

Der amerikanische Traum ist der amerikanische Albtraum. Seit Henry Millers «Der klimatisierte Alptraum» («The Air-Conditioned Nightmare») von 1945 gehört die Illusion einer freien und neuen Welt schon längst der Vergangenheit an. Charles Bukowskis Storys vom verschütteten Leben zeichnen ein desolates, jenseits des «american way of life» stattfindendes Leben. Die Erkenntnis eines globalen Konformismus wird beim Lesen der amerikanischen Underground-Literatur offenbar. Dem aggressiven amerikanischen Konformismus steht der behäbige, selbstgerechte schweizerische Konformismus gegenüber. In der Story «Spanish Trail Route» kommt dieser unangenehme, bedrohliche, unterschwellige Konformismus zum Ausdruck. Wer nicht aufpasst, sich nicht an den «american way of life» anpasst, lebt gefährlich. Wer erinnert sich nicht an die unglaublich brutale Szene aus dem Film «Easy Rider» von 1969 mit Dennis Hopper, Peter Fonda und Jack Nicholson, als die Harley-Davidson-Fahrer im Schlaf in einem Wald von Dorfbewohnern mit Baseballschlägern zusammengeschlagen werden, wobei einer dabei zu Tode kommt. «Keep Clean» ist eine Devise der Rednecks, wie sie hier von meinem Vater beschrieben werden. Die Figuren des Wilden Westens leben im modernen Amerika als verkappte John Waynes, Revolverhelden und Marlboro-Men weiter.

ROMANPROJEKTE

Mein Vater war ein glänzender Erzähler. Leider hat er nur einen Roman veröffentlicht. 1981 erschien im MaroVerlag «Postlagernd. Roman eines Durchbrenners». Temporeich, dicht, wild und obsessiv beschreibt mein Vater diese Geschichte, die seine eigene Geschichte erzählt. Anhand von

Gesprächen mit ihm kann man davon ausgehen, dass er das meiste davon selbst erlebt hat. Es ist Literatur, die aus der Erfahrung kommt, aus dem Schmutz des Lebens, aus den Zonen des Rausches, der Erotik und der Verzweiflung daran. Sprachlich und formal ein Meisterwerk der Underground-Literatur. Der kosmopolitische Wahn des Heimatlosen zeigt sich in den dichten und präzisen Beschreibungen der Hotels und Absteigen von Kabul, Stambul, Lahore, Singapur und New York. Allgegenwärtig der Tod, die Lieblosigkeit der zwischenmenschlichen Beziehungen vor dem Hintergrund der ständigen Suche nach Liebe.

Eine Möglichkeit, der Erstarrung zu entkommen, ist das Reisen. Das vorwärtsgepeitschte Leben, die Sucht, alles Mögliche auszuloten, mündet in Exzesse von Trunksucht, Opiaten und Sex. Die Sucht ist das Leben selbst, der Rausch daran und die Faszination der Weltstädte, in denen sich Verlorenheit und Selbsterfahrung vereinen. Meisterhaft geschrieben sind die Passagen über die Rauschzustände und den Fieberwahn nach einer Malariaerkrankung. Eindringlich und suggestiv erlebt der Leser die Entfremdung des Selbst, die Auflösung in halluzinogene Bilder, die Zertrümmerung der Wirklichkeit.

Ein Weinglas im Vordergrund und dahinter mein Vater mit strähnigem, dichtem Haar, das diagonal über die hohe Stirn fällt, einem Schnauz bis über die Mundwinkel, zwischen Zeige- und Mittelfinger eine bis auf einen kurzen Rest abgebrannte Zigarette, während er die Augen geschlossen hat, als wäre er müde und von einer langen Reise zurückgekehrt. Das ist eine Schwarz-Weiß-Fotografie von Esther Pfirter am Anfang des Buches. Ein anderes Bild im Innern des Buches zeigt ein Passfoto meines Vaters, das in einem Rotweinglas steckt, als würde es im Wein ertrinken. Dazwischen Aufnahmen eines Airmail-Briefumschlags nach New Delhi postlagernd

(«Poste restante»), Visitenkarten von Hotels in Kandahar und Tanger; auf der Schmutztitelseite den Greyhound-Timetable von 1976. Der Buchumschlag wurde von «Gasolin 23»-Mitbegründer und Layouter Walter Hartmann gestaltet, auf der Vorderseite zeigt er einen Express-Luftpostumschlag nach Griechenland und Palmenreihen. Das Buch bedient grafisch, fotografisch und literarisch alles, was ein solides Underground-Buch ausmacht.

Mein Vater hatte verschiedene Romanprojekte, die er aber nicht abgeschlossen hat. Immer wieder sprach er von diesen Projekten. Die Titel dieser Romane lauten «Die Beschleunigung des Tages», «Eine Seele von Manager», «Die Nachtmaschine – die Geschichte eines Verlages», «Durch die Luft», «Bruderherz», «Der Mann, der nicht scheitern wollte».

Es gab Themen, die ihn sehr stark beschäftigten und über die er schreiben wollte, vielleicht aber nicht konnte oder blockiert war. Geschichten, die er im Kopf hatte. «Bruderherz» ist ein trauriger Titel, weil es sich um den Selbstmord seines Bruders handeln sollte. Als mein Onkel sich 1998 umbrachte, war ich in den Cameron Highlands in Malaysia. Ich telefonierte damals mit meinem Vater – und wie ich später herausfand, war mein Onkel zum Zeitpunkt des Telefonats bereits tot. Ich erfuhr von dessen Tod erst später durch meine Schwester auf dem Balkon eines Cafés am Rhein.

Die Art und Weise, wie sich mein Onkel umgebracht hatte, war für meinen Vater entsetzlich. Es war ein sehr gewalttätiger Tod. Mein Vater musste sich auch Fotos vom Tatort anschauen, die kaum erträglich waren. «Bruderherz» ist ein sehr zärtlicher Titel. Mein Vater sprach wenig über seine Gefühle, aber er muss seinen Bruder gerngehabt haben, auch wenn sie sehr unterschiedlich waren. Einmal fuhr ich mit meinem Vater zu der Stelle, wo sich mein Onkel das Leben genommen hatte. Es war bereits Nacht, und in der Nähe donnerte die Musik einer Diskothek.

Überhaupt war der Tod in der Familie immer sehr gegenwärtig und zeigte sich in all seinen Varianten: tödliche Krankheiten, Unfall, Suizid.

Der Neffe meines Vaters bzw. mein Cousin litt an zystischer Fibrose, einer angeborenen Stoffwechselerkrankung, bei der man in den Achtzigerjahren nicht älter als 20 wurde. Damals war die Krankheit noch wenig erforscht, während man heute damit über 50 Jahre alt werden kann. Der Todesdruck, unter dem mein Cousin stand, ist ebenfalls ein Memento mori in der Familiengeschichte. Er starb dann auch mit 20 Jahren, wie es prognostiziert worden war. Der andere Neffe meines Vaters, der Sohn der Schwester, starb mit 21 Jahren infolge eines Unfalls im Zürichsee, als er dort allein nachts tauchen ging. Irgendetwas musste sich dort unten in völliger Dunkelheit ereignet haben, dass er in einen Notfall geriet und auftauchen musste. Als er an die Wasseroberfläche kam, schrie er noch nach Hilfe und wurde von der Wasserpolizei entdeckt und sogleich in eine Dekompressionskammer gebracht, da er zu schnell aufgetaucht war. Doch die Hilfe kam zu spät und er verstarb an der überschäumenden Gasbildung in der Lunge. Der Tod dieses Verwandten im Jahr 1988 riss ein tiefes Loch in die Familie, das die Mutter meines Vaters nur um ein knappes halbes Jahr überlebte.

Am Abend nach dem Unfalltod kamen mein Onkel und mein Vater zu ihrer Mutter, bei der ich gerade mit einem Schulfreund Fernsehen schaute. Zuerst erfreut, dass ihre Söhne sie besuchen kamen, merkte sie schnell, dass etwas nicht stimmte. Mein Vater und mein Onkel führten sie in ihr Schlafzimmer, um ihr die Todesnachricht mitzuteilen. Ein unsäglicher Schmerzensschrei entfuhr ihr, der alle Trauer und alles Unglück in sich vereinte. Erschrocken verließ mein

Schulfreund die Wohnung. Das Schlimmste war über meine Großmutter hereingebrochen, und sie wurde nie mehr glücklich. Immer gab sie sich die Schuld, dass sie nicht vor ihm gestorben war, dass ein Enkelkind vor ihr gehen musste. Sie konnte und wollte es nicht begreifen und saß tagelang nur noch in ihrem Liegestuhl und betrachtete die Fotografie ihres Enkels neben einer brennenden Kerze. Ein halbes Jahr später starb sie während eines Eingriffs an der Bauchspeicheldrüse während der Vollnarkose. Als ich sie zuvor noch ein letztes Mal im Spital besuchte, fragte ich sie, ob sie sich freue, wieder in ihre Wohnung zurückzukehren. Doch sie wusste, dass sie nie mehr dorthin zurückkehren würde, und da sie mir das zu verstehen gab, wusste ich, dass sie sterben wollte.

Es ist sicher nicht einfach, über das Verhältnis meines Vaters zu seiner Mutter und umgekehrt etwas zu sagen. Aus der Familienkonstellation und von Erzählungen her ist es wohl so, dass mein Vater als jüngstes von drei Kindern bevorzugt wurde. In gutbürgerlichen Verhältnissen aufgewachsen, verlebte mein Vater eine glückliche Kindheit mit allen Vorzügen, die ein mehr oder weniger gehobener Haushalt zu bieten hatte. Bedienstete, große Wohnung in guter Lage, Urlaub in den Bergen und ihn liebende Eltern. Erst mit den Jugendjahren sollte dieses Bild einer glücklichen Familie Risse bekommen. Meine Großmutter war meinem Vater in erster Linie eine gute Mutter gewesen, stets besorgt, wenn er unterwegs war, und immer für ihn da, wenn es ihm schlecht ging. Wir waren als Kinder oft bei ihr in der Wohnung in einem hässlichen Betonhaus aus den Siebzigerjahren. Die Einrichtung der Wohnung verriet ihre gutbürgerliche Herkunft. Louis-quatorze-Möbel, ein alter Sekretär, der in ihrem Schlafzimmer stand, gut gemalte Porträtbilder der Familie an den Wänden, ihr eigenes in schönem Holzrahmen über dem Sofa, ein großes Esszimmer mit

Stichen an den Wänden, Lampen mit Lederbespannung, eine Minibar mit alkoholischen Getränken. Als hätte sie ihr altes Leben in einer neuen Umgebung eingerichtet.

Nach dem Tod meines Großvaters 1975 musste sie neu beginnen. Mein Vater riet ihr, unbedingt eine Arbeit zu suchen. Bald hatte sie eine Stelle in einem Kiosk gefunden. Der Kiosk liegt in einem Vorort von Basel, und meine Großmutter hatte deshalb einen langen Arbeitsweg. Bis zu ihrer Pensionierung hat sie in diesem Kiosk gearbeitet. Es ist eine erstaunliche Leistung meiner Großmutter, dass sie aus einem relativ verwöhnten und luxuriösen Leben kommend diese Arbeit auf sich nahm, Tag für Tag, zehn Jahre lang. Sie war sehr gut zu uns, brachte Süßigkeiten und Comichefte vom Kiosk mit, zeigte sich immer großzügig. An Sonntagen kochte sie für die ganze Familie, lud ihre Kinder und Enkel ein. Alle saßen im Esszimmer an dem langen Esstisch mit gesticktem weißem Tischtuch, dem Kobaltgeschirr, dem Silberbesteck, mit all den Relikten aus dem Inventar eines vergangenen Lebens. In solchen Momenten konnte sie das alte Leben wieder aufleben lassen, im Kreis ihrer Familie, im Dunst der Geborgenheit, in ihrer Rolle als liebende und fürsorgliche Mutter und Großmutter.

Wir Kinder wussten wenig über ihr Leben, sie war einfach die liebe Großmutter für uns, die in einem Kiosk arbeitete und uns verwöhnte.

Die Abgründe ihrer Lebensgeschichte kamen für uns Enkelkinder erst nach ihrem Tod ans Licht: Als junges Mädchen musste sie erleben, wie ihr Vater einen Mord verübte und dafür ins Zuchthaus wanderte. Der Großvater meines Vaters hatte mit einem Komplizen zusammen bei einem Drogengeschäft einen Mann umgebracht. Der Mord ereignete sich in einem der Fischergalgen, die malerisch am oberen Rheinufer stehen. Sie erschlugen ihn von hinten, rollten ihn in einen Teppich und warfen ihn in den Rhein. Die Leiche trieb den Rhein hinunter, bis sie in einem Naturschutzgebiet angespült und entdeckt wurde. Da der Großvater meines Vaters sich bei der Polizei erkundigte, ob der Ermordete als vermisst gelte, wurde er sofort verdächtigt und schließlich als Täter entlarvt und verurteilt. Über den sogenannten «Fischergalgenmord» wurde in der damaligen «National-Zeitung» über längere Zeit in einer Form berichtet, die als mediale Ausschlachtung eines Kriminalfalls bezeichnet werden kann.

Das Leben der Familie war zerstört. Sie musste ihren Namen ändern, da jeder den Namen des Mörders kannte und der Fischergalgenmord stadtbekannt war. Meine Großmutter erlitt ein lebenslanges Trauma. Als Mädchen ständig damit konfrontiert zu sein, die Tochter eines Mörders und der gesellschaftlichen Schande ausgeliefert zu sein, ist schwer vorstellbar. Bald darauf starb auch ihre Mutter mit nur 50 Jahren aus Trauer über das Unglück, das über die Familie hereingebrochen war. Das Drama ihrer Kindheit war in ihren Augen sichtbar: Auf vielen Fotos hat sie aufgerissene Augen, als hätte sie jemand erschreckt. Da die Familie vor der Tat ein gutes Leben hatte und in einem Einfamilienhaus in einer angesehenen Gegend lebte, war sie einen gewissen Wohlstand gewohnt. Die Mutter meines Vaters lernte ihren Mann kennen, der 22 Jahre älter war als sie. Es liegt nahe, dass ein älterer Mann in vorteilhafter Berufssituation eine Art Vaterersatz für meine Großmutter gewesen sein musste. Genau das konnte mein Großvater ihr bieten, und nachdem sie geheiratet hatten, gründeten sie eine Familie. Da der Vater als Direktor in der Basler chemischen Industrie Ciba-Geigy gut verdiente, gehörte die Familie dem gehobenen Mittelstand an. Sie bezogen eine große, herrschaftliche Wohnung in der General Guisan-Straße (ehemals Militärstraße), mit Blick auf die Sportanlage Schützenmatt. Es kamen drei Kinder zur Welt, eine Tochter und zwei Söhne, mein Vater am 14.6.1945 als jüngster. Sein Geburtsjahr, das mit dem Ende des zweiten Weltkrieges zusammenfällt, ist ein markantes Datum, das zum einen die Nachkriegsgeneration markiert und zum anderen die Generation der 68er-Bewegung, der Hippies und Nahost-Orient-Reisenden.

Ein Romanprojekt meines Vaters sollte die Geschichte seines Großvaters mütterlicherseits behandeln. Er fuhr später mit seiner Frau Ursula in jene Gegend, wo der Leichnam des Opfers in den Dreißigerjahren angespült worden war. Er zeigte mir später Fotos von der Gegend, eine schöne Flusslandschaft mit Schilf und reicher Vogelwelt. Zudem engagierte er einen Zeitungsjournalisten, der im Staatsarchiv nach Zeitungsberichten über den Fischergalgenmord recherchieren sollte. Dieser wurde fündig und überreichte meinem Vater alle Berichte, die damals in der «National-Zeitung» erschienen waren. Immer wieder sprach er davon, diese Geschichte als Romanvorlage nutzen zu wollen.

Die schriftstellerische Entwicklung meines Vaters spannt den Bogen über Beatnik-/Underground-Literatur zu präzis durchdachten Romankonzepten. Die Erfahrungsliteratur der Siebziger- und Achtzigerjahre weicht einer mehr konstruierten, strukturierten Literatur. Grundsätzlich war Spannung immer eines seiner Hauptkriterien für gute Literatur. Diese Spannung resultierte aus einer immensen Lebens- und Sacherfahrung. Das gelebte Leben, missraten, geglückt, verzerrt, chaotisch, kriminell oder langweilig, ist die Grundvoraussetzung für das literarische Ich, das er selbst in verschiedenen Lebensphasen in Variationen durchlebte.

Der Tod seiner Mutter 1988 war ein herber Schlag für ihn und uns Kinder. Sie lag in einem Krankenzimmer im gleichen Spitaltrakt wie zuvor ihr verstorbener Mann. Mein Vater ging ins Spital und sah, wie zwei Pfleger einen Schragen aus dem

Lift hinausstießen und dabei lachten und diskutierten. Es war die Leiche seiner Mutter, die auf dem Schragen lag, und entsetzt darüber, klärte er die Pfleger auf. Mein Vater reagierte immer auf die Unsensibilität und Pietätlosigkeit der Welt und erkannte die monströse Gleichgültigkeit, die dahintersteckte. Er sah seine tote Mutter und er berichtete mir später, sie hätte im Tod ein jungfräuliches Aussehen gehabt. Einen letzten Satz, den sie kurz vorher an ihn gerichtet hatte, hat er uns noch mitgeteilt: «Es ging so schnell vorbei, vergesst mich nicht.» Ich träumte damals viel von ihr und ich hätte mir gewünscht, meine Nichte hätte sie kennengelernt. Zu ihrer Beerdigung kamen viele Leute.

Das Erste, was mein Vater vermisste, war, dass er nicht mehr mit ihr telefonieren konnte. In den letzten Jahren ihres Lebens war sie neben den sonntäglichen Familienessen zwei Mal die Woche zu uns gekommen und hatte über Mittag gekocht. Sie strickte für uns Pullover, obwohl sie unter Gicht litt. Sie übernahm, so gut sie es vermochte, die Rolle der Hausfrau in unserem Haushalt. Sonst kochte unser Vater für uns. Mittags kam er vom Geschäft nach Hause und machte das Mittagessen. Wenn ich aus der Schule kam, erwartete mich ein gedeckter Tisch, dampfende Schüsseln, ein reichhaltiges Mittagessen. Seit ich mich erinnern kann, hat mein Vater für uns gekocht.

Als seine Mutter 1988 starb, hatte er sich in der Verlagsauslieferung bereits hochgearbeitet. Er trug jetzt Anzüge und Krawatte. Es ist gut, dass seine Mutter ihn noch so erlebt hatte. Aus ihrem bürgerlichen Verständnis heraus hatte er es nun geschafft, und sie konnte stolz auf ihn sein.

Die Räumung ihrer Wohnung stand bevor. Mit einem Freund zusammen gingen wir in ihre Wohnung. Was gibt es Traurigeres, als die Dinge einer geliebten Person zu entsorgen oder zu räumen? Die Szenerie war absurd, zumal noch seine

Schwägerin mit einer Freundin mit dabei war. Mein Vater hatte sie eingeladen, damit sie Gegenstände, die ihnen gefielen, mitnehmen konnten. Die ganze Zeit hörte man sie tuscheln und flüstern, als würden sie Dinge stehlen wollen, obwohl es in Ordnung war. Das Schlimmste für meinen Vater war es, die Kleider seiner Mutter zu entsorgen. Es waren wohl auch Kleidungsstücke darunter, die er seit seiner Kindheit kannte. Er stöhnte und ächzte, als er die Schränke ausräumte; es war grauenvoll, und es war gut, dass dieser Freund mit dabei war.

Mit dem Umzug vom Klein- ins Großbasel ging auch die berufliche Umstellung meines Vaters einher. Offiziell hatte er 1981 mit dem Verlag aufgehört. Er hatte uns mitgeteilt, dass er mit Nachtmaschine Schulden gemacht, aber keinen Konkurs angemeldet hätte. Er wollte die Schulden aus eigener Kraft zurückzahlen. Er musste also einen Job finden, damit er seine Rechnungen abzahlen konnte. In einem Stelleninserat las er den Satz: «Lieben Sie Bücher?», und es war dieser Satz, der ihn sogleich dazu veranlasste, sich bei der Verlagsauslieferung AZED AG vorzustellen. Er wurde angestellt und begann mit 3000.– Franken im Monat Vollzeit dort zu arbeiten. Im Keller, dort wo die Paletten mit den Büchern aufgereiht standen, fing er an. Es war klar, dass er nicht im Keller bleiben wollte. Er schlug seinem Chef ein System für die Büchersuche vor, das die Arbeit vereinfachen sollte. Sie probierten es aus, und das neue System erwies sich als effizienter. So arbeitete sich mein Vater hoch, Stelle für Stelle, Beförderung für Beförderung bis zum stellvertretenden Chef. Er hat in dieser Firma eine Tellerwäschekarriere durchlaufen, vom Keller bis in die Chefetage.

In den letzten Jahren vor seinem Tod gingen wir oft zusammen am Rhein spazieren. Er hatte immer sein Handy dabei, und es war ihm wichtig, dass er jeden Tag seine 10 000 Schritte machte, die er mit dem Schrittmesser seines Handys überprüfen konnte. Stolz zeigte er mir seinen Schrittzähler, wenn er z. B. über 20 000 Schritte gegangen war. Bei dieser Gelegenheit erzählte er mir, dass er an einem Romanprojekt mit dem Titel «Der Mann, der nicht scheitern wollte» schrieb.

Unter den vielen Dokumenten, die ich nach dem Tod in seiner Wohnung sortieren musste, ist mir ein Auszug aus diesem Romanprojekt in die Hände gefallen. Wie aus einer Vorahnung heraus beschreibt mein Vater in der zweiten Passage sein eigenes Schicksal. Die erste Passage beschreibt eine frühkindliche Szene mit seinen Eltern.

Die Geschichte des Mannes, der nicht scheitern wollte

Das ist die Geschichte des Mannes, der nicht scheitern wollte. Er setzte sich vor den PC, eröffnete einen neuen Ordner, betitelte ihn mit «Die Geschichte des Mannes, der nicht scheitern wollte», sicherte die Worte und schrieb dann nach zwei Leerschlägen auf die linke Seite ein großes

A

Der Knabe, drei-vier Jahre etwa, liegt in seinem mit kurzen Holzstreben vergitterten Kinderbett. Vor ihm erhebt sich das weiße runde Gebirge des Duvet. Der Knabe schaut mit aufgerissenen Augen durch das Holzgitter auf den schmalen Lichtstreifen, der durch die angelehnte Kinderzimmertür wie ein verirrter Sonnenstrahl ins Zimmer fließt. Noch liegt der frische Duft der Mutter im Zimmer, noch erinnert sich das Kind im Dunkel an das Licht, an die schmale spitze Hand der Mutter, die auf dem Gebirge ruhte, die roten Fingernägel, leuchtende Schlusslichter eines in der Dämmerung verschwindenden Zuges, gesehen vor Tagen in einem Bahnhof an der Hand des Hausmädchens, das einem wuscheligen Mann zum Abschied winkte, mürrisch das Kind hinter sich herziehend.

Dann das leichte Klackern auf dem Parkett, als die Mutter das Zimmer verlässt, das Licht löscht, die Tür anlehnt. Noch erinnert sich der Knabe an die Gegenstände und Spielzeuge, die nun im Dunkeln liegen. Der Knabe schaut auf seine unsichtbaren Hände, die auf dem Gebirge liegen, eingepackt in weiße fingerlose Handschuhe, die am Handgelenk fest verknotet sind und mit einem Wollstrang an den Holzstreben links und rechts des Kinderbettes verknüpft sind.

Die Hände finden sich nicht, finden den Mund nicht, können sich nicht am Bett hochziehen, können sich nicht gegenseitig tröstend halten oder spielen. Jede Hand für sich allein in der Nacht. Bevor das tiefe Gemurmel des Vaters und die flüsternde Mutter aus dem Haus gehen, schaut die Mutter nochmals beim Kind vorbei. Der Knabe schließt die Augen fest zu, ahmt tiefen Schlaf. Er schläft, hört er die Mutter sagen, und, er sieht wie ein Engel aus, wenn er schläft, sagt sie mit einem kurzen fröhlichen Lacher.

Engel, denkt der Knabe, Engel schweben am Weihnachtsbaum, Engel sind im Himmel, Engel schweben über der Erde, sind auf Wolken und hinter Sternen zuhause. Der Knabe denkt, dass er kein Engel sein kann, er kann nicht schweben, er kann nicht fliegen. Der Knabe liegt fest verschnürt in seinem Bett, festgezurrt. Es ist Ruhe im Stall, hörte er Vater sagen, als die Wohnungstür sich schloss und die Stille beim Knaben zurückblieb, die wie ein Engel über dem gefesselten Kind schwebte.

[...]

Z

Der Arzt erklärte ihm ausführlich seinen Knoten im rechten Lungenflügel, die Möglichkeiten, seine Überlebenschancen, die Therapien. Der Mann saß mit verschränkten Armen auf dem Stuhl und hörte dem Arzt zu. Er stellte sich vor, wie er aufsteht und sich vom Arzt verabschiedet, der ihm gesagt hätte, dass er völlig gesund sei. Die neue reale Situation aber, stellte der Mann fest, ist mit einem Flugzeugabsturz zu vergleichen. Vom Hörensagen weiß er, dass im Moment, wo die Passagiere erfahren, dass sie um ihr Leben fürchten müssen, sich für jeden der Gesichtskreis einengt, alles wird überdeutlich und jedes Staubkorn eindringlich betrachtet und registriert. Während das Flugzeug abstürzt, schreien einige, andere sitzen erstarrt da, flüstern vielleicht die Namen ihrer Liebsten, oder sie fluchen und schimpfen, nesteln an ihren Kleidern oder klammern sich an eine Zeitung.

Sein Knoten im rechten Lungenflügel ist der Beginn eines Defekts, der sein Leben zum Abstürzen bringt, die Navigation wird versagen, die Koordinaten der Zukunft und der Gegenwart werden aufeinander zurasen wie das Flugzeug vom Himmel zur Erde. Er fixierte seine Hand, die den Oberarm umklammerte, Körperteile, die mit ihm zusammen sterben werden. Der Knoten wird ihm die Luft abschnüren, sein Atem durch krankes Gewebe rasseln.

Als er sich erhob und dem Arzt die Hand schüttelte, ihm sogar dankte, was ihm später irrsinnig vorkam, dass er sich für die Mitteilung seines bevorstehenden berechenbaren Todes bedankte, glaubte er, den Knoten in der Lunge zu spüren, und als er sich verabschiedete, wusste er, dass der Absturz begann, er als Passagier des Lebens und der Welt nun seinem sicheren Tod entgegenraste. Vor dem Lift wartete eine junge Frau. Er sah ihre blonden Haare leuchten, jedes Haar schien zu glitzern. Auf der Straße sah er ihr lange nach, bevor er sich traurig, aber lächelnd auf den Heimweg machte.

Zwei lose Blätter aus dem Nachlass

ZOË

CARONA

Im Sommer 1977 erhielt mein Vater von der Pro Helvetia einen Förderbeitrag von 5000.– Franken für sein Romanprojekt «Chaos». Zu diesem Zeitpunkt hatte er auch ein Stipendium im Künstlerhaus Casa Aprile in Carona. Das Haus gehörte Meret Oppenheim. Mein Vater schrieb nicht nur an einem Roman, sondern arbeitete gleichzeitig an dem «Basler Heroin- und Amphetamin-Report». Drogen waren ein Thema, das ihn interessierte. Nicht nur weil er selbst damit experimentierte, sondern weil er realisierte, wie sehr es die Gesellschaft veränderte und wie viele Menschen es in den frühen Tod trieb. Auslöser, diesen Report zu schreiben, war der Fall von zwei tragischen Drogentoten, der damals in Basel Schlagzeilen machte. Zwei junge Männer ertranken, nachdem sie Amphetamin gespritzt hatten, im Rhein, bei der Wiese in Basel, weil sie sich einbildeten, es sei Sommer, und baden gingen, obwohl tiefster Winter war. Es sollte nur ein Fall von vielen sein. In den Siebzigerjahren kamen mit dem Aufkommen harter Drogen wie Kokain und Heroin die ersten Drogentoten. 1991 erreichte diese Entwicklung auf dem Platzspitz in Zürich seinen traurigen Höhepunkt. Mein Vater war ein früher Zeuge dieser Entwicklung.

In dem umfangreichen Dossier, das er dazu anlegte, fand ich Briefe an die Staatsanwaltschaft, die er an den damaligen Chef des Betäubungsmittel-Dezernats in Basel schickte. Am 2.12.1975 schrieb er:

> Lieber Herr Imhof, ich möchte mich nochmals für die lehrreiche Unterhaltung in Ihrem Bureau bedanken. Ich habe mich nun, mit einem Berg Material, mit meinen beiden Kindern nach Carona zurückgezogen und schreibe hier den Bericht. Um meinen Bericht möglichst exakt schreiben zu können, wäre ich sehr froh, wenn Sie mir folgende Fragen beantworten könnten:
>
> 1. Wann, wo, warum wurden Hanspeter Wernli und Matthias Rottach durch die Polizei verhaftet und wie lange dauerte jeweils der Aufenthalt?
> 2. Aus welchen Milieus kamen die Ihnen bekannten Drogenabhängigen, die durch oder an der Spritze starben (wenn möglich seit 1973)?
> 3. Wie alt waren die Verstorbenen?
> 4. Sind Ihnen Schriften, Bücher etc. bekannt, die das Problem der Fixer behandeln? […] Ich hoffe, dass ich von Ihnen möglichst alle Fragen beantwortet bekomme, und bedanke mich im Voraus bestens. Ihr Matthyas Jenny, Casa Aprile

Erst Jahrzehnte später verarbeitet er das Material des «Heroin- und Amphetamin-Reports» in einer Kurzgeschichte:

> Es war Herbst, der Fluss führte nach den langen Regenfällen viel Wasser. «Es ist Sommer, es wird heiß und heißer», rief L. Er zog seine Mokassins aus. Sie lachten und rauchten weiter. «Es ist Som-

mer», rief er nochmals und zog seine Wildlederjacke aus, sein mohnfarbenes Hemd und seine violett gestreifte Hose. Er war schön anzuschauen, sein schwarzes Haar, sein Bronzekörper, schmal und sehnig, die kleine Ausbuchtung zwischen den Beinen, das geflochtene Stirnband - «Mescalero» nannten sie ihn zeitweise.

Sie rauchten und sprachen über die irren Zeiten des vergangenen Sommers, als L. aufsprang und rief: «Es ist Sommer, es wird heiß und heißer.» Er sprang oberhalb des Wehrs ins kalte Wasser, machte einige Züge und ging dann wie von einer Faust unter Wasser gedrückt unter.

P. sprang auf: «Komm raus, du Idiot, es ist kalt», aber L. konnte ihn nicht mehr hören. P. lief los, streifte die Schuhe ab, die Hose, dann die Jacke und sprang am gleichen Ort wie L. ins Wasser, tauchte und kam nicht wieder hoch.

Da rannte er zum öffentlichen Rettungsring, warf ihn in die Flussmitte, wo er von der Strömung sogleich übers Wehr gerissen wurde. Plötzlich tauchten beide auf und trieben wie in Zeitlupe in den Sog des Wasserfalls. Das Stirnband von L. wirbelte wie ein letzter Gruß aus der Tiefe herauf, wippte harmlos auf den Wellen, bevor es von der Strömung fortgespült wurde.

Aus der Kurzgeschichte «Im Jahr des Winters»

Während des Sichtens des Materials wird mir bewusst, wie viel mein Vater geschrieben hat. Und zwar kontinuierlich über sein ganzes Leben hinweg. Vieles ist fragmentarisch geblieben, und einige Texte entwickelten sich anders als ursprünglich geplant.

Allerdings ist es schwer vorstellbar, dass Carona der geeignete Rückzugsort zum Schreiben war. Den Berichten und seinen eigenen Erzählungen zufolge ähnelte das Haus eher einem Bienenstock, in dem sich Künstler und Schriftsteller zum Austausch und zur Inspiration trafen.

Davon, dass er versuchte, als Schriftsteller Fuß zu fassen, zeugen die Exposés und Gedichte, die er von Carona aus an zahlreiche Verlage schickte. Ich fand eine ganze Mappe von Absagen, Briefen von Diogenes, Rowohlt, Suhrkamp, Benziger etc. In seinen Tagebuchaufzeichnungen schreibt er irgendwo:

> Ich kann keine einzige Absage mehr ertragen.

Doch dann erfüllte sich unverhofft ein anderer Traum. Ich weiß nicht, wann genau mein Vater sich dafür entschied, sich eine Druckmaschine zuzulegen und selbst als Verleger tätig zu werden, aber die Möglichkeit, selbst Bücher zu drucken, die damit verbundene Unabhängigkeit musste für ihn in jeder Hinsicht ein gigantischer Befreiungsschlag gewesen sein.

> Auf dem Dorfplatz neben dem Lieferwagen stapelte der Fahrer noch Druckpapierschachteln auf seine gestreckten Unterarme, gut und gerne 2000 Blatt, dann verabschiedete er sich und wünschte ihm viel Glück, stieg, immer noch den Kopf schüttelnd und lachend, in den Lieferwagen, wendete und fuhr weg. Die geknickten Kartonstücke und das Mundstück der Toscani-Zigarre lagen im Staub.
>
> Sie ist da, dachte er, sie steht oben in meinem Zimmer. Er konnte es kaum fassen. Er lachte vor sich hin und trug das Papier langsam, fast feierlich wie eine Reliquie zur Küche hinauf, stieg

Zoë

dann mit dem schweren Stapel weiter in sein Zimmer hoch und stellte ihn auf der Türschwelle ab. Da stand sie, die Druckmaschine, neben seinem Bett, matt glänzend. Er hatte keine Ahnung von dem Mechanismus noch von den nötigen Handgriffen. Er wusste nichts über sie. Sie war ihm ein völlig fremder und unbekannter Gegenstand. Aber er wollte sie haben. Unbedingt. Vor drei Tagen war er mit den Kindern im Postauto hinunter in die Stadt gefahren. Mit der Tochter auf dem Arm, den Sohn an der Hand standen sie in der alten Druckerei, die vom Inhaber aus Altersgründen aufgegeben wurde. Als er das Inserat über die Liquidation der Druckerei las, wusste er, dass es das war, was er wollte. Drucken, Zeitungen, Zeitschriften, Bücher. Nie zuvor hatte er eine Druckmaschine bedient, noch wusste er, wie so eine Maschine funktioniert. Es war ihm egal, er wollte sie. Seine Unwissenheit kümmerte ihn nicht.

«Ich werde es lernen», sagte er zu den anderen beim Abendessen. Alle waren zuvor die Treppe hinaufgestiegen und hatten in sein Zimmer geschaut. Niemand konnte mehr hinein, alles war verstellt. Er stand wie ein Dirigent auf seinem Bett und erklärte ihnen: Hier die Druckmaschine, dort das Entwicklergerät und das da ist der Plattenkopierer. Seine Tochter begann, auf dem Arm des Mädchens zu weinen, als sie das Maschinenchaos in seinem Zimmer sah, sein Sohn stand mit offenem Mund unter der Tür. «Da kommt man ja nicht mehr hinein», sagte er. «Doch, doch», sagte er, «komm, ich helfe dir.» Mit ausgestreckten Armen hob er ihn über die Papierstapel auf das Bett hinauf. Das

Mädchen streckte ihm entgeistert «Mama mia» rufend die Tochter entgegen. Zu dritt waren sie nun auf dem Bett, seine weinende Tochter im Arm, der staunende Sohn neben ihm. «Was ist eine Druckmaschine?», fragte ihn sein Sohn. «Wenn du eine Zeichnung machst», erklärte er, «kann man davon ganz viele Zeichnungen drucken.» Der Sohn sah ihn verständnislos an, lachte aber fröhlich. «Wie viele?», fragte er. «Einen ganzen Berg», gab er zur Antwort.

«So groß wie dieser Berg?», er zeigte vom Bett aus dem Fenster auf den San Grato. «Nicht ganz so groß, aber fast.»

Er hüpfte mit ihnen fröhlich und lachend auf dem Bett herum, seine Tochter auf dem Arm hörte auf zu weinen und begann nun auch zu lachen, sein Sohn versuchte höher als er zu hüpfen. Sie hüpften, bis er außer Atem war. Dann stieg er mit ihnen in die Küche hinunter, wo die anderen bereits beim Abendessen saßen. «Was willst du mit der Druckmaschine drucken?», fragten sie ihn.

«Ich drucke eine Zeitschrift oder eine Zeitung mit Texten, die ich gut finde, ich will Bücher drucken, die ich gut finde.»

«Mit dieser Maschine?», fragte Dave (David Weiss).

«Ja, genau, mit dieser Maschine», sagte er leichthin.

«Und wann willst du mit dieser Maschine drucken?», fragte Maria (Maria Gregor) mit Blick auf die Kinder.

Zoë

«Wenn sie schlafen», sagte er, «nachts, jede
Nacht», sagte er lachend, «es ist eine Nachtmaschine!»

Aus dem unveröffentlichten Manuskript «Nachtmaschine»

Die Druckmaschine wurde zum Herzstück unseres Lebens. Mit ihr hatte mein Vater das Produktionsmittel, mit dem er selbst bestimmen konnte, welche Bücher das Licht der Welt der erblicken.

In Carona lernte er auch Hansjörg Schneider kennen, der ein lebenslanger Begleiter und Freund werden sollte, sowie den Künstler Markus Raetz, der später mit seiner Frau Monika einige Monate bei uns an der Oetlingerstraße wohnte.

Auch wenn seine Texte zunächst nicht in einem der großen Verlage unterkamen, sondern im Underground-Verlag Guten Tag Press, hatten sie ihre Wirkung.

Am 24. Mai 1976 erschien im Feuilleton der «Basler Nachrichten» ein Artikel zu einer Lesung in Basel:

Eine Autorenlesung besonderer Art wurde am Wochenende im Literarischen Zentrum GTP an der Rufacherstraße 54 geboten. Der in Carona lebende Basler Matthyas Jenny las aus den bei der GTP (Guten Tag Press) erschienenen Gedichtbänden «Traumwende» und «Zwölf-Wort-Gedichte». Außerdem stellte er seinen «Basler Heroin/Amphetamin-Report» vor – ein Unternehmen von einiger Brisanz. Seine «Traum- und Rauschgeschichten» endlich schienen bei dem vorwiegend jungen und z. T. recht «untergründigen» Publikum besonders anzukommen. An den Wänden hingen «Meditationsbilder», die Jenny als Illustrationen zu seinem schriftstellerischen Werk betrachtet. Schade, dass die von Matthyas Jenny provozierte Diskussion gar nicht aufkommen konnte; einige

Zwischenrufer wussten sie zu verunmöglichen. Schließlich ging es ja auch (hätte gehen sollen!) um brühend heiße Angelegenheiten. Und es ist – nebenbei bemerkt – tröstlich, dass ein junger Autor von der Unverbrauchtheit und der geistigen und schöpferischen Spontaneität eines Matthyas Jenny sich solcher («brennender»!) Themen annimmt.

Die «National-Zeitung» schrieb:

Von Jenny erschienen 1976 ferner «Zwölf-Wort-Gedichte», kurze Ausdrucksmomente in formaler Anlehnung an den japanischen Haiku. Dabei gelingen ihm prägnante Reflexionen über seine Arbeitsweise: «ich will schreiben, wie es fließt, stockt / immer wieder auseinanderfällt / und nichts zusammenhält» – Imprévus, verzichtend auf kunstfertige Glattheit, beharrend auf unmittelbarer Erfahrung, die das Ich mit andern leid- und freudvoll teilt. «worte schreiben, die jeder schreiben kann / trotzdem sind sie von mir.»

Der Schweizer Schriftsteller Dieter Fringeli, von 1976 bis 1987 Feuilletonchef der «Basler Nachrichten», schrieb in einem Brief an meinen Vater nach Carona:

Über Deine amerikanischen Zeichen habe ich mich sehr gefreut und ich hoffe bald einmal mit Dir über Deine Reise, die mir – nebenbei gesagt – als etwas ungemein Konsequentes vorkommt, zu sprechen. Schade, dass Du nicht nach Bukowski fragtest: Ich glaube, ich hätte da via Freunde in Los Angeles ein Zusammentreffen arrangieren können. Ich weiß allerdings nicht, wie es ihm momentan geht. […] Ich möchte demnächst nach Carona kommen – «geschäftlich»! Ich will eine Art Reportage über das Kaff machen, das sich ja sehr kulturell gibt. Ausgehen will ich natürlich von der Stiftung

Pro Helvetia und der Casa Pantrova. Und – um doch noch etwas «geschäftlich» zu werden: Kannst Du mir nicht diverse kurze (1 bis 2 Schreibmaschinenseiten) Sachen (spontane Eindrücke) über amerikanische Begegnungen usw. schreiben? So etwas würde ich sehr gern bringen.

Etwas, worüber mein Vater nie gesprochen hat, ist die Tatsache, dass er während der Zeit in Carona für zwei oder drei Monate nicht da war. Wir waren aber auch nicht bei unserer Mutter, die mit ihrer Tanzausbildung in Zürich beschäftigt war. Wir waren in der Kommune in der Obhut der Künstlerin Maria Gregor zurückgeblieben. Bei meinen Recherchen konnte ich Maria Gregor nicht mehr ausfindig machen. Das Einzige, was ich von ihr fand, war eine Einladungskarte für eine Vernissage in der Galerie Toni Gerber in Bern mit dem sinnigen Titel «Sprung ins kalte Wasser» und folgenden mit schwarzer Tinte geschriebenen Brief:

Lieber Matthyas, einerseits möchte ich Dir nicht zu nahetreten, anderseits fühle ich eine gewisse Notwendigkeit, es zu tun. Ich habe ganz stark das Gefühl, dass Du echte Sorgen hast. Lieber Matthyas, wenn die Zeit reif ist, wirst Du die Zeitung machen können. Lass Dich nicht drängen. Habe keine Angst, es könnte jemand «etwas» sagen, oder gar an Dir zweifeln. Du bist nie vertrauenswürdig genug. Wenn Du wieder [-unlerserliches Wort] «abhauen» möchtest, z. B. nach Amerika, dann tue es, ich würde Dir Deine Kinder gewissenhaft hüten. Und wäre lieb zu ihnen. Mit niemandem werde ich darüber reden. Bitte versuche doch stark zu sein, wo du es bist, und nicht da, wo Dir eine Aufgabe über den Kopf zu wachsen droht. Du hast genug bewiesen, dass in Dir sehr viel steckt. Matthyas! Jedes Wort, das ich Dir geschrieben habe, gilt. Nimm es an. Wenn Du es brauchst. Meine Arbeit kommt nicht zu kurz. Die Nächte sind zum Zeichnen da ... la la la la würde ich singen. Alles, was es braucht, dass es Dir besser geht, würde ich machen. Maria.

Mein Vater nahm das Angebot an und reiste in die USA. Aus heutiger Sicht ist es schwer vorstellbar, aber damals lebten viele Kinder in Kommunen; mein Bruder und ich waren wochenlang, vielleicht monatelang bei fremden Menschen in einem fremden Haus. Was geschah mit uns? Who knows. Mein Vater jedenfalls folgte der Spanish-Trail-Route im Greyhound-Bus durch die USA.

> Drei Uhr morgens. Ich warte in der überfüllten Busstation von Salt Lake City auf den Anschlussbus nach San Francisco. Betrunkene Indianer lehnen und liegen an den Wänden entlang oder torkeln durch den neongrellen Warteraum. Ein blinder, betrunkener Indianer fuchtelt mit seinem Blindenstock durch die Luft, auf unsichtbare Gegner einschlagend ... Die Leute ducken sich vor dem niedersausenden Stock, springen zur Seite und flüchten vor seinen unkontrollierten Bewegungen. Er stolpert - rennt gegen eine Wand, gegen eine Glastür - fällt über einen Abfallkorb, dessen Inhalt, vor allem leere Dosen, quer über den Boden kullert. Kinder beginnen, die leeren Dosen über den Boden zu schieben, und spielen Fußball damit. Ich kaufe eine Postkarte, um meinen Kindern, die im Tessin zurückgeblieben sind, einen Gruß zu schreiben.
>
> Aus der Kurzgeschichte «Salt Lake City»

Zoë

Die Erlebnisse seiner USA-Reise verarbeitete mein Vater in dem Buch «Highway-Junkie», das 1983 im Berner Underground-Verlag «Lichtspuren» erschien.

> Vor den großen Reisen
> wo die Welt noch aus Trümmern und Musikhören,
> der Limes-Erstausgabe des Junkie,
> aus de Quincey und Cocteau,
> dem Steppenwolf und Schöne neue Welt
> bestand
> als die Welt für mich noch literarisch erfassbar war,
> und dann
> die Ernüchterung im Puff von Gibraltar,
> die gestohlenen Schecks in Casablanca,
> der schwule Händler, der sich über mich hermachte,
> als ich besoffen dem Muezzin von Tanger zuhörte,
> auf einer zerfledderten Matratze,
> und das Hirn auf dem Tischchen tickte
> wie eine Zeitbombe.
>
> Und jetzt die alten Briefe hier:
> den wütenden von Eva, den eindeutigen von Susanne, den ablehnenden aus Chur und den, den ich mir selber schrieb: «Ich halte es nicht mehr aus» steht da,
> datiert 4.4.63, London World's End, Chelsea, Kings Road, Surf City, Oxford Street 100 und Big City von den Pretty Things.
> Später die Briefe meines Vaters nach Calcutta:
> «Gib acht, die Menschen sind schlecht», was ich selbst wusste, und: «Melde dich bei Mr. Yong,

Diethelm Co Ltd., Singapore, er hilft dir weiter»,
was das Schlitzohr nicht tat. Auf der Toilette des
Robinson, das später abbrannte, die klebrigen
Tripperunterhosen ausgewechselt, Resocin und
Penicillin mit Chlorwasser runtergespült, mit der
Cathay-Airways nach Saigon, Manila, Hong-Kong zurück ins Middle-Road-Hospital Singapore.
«You are a seaman?», fragte der Arzt, ich wusste es
nicht, und jetzt ist die Platte zu Ende
und jetzt rennen hier zwei Kinder rum,
die mein Leben fordern.
Mir bleibt das Auflegen der nächsten Platte,
Johnny Hodges ... Hey hey Trombone, das Lesen alter
Briefe,
Erinnerungstrümmer zusammensetzen,
einem absterbenden Atem nachhetzen
und die alte Gefahr, die Fluchtgedanken, dass ich
nächstens nach Paraguay oder Borneo abhaue,
denn auch jetzt zählt noch immer der Satz:
«Ich halte das nicht aus», datiert 5.12.77 Basel,
denn zum Leben brauche ich die ganze Welt
und nicht nur Erinnerungsruinen und alte Briefe.
Aus «Highway-Junkie»

Jürgen Ploog, der deutsche Langstreckenpilot und Schriftsteller, schrieb über das Buch im Juli 1983 in der «Berner Zeitung»:

Seine ganze verzweifelte Energie und Sehnsucht richtet sich darauf, wegzukommen, eine Gegend fern aller Körper und Wörter zu erreichen. Bisher ist er immer wieder (analog zum Tatort des Kriminellen) in die Werkstatt des Unerträglichen zurückgekehrt, und wenn auch nur, um der Poesie eine Fahne zu hissen.

Zoë

Mein Bruder und ich waren die einzigen Kinder in der Casa Aprile. Er war fünf, ich zwei Jahre alt. Ich kann mich an den Geruch von Kaminfeuer erinnern. Als ich Jahrzehnte später in dieses Haus zurückkehrte, war mir diese nach verbranntem Holz riechende Luft vertraut. Man sagt, Sinneswahrnehmungen sind das Erste, was einen Menschen prägt.

Aber ich kann mich nicht erinnern, wie der Künstler Markus Rätz für meinen Bruder ein Bild mit Fingerfarben malte, wie Anton Bruhin Mundharmonika spielte, mein Vater eine Druckmaschine kaufte und darüber vor Freude mit mir im Arm und meinem Bruder auf dem Bett herumhüpfte. Ich kann mich nicht an David Weiss erinnern, der das Dach reparierte und der später mit Peter Fischli als Künstlerduo Fischli/Weiss weltberühmt wurde.

Aber ich erinnere mich deutlich an das Gefühl der Angst und Bedrohung, das mich bis heute begleitet und das auf ein bestimmtes Erlebnis in dieser Zeit zurückzuführen ist.

Viel später erklärte mir mein Vater, wie es im Künstlerhaus in Carona zuging: «Ununterbrochen gingen Leute in dem Haus ein und aus. Es ging unübersichtlich und chaotisch zu.»

Politisch war die Stimmung aufgeheizt. Es war die Blütezeit des linken Terrorismus. Die erste Generation der Roten Armee Fraktion um Andreas Baader, Gudrun Ensslin und Ulrike Meinhof hatten bereits vier Menschen ermordet. Die 1970 in Mailand gegründete kommunistische Terrororganisation Rote Brigade wütete derweil in Italien. Sie verübte insgesamt 73 Mordanschläge, organisierte Entführungen und Banküberfälle. Das Tessin war damals ein beliebter Rückzugsort für Terroristen. Der Schweizer Kanton wurde zum Geldwaschen, als Unterschlupf, logistische Basisstation und Versteck genutzt. Laut meinem Vater hatten Mitglieder der Roten Brigaden in Carona, in der Casa Aprile, unbemerkt Munition versteckt, und zwar unter dem Kinderbett, in dem ich schlief. Die Razzia der Terroreinheit der Polizei, die mit Sturmhauben und Maschinengewehren mitten in der Nacht das Haus stürmte und uns aus dem Schlaf riss, führte dazu, dass mein Vater anderntags sofort mit uns abreiste. Keiner der Hausbewohner hatte etwas mit dem Vorfall zu tun, und es wurde in jener Nacht niemand verhaftet, aber der Traum der friedlichen kreativen Künstlerkommune war zu Ende. Die Razzia hatte Spuren hinterlassen. Jahrelang musste mein Vater an mein Bett kommen, um mich zu beruhigen, weil ich von Albträumen geplagt jede Nacht mit einem gellenden Schrei schweißüberströmt aufwachte.

> Eines Morgens, Herbst 1977, stand die Polizia mit MPs in den Zimmern und suchte nach Terroristen. Das war zu viel. Anderntags zog die Familie Nachtmaschine nach Basel und druckte auf Teufel komm raus und zum großen Missfallen sämtlicher Kulturadministratoren weiter bis zum permanenten Ruin und darüber hinaus.

Aus einem undatierten Tagebucheintrag

CASPAR

POLITISCHES ENGAGEMENT

Der Kleinverlag Nachtmaschine war in den Achtzigerjahren für politische Gruppen oder politisch motivierte Bücher ein geeigneter Ort. Politische Subversion und Underground-Literatur gehen Hand in Hand. Das Jahrzehnt war bestimmt von Jugendunruhen, dem Punk und der New-Wave-Bewegung, der Zeit des Kalten Kriegs und damit der Verhärtung der politischen Fronten. Die Aggression der Jugend gegen das Bürgerlich-Konservative zeigte sich in dieser Zeit in einem Machtkampf zwischen Freiheitsbestrebungen und staatlicher Gewalt. In Basel war das AJZ, das Autonome Jugend Zentrum, aktiv. Das AJZ druckte in der Nachtmaschine Flyer für seine Demonstrationen.

Der Underground-Verleger ist ein politischer Typus, interessiert an den geistigen Strömungen der Gegenwart, den gesellschaftlichen Auseinandersetzungen und Konfrontationen. Der Verleger als Zeitzeuge von Kunst, Literatur und Politik, diesem universalistischen Denken war mein Vater verpflichtet. 1982 veröffentlichte er den Gedichtband «Ich bin das Gesicht das hinter den Einschusslöchern erscheint». Dabei handelt es sich um Gedichte aus dem indianischen Widerstand von Reymundo Tigre-Pérez und Esidro Ortega.

Reymundo Tigre-Pérez (1946–1995) war einer der führenden Persönlichkeiten der indianischen Widerstandsbewegung in den USA. Geboren in Texas, gehörte Tigre-Pérez ursprünglich dem mexikanischen Stamm der Purépecha an. Als Organisator von Hungerstreiks, Protestmärschen und Indianertreffen wurde er wiederholt von amerikanischen Behörden verfolgt und inhaftiert. Der Autor Frank Geerk hat Tigre-Pérez und Esidro Ortega 1981 nach Basel eingeladen. Gemeinsam unternahmen sie eine Lesereise durch die Schweiz und Deutschland. Mit dem Erscheinen des Gedichtbandes «Ich bin das Gesicht das hinter den Einschusslöchern erscheint» unternahm Tigre-Pérez eine zweite Lesereise durch Europa. Aus dem Erlös sollte ein weiteres Indianertreffen als Tribunal zur Verteidigung der indianischen Rechte mitfinanziert werden.

Politik und verlegerische Tätigkeit fallen hier so weit zusammen, dass politische Agitation möglich wird. Das Poesietelefon und der «Tag der Poesie» sind lebendige Beispiele für diese Agitationskunst. Kunst ohne gesellschaftliche Relevanz scheint obsolet. Der Dichter als Handelnder, als gesellschaftlich und politisch eingreifender Typus, das hat meinen Vater interessiert. Tigre-Pérez repräsentiert diesen Typus in seiner radikalsten Form. Frank Geerk hatte die Übersetzung ins Deutsche vorgenommen. Der Gedichtband erschien zweisprachig. Im Nachwort «Zwei Dichter aus dem anderen Amerika» schildert Geerk die Begegnung mit Esidro Ortega, den er bei einer eigenen Lesung in Austin kennengelernt hatte.

Neben dem Inhalt war meinem Vater die Buchgestaltung sehr wichtig und ein zentrales Anliegen. Die Nachtmaschine-Bücher haben eine eigene Ästhetik. Der Schriftsteller Rolf Lappert, der mit vier Titeln im Verlag Nachtmaschine vertreten ist – den beiden Romanen «Folgende Tage» (1982) und

«Passer» (1984) sowie den beiden Gedichtbänden «Die Erotik der Hotelzimmer» (1982) und «Im Blickfeld des Schwimmers» (1986) –, absolvierte zuerst eine Ausbildung zum Grafiker und war für die Gestaltung einiger Nachtmaschine-Bücher zuständig. Für den Buchumschlag von «Das Gesicht das hinter den Einschusslöchern erscheint» verwendete Lappert eine Zeichnung des Basler Malers und Zeichners Max Kämpf (1912–1982).

In der Folge des Militärputsches am 11. September 1973 in Chile flüchteten viele vor der Militärdiktatur unter Augusto Pinochet. Die Anhänger des zuvor amtierenden sozialistischen Präsidenten Salvador Allende mussten unter der Militärjunta Verfolgung, Mord und Folter fürchten. Carlos Droguett (1912–1996), einer der bedeutendsten chilenischen Schriftsteller der zweiten Hälfte des 20. Jahrhunderts, ging 1975 nach Bern ins Exil, da er unter Pinochet unter Verfolgung zu leiden hatte. Auch der Dichter Maria Macias musste in die Schweiz ins Exil flüchten. Er veröffentlichte u. a. Gedichte in der 1977 erschienenen Anthologie «Los poetas chilenos luchan contra el fascismo».

Von Carlos Droguett erschien 1982 im Verlag Nachtmaschine die Erzählung «Die Einsamkeit der Anderen», die erstmals 1976 unter dem Titel «Sobre la ausencia» erschienen ist. Die Erzählung beschreibt den Feiertag Tedeum am 18. September in der Kirche Gratitud Nacional in Anwesenheit von ehemaligen chilenischen Staatspräsidenten und den Putschisten unter Augusto Pinochet. Ein hochbrisant politisches Buch, das sich mit der neueren Geschichte Chiles beschäftigt.

Politische Literatur ist ein Teil des Nachtmaschine-Programms, und somit sind diese Titel Dokumente des Zeitgeschehens.

Im gleichen Jahr wie «Die Einsamkeit der Anderen» veröffentlichte mein Vater «Zeit der Rückkehr, Gedichte / Tiempo de regreso, poemas» des 1937 geborenen Chilenen Mario Macias. Die zweisprachige Ausgabe versammelt Gedichte, die mitunter mit leisen Tönen auf die politische Situation in Chile Bezug nehmen.

Gedichte aus dem indianischen Widerstand, Literatur von im Exil lebenden Chilenen, das sind die weltliterarischen Beiträge im Verlag Nachtmaschine.

1979 veröffentlichte mein Vater «Reden und andere Reden, Politik und Sprache» von Dieter Fringeli. Aktueller könnte ein seit Langem dringlich zu überdenkendes Thema nicht sein. Wer wie Fringeli das Verhältnis von Politik und Sprache untersucht, wird von der Macht, der Gefahr, die vom Missbrauch der Sprache ausgeht, sprechen müssen. Das Buch versammelt zwölf Reden zu diesem Thema. Fringeli sieht sich als Schriftsteller in der Pflicht, den unbewussten Sprachgebrauch zu unterbinden, wo nötig.

Nichts konnte meinen Vater mehr verärgern als die Ungenauigkeit, das Verwässern und Entschärfen der Sprache. Mit seiner verlegerischen Tätigkeit hat er sich dafür eingesetzt, der Sprache ihre volle Bedeutung und Wirksamkeit wiederzugeben, ihren Ernst und ihren Einfluss auf die Gesellschaft. Damit ist Sprache politisch und haftbar. Die aus politischer Unterdrückung entstandene Literatur, die mein Vater veröffentlicht hat, soll davon Zeugnis ablegen.

Zwei Jahrzehnte später verlegte mein Vater noch drei realpolitische Bücher: «Die lange Legislaturperiode» von Markus Kutter (1998), «Ich habe gesprochen» von Markus Ritter (2000) und «Wortmeldungen» von Helmut Hubacher (2002). Das sind tagebuchartige Texte über Lokalpolitik, die aber auch in die Weltpolitik ausgreifen. Besonders in «Wortmeldungen» versteht es das politische Urgestein Helmut Hubacher,

Schweizer Politik mit weltpolitischen Entwicklungen zu verbinden, etwa zu Themen wie Ölpreis, Weltbank, Hillary Clinton oder Tschernobyl.

Mein Vater sah sich als Demokrat, ging regelmäßig abstimmen und hat sich in den Achtzigerjahren politisch bei der «Grünen Alternative» engagiert. Er war z. B. gegen die Buchpreisbindung, die in der Schweiz 2007 aufgehoben wurde. Zur SVP, einer schweizerischen rechtsnationalen Partei, meinte er, sie sei die «Schweizerische Verlogenheits-Partei». Aber mein Vater teilte auch gegen links aus, wenn er von sozialistischen Kapitalisten sprach, die ihm in Basel das Leben schwer machten. Nichts war ihm fremder als protestantischer Geiz.

FÜNF NACH ZWÖLF – NA UND? SIND WIR DIE ENDZEIT-GENERATION?

Es gibt Begriffe, die in einer Art und Weise ein Jahrzehnt prägen können, dass sie in das kollektive Begriffsbewusstsein eingeschrieben werden. Bei ihrer Nennung lassen sie diese Zeit politisch, kulturell und sozial wiederaufleben. Das Jahr 1983 ist ein Jahr mit Begriffsbildungen, die insbesondere die Reaktion auf Umweltveränderungen, die Hochphase des Kalten Kriegs und die Gründung neuer politischer Bewegungen widerspiegeln. Im Zusammenhang mit der fortschreitenden Umweltzerstörung durch den Menschen traten zum ersten Mal die Begriffe «Waldsterben» und «saurer Regen» ins öffentliche Bewusstsein. Die Waldsterben-Debatte war zudem ein Novum in der Umweltpolitik, das über die Landesgrenzen hinweg diskutiert wurde und den gesamten europäischen Kontinent erfasste.

Gut erinnere ich mich, als das Buch «Fünf nach zwölf – na und? Sind wir die Endzeit-Generation?» im Verlag Nachtmaschine erschienen ist. Stolz zeigte es uns mein Vater, nachdem er es fertiggestellt hatte. Meine Schwester und ich lebten mit der Entstehung der Bücher, und die originelle Covergestaltung war auch für uns Kinder interessant. Wir lasen die Bücher zwar nicht, waren aber bis zu einem gewissen Grad Zeugen des Herstellungsprozesses. Dazu gehörten Gespräche mit den Autoren, die zu uns in die Wohnung kamen, die Buchgestaltung, für die mein Vater mit einem Lichtprojektor arbeitete, wo er die Textteile und Bilder zusammensetzte, und nicht zuletzt die IBM-Composer-Schreibmaschine, auf der die Texte gesetzt wurden. Das digitale Zeitalter steckte noch in den Kinderschuhen, und vieles war noch Handarbeit.

Auf dem gelben Cover steht in roter Farbe und großen Lettern «Fünf nach zwölf – na und?», darunter in kleinerer schwarzer Schrift «Sind wir die Endzeit-Generation?» und über dem Titel ein starr geöffnetes Auge (Umschlaggestaltung von Rolf Lappert). Es waren für mich als Kind eindrückliche Bilder und Sätze. Die Achtzigerjahre war die Zeit der No-Future-Generation. Eine Generation, die sich angesichts der Weltlage einem ungeheuren Pessimismus ausgesetzt sah. So ist der Begriff der Endzeitgeneration aktueller denn je: Vierzig Jahre später sieht sich wieder eine Generation einer Umweltsituation gegenüber, die fataler nicht sein könnte.

Das Buch ist eine Sammlung von literarischen Texten, u. a. von Kurt Marti, Niklaus Meienberg, Reto Hänny, und Gesprächen, u. a. mit Sergius Golowin, Ursula Koch, Paul Parin, Hans A. Pestalozzi und Theo Pinkus, die der Schweizer Publizist Jürgmeier geführt hat. Jürgmeier ist auch der Herausgeber des Titels. «Was halten Sie von den Prognosen, unsere Welt gehe in den nächsten Jahren oder Jahrzehnten durch ökologische oder kriegerische Zerstörung zugrunde?» ist die bei allen Gesprächen von ihm gestellte Einstiegsfrage. Die Gesprächspartner sind Repräsentanten des schweizerischen Undergrounds, der politischen Friedensbewegung, Frauenbewegung und der intellektuellen Linken.

Die schweizerische Gegenkultur der Achtzigerjahre äußerte sich offenbar kulturell subversiv oder extrem destruktiv. In diesem politischen und gesellschaftlichen Klima war für meinen Vater die kulturelle Betätigung eine Möglichkeit, diesem gesellschaftlichen Konformismus zu entkommen und diesem etwas entgegenzusetzen. Der Widerspruch von konformistisch-schweizerischem Geist und Freigeist zeigte sich eben in diesen Repräsentanten des Undergrounds. Dazu gehörte auch das Selbstverständnis einer politischen Haltung.

Der Zürcher Verleger und Buchhändler Theo Pinkus (1909–1991) war der Inbegriff des politischen Denkers. 1975 gründete er den Limmat-Verlag, wo er seine «Geschichte der Schweizerischen Arbeiterbewegung» herausgab. Außerdem begründete er mit seiner Frau, der Schweizer Frauenrechtlerin Amalie Pinkus, auf der Basis seiner Privatbibliothek eine «Studienbibliothek zur Geschichte der Arbeiterbewegung». 1989 wurde die «Fichenaffäre» bekannt, ein Beispiel des Überwachungsstaats gegen Ende des Kalten Kriegs, der einen Skandal der neueren Schweizer Geschichte auslöste. Dabei handelt es sich um auf Hunderttausenden von Karteikarten festgehaltene Informationen über Personen aus dem linkskommunistischen Spektrum. Theo Pinkus erhielt den ironischen Titel «Fichenkönig», weil sein Dossier über 250 Karteikarten umfasste. Es ist naheliegend, dass auch über meinen Vater Fichen vorlagen.

Ich kann mich an den Moment erinnern, als es bekannt wurde und mein Vater eine Einladung erhielt, seine Fichen einzusehen. Er fand es eher zum Lachen, aber im Grunde handelte es sich um Stasi-ähnliche Methoden in einer Demokratie.

Die Politikerin Ursula Koch ist mit einem Interview in «Fünf nach zwölf – na und? Sind wir die Endzeit-Generation?» vertreten. Erinnerungswürdig bleibt ein Fernsehauftritt von 1981 in der Sendung «Club 2» über das Thema «Strahlende Zukunft» mit dem Anwesenden Edward Teller, dem «Vater der Wasserstoffbombe». Seine pragmatische und technokratische Rechtfertigung dieser Bombe ließ Ursula Koch die Tränen in die Augen steigen.

Das auf dem Buchcover abgebildete erschrocken aufgerissene Auge, Tatortauge, sieht uns heute noch bedrohlicher an als damals, weil es noch schlimmer gekommen ist, der Kalte Krieg heiß geworden ist, die nukleare Bedrohung noch größere Ausmaße angenommen hat. Der Zynismus der Zeit geht mit den Prognosen in diesem Buch einher. Die Endzeitgeneration kehrt offenbar alle Jahrzehnte wieder.

KUNST UND KATASTROPHE

Das Jahr 1986 ist von globalen Großereignissen geprägt, welche die Welt für immer verändern sollten. Am 28. Januar 1986 explodierte 73 Sekunden nach dem Start die Raumfähre Challenger in 15 km Höhe vor einem Millionenpublikum. Alle sieben Besatzungsmitglieder kamen dabei ums Leben. Die sich verzweigenden Schwaden des pulverisierten Raumschiffs haben sich ins kollektive Bewusstsein eingebrannt und das Vertrauen in die Raumfahrttechnik fragwürdig gemacht. Nur drei Monate später, am 26. April 1986, ereignete sich in der Ukraine nahe der Stadt Prypjat der atomare Super-GAU, der größte anzunehmende Unfall in der Geschichte der Atomenergie. Bei einer Reaktorhavarie setzte eine vollständige Kernschmelze ein. Bei den folgenden Explosionen wurde die tonnenschwere Abdeckplatte des Reaktorkerns abgesprengt und das Dach aufgerissen, durch das große Mengen von radioaktivem Material entweichen konnten. Die radioaktive Verseuchung nahm ihren Lauf.

Diese Serie von Katastrophen fand einen weiteren unglücklichen Höhepunkt am 1. November 1986 in der Schweiz. Eine Lagerhalle des Chemiekonzerns Sandoz im Industriegebiet Schweizerhalle bei Basel, wo tonnenweise Pflanzenschutzmittel gelagert wurde, geriet kurz nach Mitternacht in Brand. Durch die Löscharbeiten flossen 30 bis 40 Tonnen kontaminiertes, aus Insektiziden bestehendes Löschwasser in den Rhein ab. In der Folge setzte ein großes Fischsterben bis in den Mittelrhein ein. Die gesamte Aalpopulation wurde auf 400 km Länge ausgelöscht. Der Rhein färbte sich aufgrund eines Farbstoffs rot.

Wir hörten die Megafone in der Nacht. Irgendwo in der Ferne ertönten vereinzelt Alarmsirenen. Polizeiautos patrouillierten durch die Straßen. Über Lautsprecher forderte die Polizei die Menschen auf, im Haus zu bleiben, die Fenster zu schließen und das Radio einzuschalten. Ein unangenehm beißender Geruch lag in der Luft. Wir schalteten das Radio ein. In Schweizerhalle sei ein Großbrand ausgebrochen, aber man wisse nicht, ob die entwichenen Giftstoffe lebensbedrohlich seien. Mit Klebestreifen machten wir die undichten Fugen der Fenster dicht. Immer wieder die Megafon-Stimme in den Straßen.

Am Morgen um sechs Uhr in der Früh hörten wir, dass der Brand gelöscht sei. Eine Stunde später verkündete der damalige Regierungspräsident Hans-Rudolf Striebel, dass man zur Schule gehen müsse. Die Bilder der Katastrophe waren auch im Fernsehen zu sehen. Ein riesiger Feuerball, der sich eruptiv in den Nachthimmel wölbt und diesen unheimlich erhellt. Dann die ersten Bilder des rot gefärbten Rheins. Unter dem Eindruck dieser Schreckensbilder schien es den Zuständigen zumutbar, die Kinder in die Schule zu schicken. Der Unterricht fand statt, aber es gab kein anderes Thema als die Katastrophe der Nacht. Unmittelbar nach Schulschluss gingen wir alle an den Rhein, um ihn rot gefärbt zu sehen.

Der verordnete Schul- und Arbeitszwang war der Anfang einer Reihe von schlechtem Krisenmanagement und volksferner Kommunikation, was politische Konsequenzen nach sich ziehen sollte. Eine Woche nach dem Chemieunfall führte eine erste Großdemonstration mit 10 000 Teilnehmern das Versagen der Chemie vor Augen. «Herr, vergib ihnen nicht, denn sie wissen, was sie tun», «Heute die Fische, Morgen wir» oder «Tschernobale ist über-Aal» war auf den Transparenten zu lesen.

«Kunst und Katastrophe / Zur Lage» (1986) heißt ein Gemeinschaftswerk von Künstler/-innen und Autor/-innen, die unter dem unmittelbaren Eindruck der Sandoz-Chemiekatastrophe einen künstlerischen Beitrag geliefert haben. Der Kunstband erschien noch im selben Winter im Verlag Nachtmaschine, mit Beiträgen u. a. von Rut Himmelsbach, Jürg Stäuble, Silvia Bächli, Ueli Michel, Ludwig Stocker, Anselm Stalder, Urs Widmer, Hans Ulrich Reck, Aurel Schmidt und Gerd Imbsweiler. Ganzseitige Abbildungen machen den Kunstband zu einem authentischen Zeugnis der Katastrophe. «Kunst und Katastrophe» ist ein weiteres Beispiel für das verlegerische Engagement meines Vaters, der auch spartenübergreifend Leute für ein Projekt gewinnen konnte.

In der Folge der Chemiekatastrophe kam es zu Neugründungen politischer Parteien. Man hat das Fehlverhalten der Verantwortlichen in der Chemie zur Kenntnis genommen und war zur Überzeugung gelangt, dass man dieser Verantwortungslosigkeit etwas entgegensetzen musste. Die damalige Partnerin meines Vaters lud den Biologen und Politiker Markus Ritter, den Soziologen Lucius Burckhardt (1925–2003) und dessen Frau, die Objektkünstlerin Annemarie Burckhardt (1930–2012), zum Abendessen ein. Nach dem Essen sprachen sie über das Konzept einer Partei-Neugründung. Ich erinnere mich an diese Gespräche in gemütlicher Runde am Esstisch. So kam es 1986 zur Gründung der «Grünen Alternative Basel».

In einem Nachruf auf meinen Vater heißt es auf der Homepage gruene-bs.ch:

Am 10. Oktober ist der Schriftsteller und Literaturaktivist Matthyas Jenny gestorben. Matthyas war unter anderem bekannt als Gründer des Literaturfestivals in Basel. Hingegen ist heute nur wenigen in Erinnerung, dass Matthyas 1987 zusammen mit Markus Ritter, Marianne Meyer, Sabine Rasser, Helene Geiser und Lucius Burckhardt auf der Liste der «Grünen Alternative Basel» (GAB) für den Nationalrat kandidierte. Es war damals das erste Mal, dass sich die GRÜNEN an den Nationalratswahlen beteiligten. Die Parole «Für die, wo z'Basel wänn wohne blybe» war eine Anspielung auf die Katastrophen von Seveso und Schweizerhalle.

Matthyas war nicht nur in seiner literarischen Tätigkeit ein Rebell. In der GAB-Zeitschrift «Dr grüen Drugg» äußerte er sich unverblümt: «Eines ist klar. Solange die Betonchaoten in Basel das Sagen haben, solange wird diese Stadt unweigerlich absterben wie eine überdüngte Pflanze. Die professionellen Verführer und Zerstörer aus der bürgerlichen Politik und Wirtschaft setzen materielle Eigeninteressen über das Leben der Stadtbewohner.» Wir trauern um einen immer kritischen Zeitgenossen, mit dem wir ein Stück Weges gemeinsam gegangen sind.

Im ersten Todesjahr meines Vaters begegnete ich zufällig Markus Ritter auf der Straße. Wir gingen zusammen etwas trinken und sprachen über meinen Vater. Markus Ritter meinte, dass er als Verleger sehr wichtig für die grüne Bewegung gewesen sei. Er druckte u. a. die Parteizeitung «Dr grüen Drugg», Flyer usw. Wieder einmal zeigt es sich, dass dort, wo politischer und künstlerischer Inhalt reproduziert wird, das Zeitgeschehen maßgeblich bestimmt wird. Markus Ritter war ein echter Gefährte meines Vaters und sprach nur in lobenden Tönen von ihm.

ZOË

NACHTMASCHINE

1977 zogen wir von Carona nach Basel, wo mein Bruder eingeschult wurde und ich in den Kindergarten kam. Zur Wohnung des Mietshauses an der Oetlingerstraße 157 gehörte auch eine Waschküche, wo die Rotaprint-Druckmaschine ihr neues Zuhause fand. Der Verlag Nachtmaschine wurde geboren sowie die gleichnamige Literaturzeitung.

Mein Vater hatte stets Druckerschwärze an den Händen, war aber immer weiß gekleidet, weiße Hose, weißes Hemd. Die Ärmel aufgekrempelt. Er roch nach Zigarettenrauch, Schweiß und Druckertinte.

Wichtiger als die Produktion eigener Texte war es für ihn nun, andere Talente zu entdecken und zu verlegen. Für Schriftsteller und Künstler im Allgemeinen unüblich, legte er nicht nur auf das eigene kreative Fortkommen wert, sondern interessierte sich von Anfang an und in hohem Maße dafür, was andere machten.

Am meisten hatte er für die Dichtung übrig. Schon als Kind bläute er mir ein, dass die Dichtung die Königsgattung der Literatur sei. Er meinte auch – und auch da hatte er recht –, dass sehr viele Menschen Gedichte schreiben würden, aber nur die wenigsten tatsächlich Dichter seien.

Er bekam unzählige Manuskripte zugesandt. Tag für Tag flatterten große orange Briefumschläge ins Haus, in denen sich manchmal Hunderte von Seiten befanden. Manchmal las er etwas vor und schüttelte den Kopf. «Entsetzlich», sagte er, «grauenhaft, ahnungslos», und stopfte es kurzerhand in den Müll.

Einer, der nicht im Müll landete, war Christof Meury. Es war meine erste Begegnung mit einem «Poète maudit». Ich erinnere mich daran, wie mein Vater und er über ein Manuskript gebeugt dasaßen. Mein Vater hatte einen Bleistift in der Hand, mit dem er manchmal etwas anzeigte oder umkreiste.

Sie redeten leise, wie Verschwörer. Ich durfte das Manuskript nicht berühren, mein Vater trug es wie einen heiligen Gegenstand durch die Wohnung und legte es für mich unerreichbar weit oben auf ein Regal.

Christof Meury kam noch ein paarmal zu uns. Gemeinsam besprachen sie den Umschlag für das Buch «Missglückte Anpassung». Auf dem gelben Umschlag waren vier Figuren in einer Reihe zu sehen, die vierte stand auf dem Kopf.

Meury hatte ein verhaltenes Lächeln, eine sanfte, fast flüsternde Stimme, seine Augen hinter der Nickelbrille waren groß wie Kinderaugen, aber er stopfte sich eine Pfeife wie ein älterer Herr. Mein Vater organisierte eine Lesung mit ihm zur Eröffnung der Gartenausstellung Grün 80. Er war stolz auf seine Entdeckung. Christof Meury war Pazifist, verweigerte den Militärdienst, kam in die Psychiatrie und wurde mit Medikamenten vollgestopft.

Er war 23 Jahre alt, als er sich auf der Mittleren Brücke in Basel mit Benzin übergoss und anzündete. Sein Suizid muss meinen Vater schwer erschüttert haben. Auch noch Jahrzehnte später sprach er von Christof Meury als seiner wichtigsten Entdeckung. Er dürfte sich als sein Verleger auch verantwortlich für ihn gefühlt haben.

Zoë

Bei den Aufräumarbeiten fand ich folgende schreibmaschinengeschriebene Seite. Das Blatt ist nicht datiert, aber es ist wohl unmittelbar nach Meurys Tod entstanden. Es scheint einen Traum zu beschreiben und gibt nicht nur Einblick über den schmerzhaften Verlust, sondern ist auch ein seltenes und eindrückliches Dokument über das komplexe und delikate Verhältnis zwischen Verleger und Dichter.

Der Verleger sah sofort, als er sich auf seinem Holzstuhl umdrehte, dass es dem eintretenden Dichter schlecht ging. Sehr schlecht. Dem Dichter brannten die Haare, die Haut, die Kleider. Der Dichter verbrannte vor seinen Augen, während er hilflos danebenstand und nichts zu löschen hatte. Der Dichter fragte, ob er sich setzen dürfe, ans Fenster auf den Boden oder auf die Türschwelle, oder ihm beim Kochen zuschauen könne. Dem Verleger, dem die Flammen des Autors den Atem und die Sprache verbrannten, wies ihn mit einer hilflosen Geste an, sich das auszuwählen, was er sich wünsche. Der Dichter setzte sich auf den Fußboden vor dem Fenster, verbarg sein Gesicht in den Armen und rührte sich zwei, drei Stunden nicht mehr, eine Ewigkeit für ein kurzes Leben. Staub fiel nieder, Moos wuchs, vieles starb, einiges wurde geboren, nichts geschah. Der Verleger saß auf seinem Holzstuhl und sah den Dichter an. Lichterloh brannte er auf dem Fußboden, alles schrie, heulte, klagte in die Mittagssonne, die durchs geschlossene Fenster drang. Der Dichter brannte stundenlang. Der Verleger wollte den Dichter fragen, ob er ihm helfen könne, aber die lodernden Flammen verhinderten ein Sprechen.

Wie aus einem Feuerwerfer schleuderten Flammen gegen den Verleger, der sich kaum zu rühren wagte. Als der Dichter zu einem Häufchen Asche verbrannt war, stand er auf, wischte sich übers Gesicht, reinigte seine beschlagene Brille am Pullover und fragte den Verleger, ob er seine Gedichte lesen wolle. Der Verleger las die Gedichte, machte zwei, drei, vier Bücher von diesem Dichter (dem einzigen, dem der Verleger bisher begegnet war). Kurz darauf wurde die Urne des brennenden Dichters in eine kleine Grube gelegt. Als die Trauernden zur Kirche eilten, blickte der Verleger, nun allein auf der Friedhofhöhe, auf das glühende Grab.

Mein Vater nahm mich mit, als wir Christof Meurys Eltern besuchten. Es ging um seinen literarischen Nachlass. «Ein großes Talent, ein großes Talent», sagte er immer wieder zu ihnen, als ob er es nicht glauben konnte, und wischte sich mit der Hand übers Gesicht: «So jung. So jung.»

Am 28. März 1987 erschien Meurys Gedicht zum «Tag der Poesie» auf der gesamten Seite 3 zum Tagesthema in der «Basler Zeitung». Nie wieder, weder davor noch danach gab eine Zeitung in dieser prominenten Weise eine ganze Seite für ein Gedicht her. Mein Vater schoss Gedichte wie Pfeile mitten ins Herz der Gesellschaft und es gelang ihm, dass für einmal die Worte eines jungen Dichters wichtiger waren als die News.

Ein anderer Dichter, den mein Vater zu dieser Zeit entdeckte und verlegte, war Manfred Gilgien. Ich erinnere mich an den Titel seines Gedichtbandes «Straßen-Tango». Tagelang saß Gilgien rauchend und trinkend bei uns in der Küche. Es war,

Zoë

christof meury
die gärten in uns blühen noch

ich glaube, die gärten, die in unsern
herzen wachsen, werden wieder
blühn -, wie kleine sonnen seh ich
im grün die hellen blumen
in allen farben leuchten,
ich sehe wie in dichten schwärmen
unsere gedanken, unsere träume
über die wipfel starker bäume
fliegen - bäume, die mit grossen,
kräftigen wurzeln dunkle erdschollen umklammern,
die noch ein wenig nach dem
letzten grossen regen riechen.

ich glaube, all die wege in uns
stehn noch offen,
sie winden sich hohe berge empor, führen
durch die dichten wälder, die an ihren flanken
wachsen.

ich glaube DENNOCH
jeder hat irgendwo,
tief in seinen träumen eine weite,
eine freie, eine neue welt.

ich seh das alles auch:
markenartikel türmen sich vor dem horizont,
stapeln sich zu grossen quader-kulissen
aus glas und chromstahl
- hallen voll neonlicht und stampfenden maschinen
fressen sich in unsern schlaf und in
unsere tage.
im dunst
verschwinden einige bäume, schwarz und kahl ...
ich seh die kranken krähen in den ästen hängen,
stumm mit zerzaustem gefieder
wie verkohltes papier
im geäst, das wie hinter rostigen gittern,
mond und sonne gefangen hält.

ich glaube DENNOCH,
in uns blühen noch die gärten,
sie werden blühen
und sie sollen auch nach draussen früchte tragen,
an der arbeit, in der welt, in den städten, in
den kalten schulen, auf dem land und an den meeren.

glaub mir,
jeder trägt in seinem viel zu verschlossenen herz
ein stück welt umher -
und alle diese welten sollten wir zusammentragen,
mit ihren feldern,
himmeln, wäldern, wiesen, ihren feuern und vulkanen,
ihren flüssen,
ihren seen, ihren windgepeitschten meeren, ihren sonnen
und mit ihren monden,
mit ihrer liebe, ihrem licht.

und spendet auch jeder mensch
nur eine
handvoll erde - eine rose, die noch
wurzeln kann,
nur einen kleinen jungen baum,
der noch blätter, blüten tragen kann,
aus jeder kleinen welt
würd' ein stück der grossen,
die jetzt noch gequält, genau wie
ein versklavter, wie ein untertan
in schweren ketten leidet.

wer zerreisst sich nie die glieder,
wer zerschrammt sich nie
das gesicht
in diesem gewirr von stacheldraht
zwischen den trümmern
alter, schöner häuser, wo gestern noch
menschen lachten, menschen lebten?

ich glaube
DENNOCH
an die tausend wilden
gärten
in uns allen ...
manchmal, da scheint ein stückchen garten
durch ein lächeln,
durch die ausgelassenheit der feste,
durch worte
die wir manchmal sprechen -

und schlägt mir auch laut
und quälend ein WOZU
die ohren taub,
ich glaube DENNOCH,
die gärten in uns werden blühen,
bäume werden wie mit menschenhänden
in dunkle, feuchte erde greifen
die noch
ein wenig
nach dem
letzten
grossen regen
riecht.

(Aus: Am Rande und dazwischen, Gedichte, 1980.)

Zum 9. Tag der Poesie, 28. März 1987. Christof Meury, geb. 1960 in Basel, gestorben 1983.
Gedichtbände: Am Rande und dazwischen, 1980; Missglückte Anpassung, 1982; Jahr der Kälte, Gedichte aus dem Nachlass, 1985. Alle Verlag Nachtmaschine Basel.

Außerordentliche Medienpräsenz: ein ganzseitiges Gedicht von
Christof Meury als Tagesthema auf Seite 3 in der «Basler Zeitung» zum
«Tag der Poesie» am 28. März 1987.

als ob er am Stuhl festklebte. Irgendwann wurde es meinem Vater zu viel, und er sagte ihm, er solle endlich nach Hause gehen und schreiben. Mein Vater war nicht nur sein Verleger, sondern auch zeitweise sein Vormund. Weil Gilgien aus psychischen Gründen arbeitsunfähig war, lebte er von einer Invalidenrente. Einmal nahm mein Vater mich in seine Wohnung mit. Es war verschmutzt und dunkel, überall standen Flaschen herum. Plötzlich kam Manfred Gilgien schwankend aus dem Dunklen wie aus einer tiefen Höhle hervor, die Haare zerzaust, mit von Alkohol und Schlaf verklebten Augen. Mein Vater klopfte ihm auf die Schulter und redete ihm gut zu. Er gab ihm Geld, das er, wie Gilgien ihm versprechen musste, nicht für Alkohol ausgeben durfte. Ich half meinem Vater, die leeren Flaschen aus der Wohnung zu tragen.

Irgendwann hatte Manfred Gilgien eine Infektion am Auge. Da er dem Rat der Ärzte und meines Vaters partout nicht folgte und sich zu spät behandeln ließ, verlor er das Auge, trug fortan eine Augenbinde und sah aus wie ein Pirat. «Der Gilgien kommt!», rief mein Vater, wenn er auftauchte, damit ich wegrennen und mich verstecken konnte, denn ich fand ihn unheimlich, und meistens war er sturzbetrunken. Manfred Gilgien starb mit 45 Jahren.

Der Schriftsteller Hansjörg Schneider schreibt in der Neuauflage von «Straßen-Tango» im Vorwort:

Wenn ich eine Anthologie der Deutschschweizer Lyrik aus dem 20. Jahrhundert zusammenstellen würde, hätte Manfred Gilgien einen Ehrenplatz darin, zusammen mit Rainer Brambach, Alexander Xaver Gwerder, Hans Morgenthaler und Robert Walser. 1978 hat der Verlag Nachtmaschine ein Bändchen mit dem Titel Straßen-Tango herausgegeben, das Manfred Gilgiens kurze Prosatexte und die Gedichte enthält.

Zoë

Ein zauberhaftes Buch schon damals, ein zauberhaftes Buch noch heute. Es stehen Gedichte darin, die nicht alt zu werden scheinen. Im Gegenteil, sie leuchten noch heller als vor 24 Jahren. [...] Man müsste einmal die Geschichte der Deutschschweizer Dichtung des 20. Jahrhunderts unter dem Aspekt der psychiatrischen Anstalt schreiben. In diesem Buch würden unsere besten Dichter vorkommen. Auch Manfred Gilgien war eine Zeitlang im Baselbieter Hasenbühl interniert. Die Irrenanstalt als Ort der Poesie, das ist helvetische Wirklichkeit. [...] Manfred Gilgien ist ein lyrischer Erfinder. Er hat seine Gedichte neu erfunden. Er hat jedes Wort bezahlt [...] Ich finde, wir sollten auf einen so wunderbaren Dichter nicht verzichten.

Matthyas beim Verteilen von Gedichten. Bild: Claude Giger, Schweizerisches Sozialarchiv, Zürich.

Doch Bücher zu verlegen war meinem Vater nicht genug. Er wollte die Gedichte auf die Straße und unter die Menschen bringen. «Die Poesie gehört für mich auf die Straße.» Gedichte nicht nur für ein paar wenige Experten und Kenner, sondern Poesie für alle.

1979 gründete er den «Tag der Poesie». In einem Rundbrief, dem er Druckvorlagen für Gedicht-Flugblätter beilegte, rief er Schriftsteller dazu auf, ihm Gedichte zu schicken. Ihm schwebte vor, eine Gegenwelt zu schaffen, eine Art Mobilmachung der Dichter. «Denn die Poesie hat doch ihren Platz in dieser brutalen, technisierten, rein materiell eingestellten und völlig verängstigten Welt.»

Am ersten «Tag der Poesie» wurden über 12 000 Flugblätter verteilt. Ich sehe noch, wie mein Vater am Boden sitzend um sich herum sternförmig die Gedichtflugblätter auslegt.

Tatsächlich geht das, was mein Vater mit dem «Tag der Poesie» auf die Beine stellte, in Richtung Aktionskunst; und wie er den öffentlichen Raum für Poesie beanspruchte, hatte etwas Rebellisches.

Zum zweiten Tag der Poesie stand in der Aargauer Zeitung:

Der letztjährige Tag der Poesie war ein großer Erfolg. Passanten schrieben Gedichte von den aufgestellten Plakaten ab und rissen sich die Gedichtflugblätter förmlich aus den Händen. Allerdings ist es heute nicht mehr möglich, Gedichte von vorbeirasenden Lastwagen aus in die Massen zu werfen, wie das der Bund proletarisch-revolutionärer Schriftsteller (BPRS) in den Dreißigerjahren in Berlin zu tun pflegte. Oder aus Flugzeugen ins Maquis, wie die französischen Widerstandskämpfer gegen den Faschismus. Und doch soll die Poesie wieder ins Leben zurückgeführt werden, nachdem sie nach zwei Jahrhunderten idealistischen Geniekults immer weiter vom Alltag des Volkes in die scheinbare Sicherheit des Elfenbeinturms entführt worden ist.

Zoë

Plakataufbau, Basel «Tag der Poesie», 1979. Bild: privat.

Verteilen von Gedichtflugblättern im Tram. Bild: privat.

Mein Vater war das Gegengift zur subventionierten beschaulichen Schweizer Deutsch-Lehrer-Literatur, und es dürften sich einige gewundert haben, wie er es in kürzester Zeit schaffte, seine Ideen ganz ohne Budget und Fördergelder schweizweit zu verbreiten. Da wir keinen Fernseher besaßen, schauten wir den Bericht über den «Tag der Poesie» bei unserer Großmutter. Die «Tagesschau» zeigte, wie Menschen in

Altenheimen und Krankenhäusern Gedichtflugblätter verteilen. Überall in der Stadt standen Gedichtplakate, die mein Vater in Betonsockel gestellt hatte, an Tramhaltestellen, in Fußgängerzonen, in Parks. Laut rufend zeigten mein Bruder und ich auf den Bildschirm, als unser Vater für ein Statement erschien. «Es sind nur Sekunden», sagte er, aber für uns war es aufregend, ihn im Fernsehen zu sehen.

Damals waren in meiner kindlichen Vorstellung Schriftsteller Menschen, die am «Tag der Poesie» aus ihren dunklen Höhlen hervorkommen ans Licht, um ihre Worte, die sie in der Einsamkeit geschrieben hatten, mit den Menschen zu teilen. Gedichtplakate wie Schutzschilder vor sich hertragend, denn Dichter, so dachte ich mir, sind Menschen, die sich schützen müssen. Mein Vater war ihr Beschützer, und wegen ihm waren sie plötzlich überall: im Radio, im Fernsehen, in den Zeitungen. Medien in der ganzen Schweiz berichteten, und in vielen Städten waren Menschen inspiriert und machten nach, was mein Vater in Basel vormachte.

1981 pflanzte er den ersten «Baum der Poesie» im Kannenfeldpark. Ich erinnere mich, wie er mit einer Schaufel die Erde aushob, um eine junge Birke einzupflanzen. Meine ganze Kindheit hindurch sah ich meinen Vater Bäume pflanzen, Gedichte verteilen, rennen, diskutieren, telefonieren, drucken, kochen, schreiben. Er war ein Feuerball, der alles um ihn herum entfachte; permanent stürmten jetzt Menschen auf ihn ein und wollten etwas von ihm, und manchmal wurde es zu viel, und dann stampfte er mit dem Fuß auf und brüllte, man solle ihn endlich in Ruhe lassen.

Nicht vergessen werde ich die Stimme meines Vaters, wenn er das Poesietelefon besprach: «Hier spricht das Jenny'sche Poesietelefon», darauf folgten ernst gesprochene Worte, und es schien, als wären die Pausen zwischen den Zeilen mindestens so wichtig wie das Gesagte selbst. Dann kam das Spulgeräusch des Kassettenrekorders, und mein Bruder und ich waren ganz still, hielten den Atem an, und es war, als schickte er von unserer Wohnung geheime Nachrichten in die große weite Welt hinaus.

Verteilaktion am Barfüßerplatz. Bild: privat.

Gedichte für Passanten. Bild: privat.

Thomas Kraus neben seinem Gedicht, 1979. Bild: privat.

«Baum der Poesie», 1982. Bild: privat

Der deutsche «Tagesspiegel» schrieb 1980 unter dem Titel «Der Poesie-Telefonist»:

Zoë

Es ist ein seltsames Unternehmen, das er da betreibt. Als Investition war ein Spezial-Telefonanschluss (1000 Franken) erforderlich. Gewinn wird keiner gemacht. Im Gegenteil, Jenny zahlt drauf. Aber der Lohn der Mühen bleibt nicht aus. «Seitdem ich das Poesie-Telefon am 1.11.1977 eingerichtet habe», versichert er mir in einem Gespräch untertreibend, «zähle ich täglich rund 100 Anrufe.» Die Anrufer bleiben anonym, aber manche schreiben auch. «Ich höre mir oft Dein Poesietelefon an, und es tut einem gut, auf solche Weise mitten im Tag Pause zu machen.» Ein anderer hat die Telefonnummer seiner Freundin zu Weihnachten geschenkt. Wieder ein anderer schreibt aus Kanada, dass «halb Quebec über das Lyriktelefon spricht».

Jahrzehnte später blickte er mit Wehmut auf diese Zeit zurück, in der es noch möglich war, ohne bürokratischen Aufwand etwas auf die Beine zu stellen.

In einem Notizeintrag von 2017 vermerkt er:

> Am Anfang war alles ganz einfach. Ein Telefonbeantworter mit einem 3-Minuten-Band und dann jeweils um Mitternacht, während die beiden Kinder schliefen, das Band mit Gedichten besprochen. Niemand redete drein, niemand reklamierte, niemand bestimmte, kein Verein, keine Sitzungen. Was spricht die tiefe Mitternacht: Gedichte - bis zu 200 Anrufe pro Nacht und Tag. Wie kann man sonst noch Gedichte verbreiten - Ach ja, mit einem Tag der Poesie, an dem man an die Passanten in der Stadt Gedichte verteilt, Tausende von Flugblättern am letzten Samstag im März ... Niemand redete drein, niemand reklamierte, niemand bestimmte,

kein Verein, keine Sitzungen. Hat alles prima funktioniert.

Nachdem er einen Programmierkurs bei IBM gemacht hatte, kaufte mein Vater eine Setzmaschine, einen Composer, auf dem er Texte druckfertig erstellen konnte. Das ständige Rattern der Schriftköpfe erfüllte die Wohnung.

In der Hammerstraße, nur wenige Schritte von unserer Wohnung entfernt, hatte er einen Laden, in dem man die Bücher kaufen konnte. Vom Schaufenster konnte man meinem Vater beim Arbeiten zusehen. Oft halfen mein Bruder und ich mit dem Versand, sorgfältig hefteten wir die Blätter mit den Talons zusammen, auf denen man die Bücher bestellen konnte, und schoben sie in Kuverts. An einen Slogan erinnere ich mich noch: «Es muss nicht immer Suhrkamp sein.» Ich half auch, Bücherpakete auf die Post zu tragen, meistens rennend, weil kurz vor Schluss. Es gab immer zu tun, und in der Wohnung war dauernd etwas los. Es klingelte ununterbrochen. Schriftsteller gingen ein und aus. Jörg Fauser wohnte zeitweise bei uns, William S. Burroughs saß Whisky trinkend in der Küche. Journalisten und Fotografen kamen, und überall sah ich in den Zeitungen und Magazinen, die in der Wohnung herumlagen, meinen Vater.

In einem Brief vom Juni 1980 an Meret Oppenheim teilte er ihr mit, dass er Interesse hätte, einen Gedichtband eventuell auch mit Zeichnungen von ihr herauszubringen. In einem ersten Brief sagte sie zu, teilte ihm dann aber mit, dass sie doch schon einen Vertrag mit einem anderen Verlag unterzeichnet hatte. Dafür schickte sie ein handgeschriebenes Gedicht aus Paris fürs Poesietelefon.

Zoë

> Meret La Roche-Oppenheim
> Zieglerstrasse 30
> CH-3007 Bern
> Tel. 031/25 75 95
>
> 11, Rue Beautreillis
> F-75004 Paris
> Tél. 88 73 92

Halt! gebietet er seinen Eseln,
Ohne einen Schritt zu viel.
Sie schlafen ein.
Und die Gräser, die Büsche
beugen sich unter den Strahlen
der Sonne und des Mondes,
freundlich winkt die Perlmutterblume.

Aus der versteckten Höhle
wälzt sich ächzend, krächzend
die Schlamm-Blut-Kotschlange
in den vorüberziehenden Bach
und löst sich dort auf.

Der Not gehorchend graben
die Wurzeln tiefer, und die
Vögel ziehen ins neu erschlossene
Zukunftsland.

Hell funkeln, aber drohend,
metallene Versprechungen.

Weil Edelmut selten
scheuen viele und spucken
in die Luft.
Tief unten glühen die Herzen.

M.O
IV. 1980

Gedicht von Meret Oppenheim für den «Tag der Poesie», 1980.

Manchmal fühlte es sich so an, als verlegte mein Vater nicht einfach Bücher, sondern es ginge um Leben und Tod. Die Druckmaschine war dauernd in Betrieb wie ein pumpendes Herz.

Der Journalist und spätere Theaterkritiker Reinhard Stumm schrieb in einem Artikel für den «Tages-Anzeiger» 1981:

Die Wohnung des Verlegers an der Oetlingerstraße 157 (im ersten Stock) ist winzig. Zwei Kinder sausen herum. Die Tochter (auf die Frage, ob sie ins Bett gehe, antwortet sie mit dem Waschlappen in der Hand «Dängg») bringt uns Kaffee. Der Verleger Matthyas Jenny sitzt in einem nicht mehr ganz modischen Sessel zwischen der Texterfassung und seinem Bett. Auf dem Bett sitze ich. Kaffee und Tassen stehen auf einer Holzkiste. [...] Von hier stammt er. Seit ewigen Zeiten. «Die Knechte waren immer vor den Herren da», lässt er mich wissen, als wir von dem Jenny-Wappen in seinen Büchern reden. «1388» steht da, und so lange gibt es seine Familie schon am Rheinknie. Er ist recht lakonisch. «Das Wappen ist nur, um zu zeigen, dass ich nicht ganz so dahergelaufen bin, wie ich aussehe.»

Die Tatsache, dass es eine Familienchronik gibt, hat er vor allem in den letzten Jahren seines Lebens immer wieder betont. Kürzlich fand ich im Verlagsarchiv ein Plakat, auf dem ein Flugzeug mit dem Wappen auf dem Heck zu sehen ist, mit dem Slogan: «Der einsame Flug über die Schweizer Literaturlandschaft». Das Wappen ist in allen ersten Nachtmaschine-Büchern zu finden, meistens auf dem Heckflügel einer DC 3, dem Logo, das er damals verwendete. Das Flugzeug, eine Reminiszenz an die Vergangenheit, als er mit seinem Vater bei der Balair gearbeitet hatte, und seine Reiselust, aber vielleicht auch seine Art, die Welt aus der Vogelperspektive zu betrachten.

Im Artikel betont Reinhard Stumm das starke Autarkiebedürfnis meines Vaters.

Das Wichtigste war es für ihn tatsächlich, selbstständig und autonom zu sein, und er ermunterte junge Schriftsteller, die keinen Verlag finden konnten, «druckt eure Sachen selbst».

Interessant ist die Tatsache, dass er, obwohl er sich selbst dezidiert im Underground verortete, von Anfang an die etablierten Mainstream-Medien faszinierte.

«Der Brückenauer», «Die Schweizer Familie», «Die Schweizer Illustrierte» und die damalige Frauenzeitschrift «Femina» brachten große Artikel. 1978 erschien er gar unter der Rubrik «Leute von heute» in der «Bunten». Heute kaum mehr vorstellbar, aber damals interessierte sich sogar der Boulevard für Lyrik. Doch nicht nur die Bücher der Nachtmaschine und der «Tag der Poesie» wirkten über die Schweizer Grenze hinaus, auch seine Texte stießen vermehrt auf Interesse. Benno Käsmayr vom MaroVerlag lud ihn ein, um ein Romanprojekt zu besprechen. In einem Leihauto fuhren wir nach Augsburg zum MaroVerlag, und ich merkte, dass dieses Treffen für meinen Vater wichtig war.

Trotz der Bekanntheit und des Erfolgs litt er unter chronischer Geldknappheit, die uns allen schwer zu schaffen machte. Mit zwei Kindern war es nicht leicht durchzukommen. Wir lebten auf dem Existenzminimum und zeitweise vermutlich darunter.

es dauert und dauert, aber es geht nicht mehr so schnell wie auch schon, mit meinem rheuma kann ich kaum den rechten arm bewegen, das alles wie mehr zunimmt, weil ich nur die zimmer meine kinder heizen kann, und in meinem die atemwolken mit zigarettenrauch vermischt an den feuchten wänden kleben … zum glück haben wir hier eine institution namens «winterhilfe», die heizöl gratis

anschleppen, damit die kinder zumindest nicht frieren müssen (was kein witz ist) ... und von der heilsarmee gibt's manchmal noch fressalien ... zwar laufen nachtmaschine, das poesie-telefon und mein name wie irre durch die gegend ... aber zu fressen gibt's kaum was ab. keine schweizer zeitung, die nicht schon mal was gebracht hätte ... und was bringt's ein??? ... berge von manuskripten, die ich schon lange nicht mehr lesen kann, geschweige denn zurückschicken, weil ich mir die briefmarken zusammenbetteln muss ... und all das vornehme dichtergetue rund um mich, die feuilletonisten, die netten fernsehleute, die ratlos im kalten zimmer stehen und nicht wissen, was sie nun eigentlich aufnehmen wollen, weil das poesietelefon genau 25×25×15 cm groß ist ... forget it ... also, ich nehme an, ich bin fähig dir innerhalb der nächsten wochen (?) die restlichen stories zuzuschicken, damit du dir was auswählen kannst ... city gab es ja nur in einer auflage von 300 ... also kann man da nicht von einer «verbreitung» reden ... und was das ganze ja in die länge zieht, ist ja, dass ich die stories erleben musste, damit ich sie überhaupt schreiben kann ... und noch was ... falls du doch kein buch machen kannst/willst/möchtest, dann schreibe mir frühzeitig, weil ich allen, fast allen in frage kommenden verlagen geschrieben habe, sie können mir kreuzweise und dass ich es lieber selber machen würde, als irgendwo zu kriechen ... für mich gibt es nichts mehr zu kriechen ... da bin ich schon zu weit unten ...
gruss

Brief vom 30.1.1978 an den Verleger des MaroVerlags, Benno Käsmayr

Zoë

Wenn mein Vater an der Schreibmaschine saß, dann wirkte es manchmal so, als schriebe er um sein Leben. 1983 erschien sein Buch «Highway-Junkie».

Auch wenn er sich zeitlebens für die Veröffentlichung und die Literatur anderer einsetzte, so schrieb er doch erstaunlich kontinuierlich an seinem eigenen Werk. Beim Durchkämmen des Archivs finde ich lauter Perlen. So auch dieses Gedicht, das 1980 in der «Basler Zeitung» erschien:

> mein Ziel
> da gibt es dichter die schreiben
> (wie es in den klappentexten und kritiken heisst)
> mit ziel und treffer
>
> und ich frage mich
> wer oder was bei diesen gedichten
> ziel und treffer sind
>
> (renne mal los und spring in einen abgrund
> oder spanne einen bogen und treffe ein luftloch)
>
> jedenfalls:
> ich habe in meinem schreiben kein ziel
> und treffen will ich niemanden
>
> auch bin ich kein sportler und kann an diesen
> schreib-rennen
> nicht mitmachen
>
> überhaupt:
> schiessen würde ich nur auf mich,
> bin (wenn schon) mein eigenes ziel
> und mein eigener treffer!

Als seine Freundin Mirjam bei uns einzog, mietete er für sie zusätzlich eine Wohnung im oberen Stock. Sie hörten auf dem Plattenspieler Chuck Berrys «Johnny B. Goode», und mein Vater machte den Ententanz. Er heiratete, ohne dass wir Kinder etwas davon mitbekamen, und annullierte die Heirat sofort nach der Hochzeitsreise nach Spanien. Daraufhin verschwand Mirjam aus unserem Leben. Als einziges Lebenszeichen schickte sie ihm noch eine Postkarte mit Palmen von der Hippie-Insel La Gomera. Wochenlang schaute mein Vater die Karte an, studierte sie von allen Seiten wie ein unlösbares Rätsel.

> Wie bereits vor drei Monaten, als sie sich nach mehrwöchiger Trennung in Barcelona getroffen hatten, bezogen sie auch diesmal ein Zimmer im Hotel Oriente an den Ramblas. Sie verlangten ausdrücklich eines der großen, nicht renovierten Zimmer aus der Jahrhundertwende im ersten Stock. Darin waren sie sich einig, dass es eines dieser Zimmer sein müsste. Sie führten das, was allgemein als «schwierige Ehe» bezeichnet wird. […] Jetzt stand er wieder, wie vor drei Monaten, am Fenster im Hotel Oriente und blickte auf die Ramblas […] Im düsteren Hotelzimmer packte sie ihre Tasche aus, versorgte die zwei, drei Blusen, die Jeans und die schwarze Lederjacke im Schrank. Er hörte, wie sie eine Steckdose für den Recorder suchte. Sie schleppte jeweils Dutzende von Musikkassetten mit, die sie schon am Morgen kurz nach dem Aufwachen mit voller Lautstärke hörte. Wenn er dann einen Hinweis auf die Lautstärke, die Nachbarn oder seine Ohren machte, waren sie bereits wieder in einer heftigen Auseinandersetzung. Sie warf ihm

seine verkalkten vierzig Jahre vor – «alter Langweiler, Anpasser» –, und er sagte ihr, dass sie mit ihren dreiundzwanzig Jahren wohl noch einiges an Toleranz und Verständnis lernen müsse, was sie mit höhnischem Gelächter beantwortete.
Aus der Kurzgeschichte «Hotel Oriente»

Die Verbindung mit Mirjam hatte unsere finanziell angespannte Situation noch zusätzlich verschlechtert, hatte er nicht nur die Reise und Hotels zu bezahlen, sondern auch auf ihren Wunsch eine teure Höhensonne und allerlei Cremes für ihre Akne angeschleppt, die jetzt unbenutzt und sinnlos in unserer Wohnung herumstanden.

Nach der Scheidung nahm mein Vater eine Stelle als Nachtfahrer für die Kiosk AG als Zeitungsauslieferer an. Mit einem Lastwagen fuhr er durch die ganze Schweiz und brachte die Zeitungen zu den Kiosken. In der Früh rief er von unterwegs aus einer Telefonkabine an, um meinen Bruder und mich für die Schule zu wecken. Mein Vater arbeitete jetzt Tag und Nacht. Ich habe ihn in dieser Zeit nie schlafen gesehen. Auf Fotos aus dieser Zeit hat er tiefe Augenringe. Nach neun Monaten als Zeitungsauslieferer brach er irgendwo mitten in der Nacht neben dem Lastwagen zusammen. Aus gesundheitlichen Gründen musste er den Nachtfahrer-Job aufgeben.

Als der Hausbesitzer der Oetlingerstraße ankündigte, die Wohnungen zu renovieren, um sie danach teurer vermieten zu können, musste mein Vater für uns eine neue Bleibe suchen. Bis zu diesem Zeitpunkt hatte er im Verlag Nachtmaschine in Eigenregie rund 80 Bücher herausgebracht. Darunter einige Schriftsteller die später berühmt wurden: Jörg Fauser, Jürgen Ploog, Hansjörg Schneider, Rolf Lappert.

Im Jahr 1984 zogen wir an die Sängergasse. Weg vom alternativen Kleinbasel in eine Parterrewohnung im Gotthelfquartier. Eine einfache Wohnung mit einer Dusche im Flur.

Aus einem Interview aus dem Magazin «Crème», Nr. 39, März 1985:

> *Ist der Verlag Nachtmaschine eine Existenzgrundlage?*
> *Ja, ich lebe schon seit Jahren davon. Wenn man so etwas mit dem Ziel anfängt, davon leben zu können, muss man allen Wohlstandsplunder wie Auto, Fernsehen, Radio etc. vergessen. Dann geht es.*
>
> *Mit den Kindern gab es nie Probleme?*
> *Es ist halt ein 18-Stunden-Job. Aber mit meiner Konstitution ist das zu schaffen. Ich brauche wenig Schlaf. Wenn die Kinder früher um zehn Uhr schliefen, stellte ich mich an die Druckmaschine und arbeitete bis drei Uhr. Um sieben Uhr stand ich dann wieder auf.*
>
> *Schreiben Sie auch selbst?*
> *Heute viel weniger als früher. Mich interessiert jetzt mehr, was andere schreiben.*

Zum Beispiel interessierte er sich für den Kunsthändler, Psychologen und Schriftsteller Carl Laszlo. Ein Mann, der Auschwitz überlebt und über vierzig Familienangehörige in Konzentrationslagern verloren hatte. Carl Laszlo trug extravagante Kleidung, große Ringe an jedem Finger und rauchte Zigarren. Er saß im Korbsessel bei uns im Wohnzimmer und erzählte Geschichten über Andy Warhol, mit dem er befreundet gewesen war. Dann zeigte er meinem Vater die Fotos, die er für das Buch «Der Weg nach Auschwitz. Jugend in Ungarn» ausgesucht hatte. Das Buch erschien 1987 im Verlag Nachtmaschine.

Eine andere Persönlichkeit, an die ich mich gut erinnere, war René Schweizer, der immer sehr witzig war und einen so zum Lachen bringen konnte, dass man am nächsten Tag in der Bauchregion Muskelkater hatte.

1979 gründete René Schweizer das «GAGAistische Manifest». Er wollte die Welt mit Humor retten. Er schrieb Jux-Briefe an Behörden und veröffentlichte diese in seinen «Schweizerbüchern». Am lustigsten fand ich seinen Brief an das Fundbüro Basel, dass er seinen Verstand verloren habe. «Er ist rot mit gelben Tupfen und hört auf den Namen Erwin.» Das Fundbüro gab tatsächlich eine Anzeige für den verlorenen Verstand auf. «Ein Schweizerkäse» war für mich als Kind nicht etwas zum Essen, sondern ein Buch in der Form eines Stück Emmentalers, das mein Vater von René Schweizer 1978 in der Nachtmaschine herausbrachte. 10 Prozent des Erlöses aus dem Buch gingen an das schweizerische Kinderhilfswerk «Terre des Hommes».

Der Regisseur Angelo A. Lüdin machte einen Film über meinen Vater mit dem Titel «Nachtmaschine». Wochenlang standen in der Wohnung und auch in meinem Zimmer Lampen und Kameras herum. Das Porträt über meinen Vater, den «markanten, eigenwilligen Kopf der Schweizer Literaturszene», kam 1985 in die Kinos und ein Jahr später im Fernsehen.

Ich erinnere mich an die Premiere im Studiokino Camera in Basel.

Das Interesse war groß, es kamen mehr Zuschauer, als es Platz gab. Es war unruhig, während der Vorführung gab es immer wieder Getuschel und Zwischenrufe.

Der Kultur- und Theaterkritiker Reinhard Stumm beschrieb es in seinem Artikel «Reise mit intellektuellem Sperrgut» in der «Basler Zeitung» so:

Im Kino Camera am Sonntagvormittag: Die Leute saßen im Mittelgang auf dem Boden, weil nur die ersten paar Hundert auf den Klappstühlen Platz fanden. [...] Zum Schluss des Films sitzen Dieter Roth und der Verleger Matthyas Jenny im Schaufenster des Nachtmaschine-Ladens an der Hammerstraße in Basel und philosophieren über die Wahrheit des Schreibens. Zwei Riesen der verbalen Non-Kommunikation, zwei Stücke intellektuelles Sperrgut, das kein – bildlich natürlich – Bahnschalter annähme. Sagt Dieter Roth: «Nein, das höre ich nicht gern. Ich möchte keine Geschichten erzählen.» Und sagt Jenny: «Ja was dann! Erzähl doch mal was, was keine Geschichte ist!» [...] Jenny beim Durchforsten eines Haufens von Fotografien – eine der schönsten Einstellungen des Films, immer senkrecht von oben herab –, und Jenny dabei in einer bewundernswerten Maulfaulheit. Bild um Bild, der fein herausgeputzte Knabe, die Leseratte, dann der, den wir kennen: Jeans, Jeanshemd, die Haare wie bei einem Model vor dem Coiffeur-Wettstreit, die ewig qualmende Zigarette. Was ist das für ein Mann? Einer, der sich entzieht. [...] Ich mag diesen Film, mag ihn natürlich, weil ich Jenny immer gemocht habe: Seine Dickköpfigkeit, die Härte, mit der er Prügel wegsteckt, und die Haltung, mit der er es tut. Davon zeugt der Film eine ganze Menge.

Das «Luzerner Tagblatt» schrieb:

Angelo Alfredo Lüdin entwirft das Portrait eines Poeten. Viel mehr noch, das Bild eines besessenen Kulturschaffenden, eines kompromisslosen Kulturvermittlers. Für Lüdin ist

Matthyas Jenny ein Beispiel dafür, wie ein Mensch ohne Rücksicht auf Misserfolge seine Träume und Ideen zu verwirklichen sucht.

Mit Günther Wallraff, Jäggi-Preis 1986. Bild: Peter Schnetz, «Basler Zeitung».

Ein Jahr später, 1986, erhielt mein Vater gemeinsam mit Günther Wallraff den Preis der Buchhandlung Jäggi. Über die Anerkennung hat er sich sicher gefreut, und wieder waren alle Zeitungen voll, doch an dem chronischen finanziellen Überlebenskampf änderte es nichts. Unter dem Foto im «Kulturspiegel der Nordschweiz» steht: «Mattyhas Jenny: Schwerarbeiter in Sachen Literatur».

Plakat Nachtmaschine, 1983.

Nachtmaschine No. 2.

Zoë

Verlag Nachtmaschine. Bild: privat.

Arbeit am Composer. Bild: Niggi Bräuning.

Vater und Sohn, Oetlingerstraße, 1980. Bild: privat.

Besprechung mit Autor Jürg Weibel, 1980. Bild: privat.

Einen bescheidenen Zustupf hat dabei auch der Preis, der ihm als Auszeichnung für seine Verdienste von der Buchhandlung Jäggi verliehen wurde, gebracht. «Von den 10 000 Franken habe ich ganze dreihundert für mich gebraucht. Der Rest reichte gerade, um wieder einmal die allerdringendsten Schulden zu bezahlen», vermerkt der Verleger mit etwas bitterem Unterton. Die Publizität, die durch den gemeinsam mit Günter Wallraff empfangenen Preis um ihn entstand, hatte aber auch ihre negativen Seiten. Obwohl die Summe nach Angaben Jennys nur gerade für die Produktion eines Buches ausreicht, rannten Autoren, deren Manuskripte abgelehnt worden waren, dem Verleger die Bude ein und bedrängten ihn – da er ja jetzt im Geld schwimme – ihr Werk zu veröffentlichen. [...] Nach diesen Erfahrungen steht Jenny dem Thema Publizität eher skeptisch gegenüber. «Zum einen bin ich natürlich froh, wie das auch nach dem über die ‹Nachtmaschine› gedrehten Film der Fall war, in der Öffentlichkeit zur Kenntnis genommen zu werden. Lieber wäre es mir allerdings, wenn das Interesse für meine Person etwas mehr auf die Bücher, die ich wegen ihrer literarischen Qualität verlege, abfärben würde.»

Am 1. November 1986 löste ein Großbrand der Chemie-Produktionsstätte Schweizerhalle eine der größten Umweltkatastrophen der Schweiz aus.

Vielleicht mit ein Grund, warum er sich in dieser Zeit auch vermehrt politisch engagierte.

1987 kandidierte er auf der Liste der «Grünen Alternative Basel» für den Nationalrat. Ich erinnere mich an die Wahlplakate, auf denen mein Vater zu sehen war. Markus Ritter kam oft zu uns, sie diskutierten stundenlang in der Küche.

Er organisierte Podiumsdiskussionen im Stadttheater und veröffentlichte das Buch «Kunst und Katastrophe. Zur Lage».

Aus heutiger Sicht fast schon visionär wirkt das Buch «Fünf nach zwölf – na und? Sind wir die Endzeit-Generation?», das er 1983 veröffentlichte.

Es war das gleiche Jahr, in dem die Grünen in Deutschland erstmals ins Parlament einzogen. Das Buch ist eine Art Bestandsaufnahme und ein interessantes Zeitdokument. Es versammelt unter anderem Texte von Paul Parin, Niklaus Meienberg und Ursula Koch, die später als erste Frau zur Präsidentin der Sozialdemokratischen Partei gewählt wurde. Ein Buch, das in einer Zeit von Klima-Aktivismus und «Letzter Generation» aktueller nicht sein könnte, wenn auch nur, um zu zeigen, dass Weltuntergangsangst nichts Neues ist und es schon vor 30 Jahren eine Generation gab, die von sich glaubte, sie sei die letzte.

Das Engagement meines Vaters war, wie immer, wenn er etwas tat, mit großer Leidenschaft verbunden, er rannte für die Grüne Alternative von Sitzung zu Sitzung. Am 20.1.1987 schrieb er an den Soziologen und Nationalökonomen Lucius Burckhardt:

Lieber Herr Lucius Burckhardt

Durch Herrn Fritz Witschi erhielt ich Ihre «Grundsätze für eine alternative Bewegung in Basel».
 Ich bin von Ihren Ideen und Absichten hellauf begeistert und werde mich mit allen möglichen Kräften einsetzen, dass sich Ihre Idee einer «neuen» Politik durchsetzen kann. Ich bin voll dabei.

PS: Was tatsächlich fehlt, ist eine intellektuelle-kulturelle Politik, d. h. eine intelligente Politik. In Ihren Grundsätzen ist diese Art von Politik ersichtlich. Endlich.

Rund zehn Jahre später stellte er sich 2000 für die Liberal-Demokratische Partei Basel-Stadt auf. Positionierte er sich in den Siebziger- und Achtzigerjahren noch dezidiert links, bewegte er sich später mehr auf die Mitte zu. Politisch aktiv zu sein war für ihn aber zu jeder Zeit selbstverständlich und gehörte gewissermaßen zur Bürgerpflicht. Im Programm der Nachtmaschine gab es immer auch politische Bücher wie beispielsweise «Die lange Legislaturperiode. Ein Tagebuch aus dem Großen Rat des Kantons Basel-Stadt» von Markus Kutter (1998), «Ich habe gesprochen» von Markus Ritter (2001) und «Wortmeldungen» von Helmut Hubacher (2002).

    Ich erinnere mich, wie wir Helmut Hubacher in seinem Haus in Porrentruy im Jura besuchten, um die Publikation zu besprechen. Helmut Hubacher war eine beeindruckende Persönlichkeit, ein echtes Urgestein sozialdemokratischer Politik in der Schweiz. Er redete ununterbrochen, und nach einer Stunde, in der wir in einer dunklen Stube saßen, kam seine Frau Gret und bot uns ein Glas Wasser an.

Auch viel später, als ich schon längst nach London gezogen war, redeten wir über bevorstehende Abstimmungen, und er wollte immer wissen, wie ich wähle. Wir waren oftmals nicht der gleichen Meinung, aber er versuchte nie, mich umzustimmen. Was ich an ihm schätzte, war, dass er sich immer auch für die Argumente des anderen interessierte und nicht ideologisch verbohrt oder festgefahren war. Er war auch in der Lage, seine Meinung zu ändern, und eine Diskussion mit ihm ging stets ins Offene.

Ausnahmslos alle meine Freundinnen und Freunde, die ich während der Schulzeit nach Hause brachte, fanden meinen Vater zum Umfallen cool. Im Gegensatz zu ihnen gab es bei mir keinerlei Verbote. Auch mit 14 Jahren nicht. Ich konnte aufbleiben, so lange ich wollte, Musik hören, rauchen. Auf meiner Terrasse hatte ich einen Blumengarten, Wicken und Malven, die bis zu den Nachbarbalkonen kletterten, und in farbigen Tontöpfen züchtete ich Cannabispflanzen. Manchmal kam er vorbei, in Jeansjacke und mit Zigarette im Mundwinkel, und fragte, während ich gerade einen Joint drehte, ob wir etwas essen wollten oder ob ich Geld brauchte. Meine Freundinnen und Freunde verehrten ihn. «Daddy cool» schenkte uns sein halb volles Marlboro-Päckchen, und sie schauten ihm nach, als wäre er ein Außerirdischer, der gerade zufällig in meinem Zimmer gelandet war.

Bild: Angelo A. Lüdin.

In meiner Garage, in der es Platz für zwei Autos gäbe, befindet sich die gesamte Bibliothek meines Vaters. Beim Aufräumen reiste ich zurück in seine Kindheit und Jugend zu den Büchern, die er verschlungen hatte, den Abenteuern Jack Londons und der unheimlichen Welt Edgar Allan Poes.

Zwischen Klassikern der Weltliteratur fand ich aber auch Carlos Castaneda, Maos rotes Büchlein, das «Marxistisch-leninistische Wörterbuch der Philosophie» und Carlos Marighellas «Stadtguerilla». Mein Vater war damals wie so viele ohne Wenn und Aber dem linken Zeitgeist verpflichtet.

Zoë

Die schwarz-weißen Fahndungsplakate der RAF-Terroristen klebten in den 80er-Jahren auch in Basel überall.

Von der Besitzerin der Bäckerei an der Ecke bekam mein Vater jeden Abend das nicht verkaufte Brot. Meine ganze Kindheit hindurch aß ich das harte Brot aus dieser Bäckerei, und manchmal gab es einen mit Zuckerglasur überzogenen Nussgipfel. Einmal sah ich meinen Vater mit einer gestreiften Tüte von der Bäckerei die Treppe hinauf in den Dachboden gehen. Ich wunderte mich, als er ohne Tüte zurückkam, und fragte ihn, was er dort oben gemacht habe und wer jetzt meinen Nussgipfel esse. Ich war sieben Jahre alt, mein Vater beugte sich zu mir hinunter, legte die Hand auf meine Schulter und sagte, dass ich ihm versprechen müsse, nicht auf den Dachboden zu gehen. Eine halbe Stunde später schlich ich die Treppe hoch. Es war Sommer, und die Luft stickig und heiß. Es roch nach Staub und trockenem Holz. Mein Vater hatte alle Abteile im Dachboden gemietet, um hier Papier und Bücher des Verlags zu lagern. In einem der hinteren Abteile sah ich Füße am Boden. Die Fußsohlen waren schwarz vor Dreck. Als ich näherkam, sah ich einen Mann auf einem Schlafsack am Boden liegen. Ich blickte in sein ausgemergeltes Gesicht. Er sah aus, als wäre er von weit her gekommen.

«Grüezi, wär bisch denn du?» So oder ähnlich werde ich gefragt haben. Ich erinnere mich an seine durchdringenden intensiven Augen. Er lag reglos am Boden und starrte mit an. Ich sah die leere Tüte von der Bäckerei, Brotkrümel, einen Rucksack, Zeitungspapier. «Gehörst du zu Matthyas?», fragte er nach einer Weile auf hochdeutsch. Als ich bejahte, sagte er, ich solle gehen und nicht wiederkommen. Als ich das nächste Mal auf den Dachboden ging, war er weg. Das Einzige, was er hinterlassen hatte, war die leere Tüte.

Viel später erklärte mir mein Vater, es hätte sich damals jemand dort versteckt, der mit der «Roten Armee Fraktion» in Verbindung stand und auf der Flucht war. Er sagte es so, als wäre das etwas ganz Normales, und da es für mich nur eine seltsame Begegnung gewesen war, machte ich mir dazu keine weiteren Gedanken.

Erst 40 Jahre später, wenige Monate vor seinem Tod, bei einem seiner letzten Besuche in Wien erzählte er mir, dass der Mann, dem ich damals auf dem Dachboden begegnet war, Christian Klar war. Er sagte es am Küchentisch, beiläufig, mit einer wegwischenden Handbewegung, als wäre es zu lange her und schon nicht mehr wahr, aber mein Freund und ich zuckten zusammen. 1997 hatte ich für den Roman «Das Blütenstaubzimmer» den Preis der Jürgen Ponto-Stiftung erhalten. Der Frankfurter Bankier Jürgen Ponto war 1977 von Christian Klar und Brigitte Mohnhaupt bei einer gescheiterten Entführung erschossen worden. Eine verstörende Verquickung von Ereignissen, die mich noch ein Leben lang auf Trab halten wird.

CASPAR

BEAT IN DER SCHWEIZ: EINE STANDORTBESTIMMUNG

Mein Vater war in Basel wohl der einzige Underground-Verleger. Auf die Frage, ob es eine schweizerische Underground-Szene gab, gibt ein Gespräch zwischen meinem Vater, Urban Gwerder und Fredi Lerch Auskunft, das im März 2014 in der Literaturbeilage des «Literarischen Monats» unter dem Titel «Beat (in) der Schweiz – das Gespräch» erschienen ist. Zur Sprache kommen u. a. der Märchen- und Mythenforscher Sergius Golowin (1930–2006), der Verleger, Buchhändler und Publizist Theo Pinkus (1909–1991), der Schriftsteller René E. Mueller (1929–1991) sowie der Tessiner Dichter und Underground-Künstler Franco Beltrametti (1937–1995).

Von Beltrametti, der als einer der bedeutendsten Schweizer Autoren der Beat-Generation gilt, verlegte mein Vater 1978 den Gedichtband «Ein anderes Erdbeben». «Un altro terremoto» erschien zuerst 1971 bei Geiger und 1976 in englischer Übersetzung «another earthquake» bei the red hell press: Los Angeles & Fairfax. Mein Vater verwendete das Cover der amerikanischen Ausgabe. Diese Veröffentlichung ist ein exemplarisches Beispiel dafür, wie sich die Underground-Literatur in einem transatlantischen Kontext bewegte.

Sergius Golowin hat die geistige Strömung des Undergrounds in der Schweiz wesentlich mitgeprägt und vermittelt. Dass die Idee des Undergrounds nicht allein die Literatur betraf, zeigt sein Einsatz für marginale oder an den Rand gedrängte Gesellschaften. 1975 konnte er als Großrat des Landesringes der Unabhängigen (LdU) Minderheitsrechte für die Fahrenden in der Schweiz (Jenische) einfordern. Nachdem der LSD-Papst und Guru der Hippie-Bewegung Timothy Leary 1970 aus einem kalifornischen Gefängnis flüchten konnte, gelangte er auf Umwegen 1971 in die Schweiz, wo er von Golowin aufgenommen und begleitet wurde. Da die USA eine Auslieferung Learys beantragten, initiierte Golowin mit den Schweizer Künstlern Walter Wegmüller und Hans Ruedi Giger die «Gruppe Aktion Asyl für Leary». Die Schweizer Nonkonformistenszene solidarisierte sich mit Leary, da seine Verfolgung als eine politisch-konservativ motivierte Gesinnung zu durchschauen war.

Von 1968 bis 1971 gab Urban Gwerder (1944–2017) die Zeitschrift «Hotcha» heraus. In der Underground-Zeitschrift wurden Texte u. a. von dem Musiker Anton Bruhin, der später in Carona lebte, Sergius Golowin, Frank Zappa, Timothy Leary veröffentlicht. «Hotcha» gehörte dem Underground Press Syndicate an, und Gwerder war als Koordinator für die UPS in einem ständigen Austausch mit der Beat-Generation. Der Underground pflegte ein globales Netzwerk. Der Austausch über die Landesgrenzen war ein Signum des Undergrounds. Mein Vater erklärt im Gespräch, dass man interessiert war an dem, was andere machten, auch wenn sie ganz woanders lebten. Diese Weltoffenheit gehörte in die Zeit der Sechziger- und Siebzigerjahre. Mit den Achtzigern verebbte diese Neugierde und Offenheit.

Ein Fazit des Gesprächs über den Beat in der Schweiz ist, dass es die Macher in der Schweiz schwierig gehabt hätten, dass die Enge, das reaktionäre Denken eher hindernd für Beat-Literatur gewesen wären. Deshalb glaubte mein Vater, dass es in der Schweiz im eigentlichen Sinn keine Beat-Autoren gab. Was hier produziert würde, wäre gähnend langweilige Beamtenliteratur.

Ich erinnere mich gut, wie er sich immer über die Larmoyanz von Schweizer Autoren beklagt hatte. Das war ja auch die Feststellung der Herausgeber von «Gasolin 23», dass die Beat-Literatur abseits des Literaturbetriebs stattfindet. Die Antwort auf diese schweizerische Langeweile war das Reisen, der Aufbruch in andere Welten, wie mein Vater erklärte. Der Underground ist konkret als eine Gegenkultur zu verstehen, ein Affront gegen den Mainstream, den Konformismus und die Angepasstheit.

RENÉ SCHWEIZER

Es gibt den Weg in die Zerstörung und Selbstzerstörung oder in die Fantasie und Kreativität. Phänomenalerweise evoziert oder provoziert die Schweiz solch extreme Lebensentwürfe des grenzwertigen oder randständigen Lebens. Der Grenzgänger am Rand der Gesellschaft lebt ein intensiveres, exzessiveres Leben, das bis zum Äußersten er zu gehen bereit ist. Der Beat-Schriftsteller in der Schweiz versteht sich somit als Gegenfigur des schweizerischen Konformismus. Ohne Weiteres kann man den Schweizer Schriftsteller René Schweizer (1943–2015) als einen Beat-Dichter im engeren Sinn bezeichnen.

Ich will schlicht: alles oder nichts. Und ich rate euch an: Setzt auf ALLES, denn das NICHTS, das habt ihr schon. Jeden Tag, jede Stunde und jeden Augenblick. Setzt auf mich, ihr

werdet's überleben. So wie ich es überleben werde, auf euch zu setzen. BONNE CHANCE.
Aus «Ein Schweizerkäse», 1978

Das ist das Programm des Beats, auf alles zu setzen, das Absolute zu wollen, uneingeschränkt zu leben, das Leben als Experiment, das Leben als Versuch, das Leben miteinander. Selbst wenn uns Größenwahn und Egozentrik aus diesen Worten Schweizers anzuhauchen scheinen, ist der Andere darin enthalten, gehört zum Ich ein Du. Das Leben ist nicht einseitig, sondern wechselseitig.

Das Buch ist einem Emmentaler Käse nachgebildet, 1978.

Bekannt geworden ist René Schweizer mit seinen Jux-Briefen, die er in Basel u. a. an einen Kindergarten, das Justizministerium, das Fundbüro, an die Verkehrsbetriebe, das Friedhofsamt, die Steuerverwaltung, das Erziehungsdepartement geschickt hatte. Dem Fundbüro meldete er z. B., dass er seinen Verstand auf dem Barfüßerplatz in Basel verloren habe, der sei rot mit gelben Tupfen, höre auf den Namen Erwin und habe einen Wert von 45.– Franken. Prompt schickte ihm ein Beamter des Fundbüros ein Verlustanzeige-Formular. Die grotesken Briefwechsel spiegeln die absurde Kollision von öffentlichem Leben und individuellem Sarkasmus wider. René Schweizer nimmt die Bürokratie der Schweiz mit Humor auf die Schippe, entlarvt die behördliche Engstirnigkeit. Humor als Gegenmittel zum spießbürgerlichen Ernst.

So deklarierte Schweizer in seiner «GAGA-Deklaration», dass GAGA u. a. die natürliche und legitime Tochter von Dada sei, dass das Wort GAGA eine Verdopplung der beiden Anfangsbuchstaben von Golden Age sei, eine Organisation zur Verblüffung des Erdballs, überkonfessionell, universal und grenzenlos, dass die Taktik von GAGA der Humor in allen seinen Schattierungen und Erscheinungsformen sei.

Mein Vater hat von René Schweizer drei Bücher herausgegeben: 1978 «Ein Schweizerkäse», 1985 den Roman «Alles Gute und viel Glück» und 2006 die Erzählung «Die Säuferin», eine Prosafassung des gleichnamigen Theaterstücks. Das Buch «Ein Schweizerkäse» ist einem Emmentaler Käse nachgebildet. Oben abgerundet, unten ein halbkreisförmiger Einschnitt, und auf dem Buchumschlag die charakteristischen Löcher. Darauf steht der Titel in den drei Landessprachen Deutsch, Französisch und Italienisch mit einem dazugehörigen Schweizerwappen. Im «Schweizerkäse» gibt es meisterhafte Passagen, die den Stil des Undergrounds in seiner ganzen Wucht ausdrücken.

Getrieben, rasant ist diese Literatur, die wie ein Expresszug sich Satz für Satz manifestiert. Kosmopolitisch, global, entgrenzend und ohne Rücksicht auf sich selbst. Die Lebenssucht als literarisches Experiment, die Weltflucht als Wiederentdeckung des verlorenen Selbst. Selbstverwirklichung als

Exzess ohne Kompromiss und Sicherheitsnetz, das ist das Konzept des subversiven Künstlers, der sich nur dort verwirklichen kann, wo die Welt noch nicht domestiziert ist, wo Verkehr, Gerüche, Menschen sich zu einem einzigen chaotischen Treiben vermengen. Dort kann so etwas wie Poesie, wie Literatur entstehen, als Gegenentwurf zur schweizerischen Mittelmäßigkeit, die jeder Entgrenzung, dem Maßlosen entgegenwirkt und es in die Schranken weist. Deshalb ist der Beat in der Schweiz ein Sonderfall, eine seltene Blume des Bösen.

MATTHYAS JENNY, DER DICHTER UND SCHRIFTSTELLER

Vorwärtskommen, das war ein Glaubensgrundsatz meines Vaters. Selbst Dichter, veröffentlichte er in den Siebzigerjahren einige Gedichtbände. 1973 erschien im Eigenverlag der Gedichtband «Mittagswind». Das Bändchen versammelt 20 Gedichte von 1962 bis 1971. René Schweizer schrieb das Nachwort. In wenigen Sätzen charakterisiert er meinen Vater:

Liebe Leser

Das Gedichtbändchen, das Sie jetzt in der Hand halten, ist ein Kleinod, eine Lektüre für Kenner.
  Zeigen Sie es nicht jedem, denn nur wenige haben das Feingefühl für die Schönheit, und vielen geht das Gespür für das Leiden eines anderen ab ... Menschen wie Matthyas Jenny verzweifeln Tag für Tag aufs Neue, ihr ganzes Leben lang. Sie sind gezeichnet, auserwählt und immer an der Grenze der absoluten Wahrnehmung.

Caspar

Ich erinnere mich noch an jenen Tag vor einigen Jahren, als Matthyas plötzlich verschwunden war von der Straße, von den Saufgelagen und den Artgleichen. Als ich wieder etwas über ihn hörte, glaubte ich an einen Scherz. Er hatte sich auf einen Bauernhof zurückgezogen und dort alle Philosophen gelesen.

Dann ging er auf Reisen.

Wie jeder Suchende erlebte er Gipfel des Wohlergehens und Abgründe des Schreckens. Höllenqualen und paradiesische Herrlichkeiten durchrasten ihn im wilden Galopp.

Jetzt lebt er in Basel.

Ab und zu erscheint er in den Trinkerhöhlen und säuft sich die Welt vom Leib.

Dann hat man das Gefühl, neben einem Erdbeben zu sitzen, neben einem Menschen, der weiß, worum es geht.

René Schweizer
Februar 1973

Mein Vater war einer, der wusste, worum es ging. Da ich ein Leben lang mit ihm zu tun hatte, kann ich das bestätigen.

Der Bauernhof, von dem René Schweizer spricht, ist der Asphof im Baselbiet. Schon als Kind besuchte mein Vater mit seinen Eltern den schönen Gastbetrieb auf einer Anhöhe mit kastanienbestandenem Garten und einer Wiese. Er hatte dort als Knecht gearbeitet. Mistete den Stall aus, melkte die Kühe. Während der Arbeit als Knecht auf dem Bauernhof las er sehr viel und legte Karteikarten mit wichtigen Informationen zu den Büchern an, die er gelesen hatte. Es war eine gute Zeit für meinen Vater, eine Tabula rasa.

Wir sind später als Familie immer wieder dort essen gegangen. Noch im letzten Jahr vor seinem Tod fuhren wir hinauf. Die Wirtschaft war zwar geschlossen, aber es war gut, dass wir nochmals dort gewesen waren.

Zur Erholung schickten mich die Eltern für einige Wochen auf einen Bauernhof, der von alten Bekannten meiner Familie geführt wird und auch Feriengäste aufnahm.

Im Sommer, wenn die Sonne den Horizont noch nicht teilt und trotzdem schon Licht die Nacht verdrängt, wirkt der Bauernhof mit seinen weiß-rötlichen Steinmauern und den massiven Holztoren wie eine verlassene Burg, eingehüllt in gespenstischen Morgennebel.

An solch einem Morgen stand ich mit von Grastau nassen Schuhen unter einem der vielen über das weite Land verstreuten Apfelbäume, bohrte mit einem Aststück in der mürben Baumrinde, brach ein Stück aus und folgte einem aufgeregten Käfer unter der lockeren Rinde nach, bis das Aststück mit einem schalen Knall splitterte.

Ich wandte den Blick von der fasrigen Rindenwunde gegen das Wohnhaus des Hofes, hinter dessen geschlossenen Dachfenstern das Mädchen schlafen musste, das gestern Abend mit ihren Eltern und Schwestern ankam, lachend und springend ihre Taschen und Koffer an mir vorbeitragend. Ich saß auf der Haustreppe in der Abendsonne, und obwohl ich das Mädchen nur kurz aus dem Augenwinkel und auch nur im Profil sah, war ich plötzlich von Unruhe ergriffen, die mich nachts nicht schlafen ließ, weil das stete Wiederholen der Erinnerung wie grelle Blitzschläge in meinen nervösen Dämmerschlaf fuhren, ich aus dem

Bett sprang und mit dem in der Dunkelheit unsichtbaren Hofhund über den Hof wanderte, vor der Treppe stehen blieb und wieder zurück in mein Schuppenzimmer ging, wo ich ruhelos vom Fenster zur Tür pendelte … das Mädchen, ihre Hand, die eine Tasche hielt, ihre Schuhe auf den Steinstiegen, das sich entfernende Sonnenlicht zwischen den sich auswalzenden Baumschatten, die Mädchensilhouette, die aus dem großen Wagen stieg, das Knirschen der einbiegenden Pneus auf dem mit Kies bestreuten Hofvorplatz, das aus dem Tal anschwellende Motorengeräusch … die fiebrige Suche nach den Details, die meine Unruhe erklären sollten …

Ich lehnte am Baumstamm, stocherte mit den Schuhspitzen in der schwammigen Erde, warf das Aststück in weitem Bogen in das von Tau geneigte Gras … die geschlossenen Augen des Mädchens auf dem weißen Kissen, das gestern die Magd frisch bezogen hatte … dem Kettenklirren der aufstehenden Kühe nach, begann der alte Knecht die Kühe mit dem Gras vom Vorabend zu füttern. Mit flachen Schritten, um die Schuhsohlen von den Erdklumpen im nassen Gras zu reinigen, ging ich zu den Stallungen, durch die fleckigen Stallfenster sah ich den alten Knecht stumm die Kühe füttern. Ich öffnete das Stalltor, tätschelte einer Kuh das mahlende Maul, wobei sie mit ihrer rauen Zunge meinen Unterarm leckte … die vorbeispringende Gestalt des Mädchens, ihr flatternder kurzer Rock, das gebogene, auf einer Stiege abstoßende Bein, die gestreckten Oberbeinmuskeln im Sprung … Einzelheiten, die mit mir unverständlicher Deutlichkeit immer wieder aus der Erinnerung auftauchten ...

In der großen Küche deckte die Magd den Bauerntisch und in der Gaststube die Tische für die Feriengäste. Ich setzte mich auf die Eckbank des Bauerntisches und knabberte an meinen Fingernägeln. «Jetzt musste sie bald kommen», dachte ich und schlotterte vor Aufregung. Fallendes Wasser in den gelblichen Abflussrohren, die von den oberen Toiletten kamen, laut hörbar in der Morgenstille. Auf dem speckigen Bauerntisch verwickelten sich die Fliegen in irrwitzige Kämpfe, wälzten sich über den Tisch, zwischen den Tellern hindurch, fielen über die Tischkante zu Boden, wo sie laut surrend über den noch sauberen Klinkerboden rotierten ... der Stier, der auf das Rind aufhockt ... oder stürzten wie kleine Flugzeuge in die Teller, jagten in unkontrolliertem Zickzackflug an meinem Gesicht vorbei, verfingen sich in meiner Ohrmuschel, in meinen Haaren ... der nackte gestreckte Arm des Mädchens, die stummen Ausbuchtungen ... die Magd hatte, was ich gestern noch nicht bemerkte, dicke geschwollene Knöchel und mit kleinen roten Pünktchen übersäte Waden, die bei jedem Schritt wabbelten ... es schüttelte mich vor Ekel, als ich mir vorstellte, wie sie nackt durch die Küche schwirrte ... der Hofhund bellte. Sonnenstrahlen fuhren schlagartig durch die mächtigen mit Flechten überzogenen Tannenstämme vor dem vom Milchdampf beschlagenen Küchenfenster.

Aus den oberen Stockwerken drangen Stimmen, Lachen bis in die Küche. Vor Schreck, dass ich sie jetzt gleich sehen müsste, sackte ich zusammen, sprang aber sofort auf und rannte durch die Küchentür ins Freie, zwischen den Stämmen hindurch über die Spielwiese und legte mich hinter den abgrenzenden Büschen ins Gras ... das Gesicht des Mädchens? Wie sah es aus? Ich versuchte mich zu erinnern, um sie wiederzuerkennen. Vielleicht sah sie gar nicht so aus, wie ich sie mir die Nacht hindurch vorstellte. Vor Aufregung zitterte ich und biss ins Gras, kaute auf den Halmen, bis mir schlecht wurde. Das Geräusch von fallenden Tannenzapfen, Insekten, ein klopfender Specht oben in den Tannen, Kälte, die durch meine Kleider zog, das von Schattentau geneigte Gras vor mir, die Halme, die wie Haare aus der Erde standen, die Sonne, die bereits im Drittel des Morgens stand, und dann das schleifende Geräusch, wenn Schuhe vorsichtig über nasses Gras gehen. «Guten Tag», sagte sie, als wenn das ganz selbstverständlich wäre, dass ich hier im Gras lag und Halme kaute. «Was machst du?» Ich hob kaum den Kopf, schaute unter meinen Haaren hervor. Sie sah genau so aus, wie ich sie mir vorgestellt hatte. «Hallo», sagte ich kurz und beleidigt und legte meinen Kopf wieder auf die vor mir verschränkten Arme, beobachtete die Schuhe vor mir, die über den Halbschuhen abstehenden Knöchel in den weißen Kniesocken, die sich kurz darauf wortlos in Bewegung setzten, sich entfernten und dann nicht mehr zu hören waren ... der Hengst, der gefährlich schlagend seinen schaumig-sahnig glänzenden Körper auf die rossige Stute schob, mit aufgerissenen blutunterlaufenen rollenden Augen, zuckend, sich mit der

Stute im Kreis drehend. Ich spürte das ziehende Gefühl im Bauch, wie in den Ferienlagern, wie beim Waschen im Spital, wie beim Turnen, wenn ich mit großer Geschwindigkeit, fast im Fall, die Kletterstange runterrutschte, sprang auf und rannte über die Wiese zu den Pferdestallungen.

Die Stuten wandten nur leicht die Köpfe, der Hengst, ganz hinten im Stall, abgeschirmt in einer Box, spitzte kurz die Ohren, als ich mich an das von ihm abgeleckte Eisengitter mit erhobenen Armen lehnte und meine Stirn gegen die Eisenstäbe drückte. Die Augäpfel des Hengstes verschwanden fast unter den halbgeschlossenen Lidern, er bewegte leicht sein Hinterteil, wischte mit dem Schweif über die satten Oberschenkel, schnaubte sanft, schlabberte mit den Nüstern, und trotzdem die Gewissheit, dass er sich in Gegenwart einer rossigen Stute in einen gefährlichen, stampfenden, beißenden und schlagenden Teufel verwandeln konnte … das Mädchen vorhin, mich ansprechend … mich ansprechend?

Ich rannte aus dem Stall, suchte das Mädchen vorne beim Hofbrunnen auf dem Vorplatz, schaute in den Wagen, dann zum Schweinestall, in die Scheune, rannte zum Traktorschuppen, wo die Harassentürme für das Obst lagerten, zurück in die Küche, wieder hinaus über die Wiese, zu den Abstellräumen, zum Holzschuppen, und dann sah sich sie hinter dem noch leeren Strohschuppen mit den Sommerkatzen spielen. Sie kauerte am Boden und hielt den jungen Katzen Strohhalme hin, die mit geneigten Köpfen nach den Halmen ruckartig schlugen. Außer Atem setzte ich mich neben sie, sagte, dass Sommerkatzen schlechte Mäusefänger werden, schielte dabei nach ihrem Oberkörper, nach ihren spitzen Knien, die unter dem zurückgeschobenen Rock hervorstachen, kratzte mich am Kinn, verzog den Mund und griff, die Luft anhaltend, erstmals aus eigenem Trieb an die nächststehende Brust, die luftig in ihrer Bluse hing.

«Nicht hier», meinte sie, «meine Eltern oder Schwestern könnten es sehen.» Verblüfft zog ich meine Hand zurück. Sie streichelte die Katzen, als wäre nichts geschehen. «Was jetzt?», fragte ich und wusste nichts mehr, mein Hirn war so grell und leer wie die Sonne über uns.

«Hier geht es doch nicht, wo uns alle sehen können», sagte sie, als wäre ich der letzte Bauerntrampel. Sie stand auf, lächelte den Katzen oder mir zu, nahm meine Hand, und wir gingen durch die enger werdende Luft in den dämmrigen Strohschuppen. Ich zottelte ihr nach ... der Stier, der sich auf das sich biegende Rind hockte, der Hahn, der flatternd auf der Henne ruckte, der Wolf, der in der Wölfin anhängte, das Jaulen und Hecheln der Wölfin, der in die Sau verkeilte schmatzende und schäumende Eber, die durcheinanderwirbelnden Fliegen, die Knabenfinger in den Nächten der Ferienlager, die Nacktfotos, die Mädchenhand, saugende Bewegungen, eine zwischen den Fingern zerplatzende Kirsche, aus der der Kern spritzte, die Nässe, der sich aufbäumende röchelnde Hengst und die mit durchgebogenen Rücken verharrende Stute ... ein Blitzstrahl durch den Strohschuppen ... näherkommendes Lachen der Schwestern, der Körper, der unter mir wegrutschte, den Slip rasch über die Knie hochzog, den Rock geradestrich und Strohhalme von dem Knie wegwischte. Sie verschwand hüpfend aus dem Strohschuppen, ihren Schwestern, ihren Eltern entgegen.

Der im Stall stumpf stehende Stier, der im Dämmerlicht dösende Hengst, der in der Sonne aufgeplusterte Hahn, der fressende, wühlende Eber, die sterbenden Fliegen auf dem Fenstersims, die geplatzte Kirsche, der in den Erdboden eingetretene Kern.

«Das ist es also», dachte ich und stierte entgeistert auf die kleinen Flecken, die ich verloren hatte und nun auf dem Schuppenboden verdunsteten. «Das ist es», dachte ich in den steinernen Mittag und den an den Schuppenbalken hinabrinnenden Nachmittag. «Das ist es also», dachte ich im schwebenden Strohstaub.

Dann die Abenddämmerung, die wie eine düstere Wolke über den Hof schwärmte, der schwere Erdgeruch vor einem Sommernachtsgewitter, einzelne funkelnde Hoflichter, ferne Stimmen, schwaches Blechern des Melkgeschirrs, der im Dunkel verschwindende Knecht, die horizontlose Nacht, in die ich, auf einem Holzpflock sitzend, staunend starrte - am Wendekreis des Traums.

Aus «Postlagernd»

Diese Passage erschien erstmals unter dem Titel «Am Wendekreis des Traums. Oder: Einbruch der Erotik ohne Vorwarnung» in «Gasolin 23» (1979, Heft 7, Träume) und 2014 in «Die Ankunft der Nacht, Stories» im MaroVerlag.

Städte, Landschaften, Wohnungen, Straßen repräsentieren die Topografie seiner Literatur. Das Interessante liegt in der Welt, nicht in einem selbst. Das ist das Amerikanische an dieser Prosa, das Setting, die Szenerie, die Stimmung, die ausdrückt, was in den Menschen vor sich geht. Der Bauernhof als literarischer Ort kehrt in einer späteren Erzählung wieder. 1994 erscheint der Erzählband «Alles geht weiter, das Leben, der Tod» im Lenos Verlag. Die Erzählung mit dem gleichnamigen Titel ist eine meisterhafte Miniatur der Vergänglichkeit.

> Er hatte die todkranke Schwester der Bäuerin nie gesehen. Sie hatten sie in der Nacht gebracht, als sie es nicht mehr allein in ihrem kleinen Haus im Dorf ausgehalten hatte. Durch die Bemerkungen der Bäuerin und des Bauern wusste er aber, dass sie auf dem Sofa im Wohnzimmer lag, dass sie nicht mehr aufstehen konnte und nachts fast ununterbrochen stöhnte und sich ihres kranken Körpers entledigen wollte, der ihr wie ein Gebirge auf der Seele lag.
> «Vielleicht helfen die Kräuter und Goldmelissenblüten», sagte die Bäuerin und rupfte täglich an den Sträuchern im Kräutergarten, kochte Tee und wechselte am Morgen die durchgeschwitzte Bettwäsche.
> Von Zeit zu Zeit schaute er vom Hof hinauf zum geöffneten Fenster, aus dem der Wind den weißen Tüllvorhang blähte und wieder ins Zimmer sog, ein Segel im Atem des Bauernhauses.
> Alles ging weiter, die Tage, die Nächte.
> Tags wehte der weiße Tüllvorhang aus dem geöffneten Fenster, nachts leuchtete ein schwaches Licht durch die zugezogenen Vorhänge. Die Käuzchen, angelockt durch das Licht, riefen von den

nahen Tannen. Er glaubte nicht an ihre Todesbotschaft, aber er fürchtete sie in seiner Mansarde trotzdem, wenn ihr klagender Ruf die Nacht noch mehr verdunkelte.

Der Nachmittag, satt und träge, lag über der Hofwiese, ausgebreitet wie ein großes, schweres Tuch. Kaum Wind. Vom Dorf im Tal schlug es ein Uhr, der Glockenschlag zerbrach die Zeit wie Glas. Ein Vogel hüpfte lautlos über die Wiese, der Hofhund gähnte und streckte sich auf seinem Kartoffelsack im Schatten der Scheune. Im tiefen Nachmittag kam der Leichenwagen.

Der weiße Tüllvorhang hing schlaff aus dem Fenster, hinter dem es still und dunkel war. Später hörte er düsteres Gemurmel und das Wegfahren des Leichenwagens.

Die Bäuerin stand auf der Haustreppe, ein Tuch in der Hand, und sah dem Totenwagen nach; oben auf dem Fenstersims blühten prall rote Geranien.

Aus «Alles geht weiter, das Leben, der Tod»

Sexualität und Tod, das sind die Themen, die bei meinem Vater immer wiederkehren. Dann Sucht, Einsamkeit, missglückte Liebe, Beziehungslosigkeit. Was literarisch negativ erscheint, ist doch der Wirklichkeit abgetrotzt. Es ist die Beobachtungsgabe des Schriftstellers, das Augenmerk auf die Nebensächlichkeiten, die dann eine immense Bedeutung bekommen. Der sich blähende und dann schlaff hängende Vorhang, ein Bild, das Leben und Tod symbolisiert. In der Geschichte mit dem Mädchen, die zerplatzende Kirsche, die kopulierenden Tiere, die schwüle Atmosphäre des Verbotenen. Mein Vater konnte erzählen und dichten, wobei er mit dem Dichten in den Siebzigerjahren aufhörte und sich auf

Prosatexte konzentrierte. Verlegerisch aber hat er sich weiterhin stark für Gedichte eingesetzt.

In «Mittagswind» gibt es sehr schöne Gedichte, die im Ton an Georg Trakl erinnern, den er ebenfalls sehr bewunderte und liebte.

> Sonnenlicht / Sonnenlicht, / Ein Schatten zum Menschen wuchs / Langsamen Schrittes das Dorf verließ / Ein Hund bellt und Leitbockgebimmel - / Wolkensterben am Himmel / Später eine Leiche zum Gruß (1965)
> Dieses und die folgenden Gedichte aus «Mittagswind»

Dann Gedichte, die seine Reisen in den Nahen Osten verarbeiten:

> Herat / Ein Mann trinkt Tee. / Rauch wendet, windet sich, / stülpt um, rasch aufsteigend, / Durchsichtig weiß zerfließend / Im azurgelben Abendhimmel, / Und verschwindet in einem Atemzug. (1970)

Das titelgebende Gedicht «Mittagswind» skizziert mit wenigen Worten eine Stimmung des Vergänglichen:

> Mittagswind / Der Mittagswind strich leise die Mauer. / Tot rankt Efeu um den Pfahl, / Hitze lässt das Gezwitscher zerfließen, / Und immerwährend fällt die Mauer ... (1968)

Die Gedichte aus «Mittagswind» zeigen eine andere Seite meines Vaters. Nicht die zuweilen rohe Welt des Undergrounds, die er gelebt und erfahren hatte, sondern die transzendente Empfindsamkeit seiner Wahrnehmung.

> An jenem Abend / An jenem Abend, als die Schatten der Bäume / die Straßen verzerrten und die Türme schwiegen, / erhoben sich die Vögel im Gebirge, / zogen eine Schleife und segelten über den bleichen See. / Die Nacht erbrach ihr Dunkel, / und die Rücken der Engel zerbrachen am Berg. (1967)

Das Mystische ist diesen Gedichten immanent, aber auf eine unaufdringliche, sanfte Art. Im Widerspruch stehen auch hier der Rückblick auf ein naturhaftes Leben und die pulsierende tödliche Großstadt.

Die Gedichte über Großstädte sind dem Underground-Stil verpflichtet und kontrastieren zu den wehmütigeren Naturgedichten.

> Delirium 1 / Geschüttelt, gefoltert von der Macht der nahen Nacht, / Hinabsinken in ein Land ohne Schmerz. / Grellrote Sonnen in blutigem Licht, / Tausend Vögel schillern in phantastgrünen Dschungeln, / Herrliche Stimmen singen Unfassbares. / Dem Jenseits so nahe – überquellen, platzen die Sinne, / Und Millionen von Sinneslampen blinken / Kreisend rot, rotierend gelb, schwankend blau. (1964)

Das Fremde hat meinen Vater immer interessiert, das, was er nicht kannte, aber erfahren wollte und musste. Immer an der Grenze der absoluten Wahrnehmung. Wahrscheinlich war ihm in mancher Hinsicht die Schweiz fremder als das, was er auf den Reisen erlebt hatte. Das absolute Leben findet in der Fremde statt. Die Literatur war für ihn die Fortsetzung des Reisens im Kopf.

Er hat immer gerne gelesen, bewunderte die Literatur von jenen Autoren und Autorinnen, die aus Erfahrung schrieben, wie Antoine de Saint-Exupéry, Albert Camus, Marguerite Duras, Sylvia Plath, Ernest Hemingway, Henry Miller, Knut Hamsun, Paul Bowles, H. P. Lovecraft. Von ihnen hatte er gelernt und sie schätzen gelernt. Auf die Frage, was für ihn die wichtigsten Dinge im Leben seien, antwortete er, dass mit Sicherheit Bücher an vorderster Stelle stehen würden. Er war in Bücher und Geschichten verliebt, und sie boten ihm den Stoff fürs Leben.

Die Großstadt und der Tod sind wiederkehrende Motive. Mein Vater meinte, dass in der Großstadt alles bedeutungslos werde, relativ, da der Einzelne im Ganzen verschwinde. Das ist auch, was er an der Provinz hasste, den Kleingeist, das Zaudern, die Wichtigtuerei.

New York ist daher immer wieder Schauplatz verschiedener Geschichten. 2014 veröffentlichte er im MaroVerlag den Erzählband «Die Ankunft der Nacht». Die Geschichte wurde bei der Trauerfeier, die in der Pauluskirche am 24. Januar 2022 stattfand, vorgelesen.

Das Weihnachtsfoto

Das Seltsame an Erinnerungen aus der Kindheit ist, dass sie oft in Schwarzweißbildern auftauchen – wie längst vergessene Fotos, die in einer verstaubten Schatulle auf dem Dachboden oder im Keller gefunden werden. Allerdings gibt es von diesen Erinnerungen keine sichtbaren Abzüge, keine Positive, die betrachtet oder kommentiert werden können. Die Schwarzweißerinnerung kann nur beschrieben, durch das Geschriebene sichtbar gemacht werden. Der Gedanke an die Erinnerung ist das Negativ, die geschriebene Geschichte das Positiv. Die Dunkelkammer ist das Gedächtnis, aus dem die Erinnerung hervorgeholt und auf dem weißen Papier in der Schreibmaschine belichtet wird.

Es muss 1949 gewesen sein, als ich, vierjährig, Weihnachten mit meinen Eltern in New York verbrachte. Wir waren von Vaters Geschäftsfreunden zur Weihnachtsfeier eingeladen und fuhren mit einem Taxi vom Taft-Hotel quer durch New York. Eine Umleitung zwang den Fahrer, durch die Bowery zu fahren. Es schneite heftig, die Lichter der Schaufenster und der Scheinwerfer leuchteten aus der anbrechenden Dunkelheit, aus den Auspuffrohren und den Schachtvergitterungen quollen gewaltige weiße Wolken.

Die Scheiben des Taxis waren beschlagen, meine Eltern saßen auf der gepolsterten Sitzbank im Fond des DeSoto-Taxis. Ich stand am Fenster, hielt mich an der Lederschlaufe und malte mit dem Zeigefinger Kreise, Wellenlinien und Kreuze auf die Scheibe. Wegen eines Unfalls musste das Taxi anhalten, es blieb mit laufendem Motor stehen. Der Fahrer fluchte und schlug die Hände, in Wollhandschuhen, zusammen. Mit der flachen Hand wischte ich die Scheibe sauber und sah zwischen den geparkten Autos hindurch an einer Hauswand inmitten von zersplitterten Flaschen, Papier, Kartons, Zeitungen und Lumpen einen Mann kauern. Mit angezogenen Knien saß er dort, den Mantelkragen hochgeschlagen. Er blickte mir durch das Schneegestöber ins Gesicht, sein Hut war am Rand von

Schnee bedeckt, sein Bart fiel über den Mantel. Er starrte mich unverwandt an.

Ich drehte mich zu meinen Eltern um, die in dicke Mäntel gehüllt nebeneinandersaßen. «Ist das der Weihnachtsmann?», fragte ich. Vater blickte hinaus, lehnte sich wieder zurück und sagte, dass es sicher einer der Besoffenen sei, wie sie überall in dieser Gegend anzutreffen seien. Ich drückte meine Stirn an die kalte Scheibe. Der Mann hatte sich nicht gerührt, sah mich immer noch an. «Ist dem Mann nicht kalt?», fragte ich nach einer Weile. Das Taxi stand immer noch eingeklemmt zwischen anderen Autos. «Vielleicht ist es doch der Weihnachtsmann», sagte ich, «vielleicht muss man ihm helfen!»

«Hier steigen wir keinesfalls aus», sagte Mutter, «es ist viel zu gefährlich in dieser Gegend.» Der Mann starrte mich noch immer an. «Kann man ihm nicht helfen?», fragte ich nochmals, den Tränen nahe. Vater beugte sich nach vorne zum Fahrer und sagte etwas zu ihm, worauf der Fahrer laut protestierte. Vater stieg aus, ging rasch auf den Mann zu. Er sprach ihn an. Nach einigen Sekunden ging er in die Hocke, so wie er es immer machte, wenn er mit mir von Angesicht zu Angesicht sprach. Sein Mantel legte sich wie ein halbrunder dunkler Teppich auf den Schnee. Mutter hielt mich am Mantelgurt fest, damit ich nicht zu Vater hinauslief. Als Vater zurückkam, Schneeflocken auf seinem schwarzen Mantel, zuckte er mit den Schultern und sagte etwas zu Mutter und dem Fahrer, ohne dass ich es verstand. «Ich gab ihm einige Dollars», sagte Vater zu mir, als das Taxi langsam wieder anfuhr.

Mehr als ein Jahrzehnt später, als wir Weihnachten im Garten des Swiss-Club von Singapur in Korbstühlen sitzend, umgeben von Orchideen und Palmen verbrachten, fragte ich Vater, was jetzt wohl «mein» Weihnachtsmann in New York mache. Vater sagte, ein Cocktailglas in der Hand, dass er mir damals nicht hätte sagen können, dass der Mann an der Hauswand tot war. Einer von vielen, die damals, in jenem bitterkalten Winter in New York, erfroren waren.

Dieses Erinnerungsfoto vom alten Mann an der Backsteinmauer, an Weihnachten in einem Schneesturm in New York, existiert nicht. Noch immer starrt mich der alte tote Mann nur aus der Dunkelkammer des Gedächtnisses an. Es ist ein altes, verblichenes Schwarzweißfoto, das sich nicht kolorieren lässt und auf dem sich keine Retuschen anbringen lassen. Aber es ist jetzt, durch diese Geschichte, ein Weihnachtsfoto geworden.

Aus «Die Ankunft der Nacht»

Selbstverständlich hat sich der Erzählstil meines Vaters in den Neunzigerjahren verändert. Die Sprache ist ausgeglichener, eher einem klassischen Erzählstil verpflichtet und verzichtet auf typische Underground-Signale. Auffallend ist, dass im Buch «Highway-Junkie» von 1983 viele Kurzgeschichten Ortsnamen als Titel haben wie «New York City», «New York Downtown», «New Orleans», «Kansas City», «Salt Lake City», «In Los Angeles», «Mexico City», «Kalimera», «Calcutta». Das Logbuch eines Schriftstellers von seinen Reisen, die Orte, die er literarisch festhalten will.

In einer Erklärung meines Vaters, als er 1981 das Ende des Verlags Nachtmaschine verkündete, heißt es:

> In einem Land, in dem man großzügig und schnellzüngig mit dem Wort «Anerkennung» um sich schmeißt, hingegen auf dem, was im Überfluss vorhanden ist, nämlich Geld, draufhockt wie eine Glucke auf ihrem Ei, habe ich keine Lust mehr, mich mit sogenannten kulturellen Institutionen und Kommissionen herumzubalgen. Mit dem Wort «Anerkennung» kann ich mir nicht mal die Schuhe putzen, geschweige denn was zu fressen kaufen ... Ich kann in einem Land von Buchhaltern, Kleinkrämern, Arschkriechern und Betonfabrikanten nichts mehr unternehmen. Hierzulande wird man eines Tages noch fähig sein, Beton unter Natur- und Heimatschutz zu stellen und einen kulturellen Förderbeitrag an eine Betonmaschine zu geben.

Der Underground schreibt gegen etwas an. Gegen die Monotonie, die Langeweile, die Routine, das Festgefügte, das erstarrte Leben, das sich behäbig und wichtigtuerisch reproduziert. Das Aufbrechen dieser Lebensroutine, das Infragestellen, das ist das Experiment des Beats, das ein Scheitern so selbstverständlich in sich einschließt wie den Sieg, den Sieg eines gelebten Lebens, ohne Wenn und Aber.

Der Weltblick macht den Underground aus. Die Sicht des Dichters reflektiert sich durch ein kaleidoskopisches Auge, in dem sich die Welt in unzählige Splitter aufspaltet. Alles ist gegenwärtig, gleichzeitig, eine hemmungslose Gegenwart fließenden und erstarrten Lebens. Der Underground ist in jenen Extremen zu Hause, die das Leben repräsentieren. Das Mittlere, Beruhigte, gleichtönig vor sich hin

Plätschernde ist der Feind des Undergrounds, sein Untergang. Der Kampf für eine intensivere Lebensform muss sich durch dieses Mittelmaß einen Weg bahnen, diesen freischaufeln. Mein Vater hat sich diesem Experiment verschrieben. Obwohl er die Verantwortung für seine Kinder trug, war es ihm möglich, diese Lebensform durchzusetzen. Das innere Kleinbasel schien dazu der geeignete Ort zu sein. Hier lebten die Alternativen, die Migrierten, aus Bürgerkriegsländern Geflüchteten, die auf Baustellen und Fabriken arbeitenden Spanier und Italiener und deren Kinder, die Punks und Rocker.

Im Klappentext von «Highway-Junkie» heißt es zu meinem Vater als Dichter:

> *Matthyas Jenny, Globetrotter, Poeta migrans, der wandernde Dichter, ein Urtyp dichterischer Lebensform. In seiner literarischen Ahnengalerie mögen François Villon, Jack London und John Dos Passos stehen. Seine Stories von den Straßen New Yorks, Los Angeles und Mexicos sind eine Art literarisches Logbuch: Genaue Zeitkreise, klare Topografie und prägnante Menschenzeichnung sind harter schriftstellerischer Arbeit unterworfen.*

Im Chaos der Lebensgeschichte findet die Sprache zur Präzision. Der Zufall wird gebannt, in eine Form gebracht, welche das Leben in Sprache komprimiert. Das verdichtete Leben entspricht der Sprache des Undergrounds, ohne Selbsterklärung, ohne Ich-Allüren; es gilt, das Leben in seiner Nacktheit zu erfassen, sein existenzialistisches Potenzial.

Inhalt vor Form ist das Credo dieses Kunstverständnisses. Eine Literatur, welche die Improvisation vor die Komposition stellt, die Assoziation vor das Durchdachte, die Regellosigkeit vor das Strukturierte. Die Literatur als Abbild des Gelebten.

Caspar

Der Roman «Postlagernd» ist repräsentativ für eine Literatur, die Kunst und Leben als exzessive Erfahrung versteht.

Das Haus war von einer Mauer umgeben und hatte einen kleinen Garten, in dem ich mit den anderen Bewohnern täglich riesige Mengen von Haschisch rauchte. Den Winter über wurde es eiskalt, und meterhoher Schnee lag auf den Straßen, wir saßen drinnen und rauchten den schwärzesten Shit, den man überhaupt bekommen konnte, ein Kilo Haschisch kostete etwa hundert Franken. Dazwischen schrieb ich einiges auf, wollte wie alle Schriftsteller werden, las Tolkien und seltsamerweise lag eine Ausgabe von Prosper Mérimée herum.

Gegen Frühling, als die Sonne mit grausamer Helligkeit den Schnee wegblendete, verbrannte ich im Garten alle Manuskripte. Es mögen etwa eineinhalb Kilo Papier gewesen sein, voll beschrieben mit dem üblichen Geschwafel und unsinnigen Wortkonstruktionen, sinnlosem Geplapper, wie es heutige Lehrerschriftsteller so eifrig beschreiben. Ich begann, mit wenigen Ausnahmen, die Schreibenden zu verachten, sie hatten etwas Scheintotes an sich und schrieben meistens blutleeres Zeugs. Ich hatte in wenigen Jahren über viertausend Bücher gelesen, manchmal vier bis fünf Taschenbücher pro Tag, die wenigen, die in meinem Hirn zurückblieben, waren auch die wichtigsten. Noch jetzt stapeln sich in verschiedenen Kellern und Estrichen die gelesenen Bücher. Würde ich rigoros alle für mich unwichtigen, belanglosen Bücher ausmisten, blieben vielleicht 20 Bücher übrig.

Mit der afghanischen Fluggesellschaft «Ariana» flog ich nach Mazar-i-Sharif im Norden Afghanistans. Die alte DC-4 kam kaum hoch und schwankte bedenklich über dem Hindukusch. Wir landeten hüpfend auf dem unebenen Landefeld, es hieß, sie würde in zwei Tagen wieder zurückfliegen. Als Erstes mietete ich mich in einem Hotel im Kolonialstil der Engländer ein. Es war riesig und vollkommen leer, die riesigen Speisesäle wirklich unheimlich, die staubigen Wandspiegel gespenstisch. Nachts musste man mit Öllaternen oder Kerzen durch die Gänge schleichen. Räudige Hunde und zerkratzte Katzen schnupperten nach Fressbarem. Ratten jagten durchs Zimmer …

Mazar-i-Sharif war bekannt als der Ort mit dem besten Haschisch. Es gab kleine Hütten, in denen ein halbes Dutzend Afghanen saßen und den Shit zu Platten drückten, in ihre Hände und auf den Shit spuckten und ihn weich kneteten, dann zu Platten formten und mit Stroh als Zwischenlage versandbereit für Europa oder Amerika machten. Einkäufer kamen mit Taxen, besahen sich die Ware und kauften den Shit kistenweise, Kamele transportierten die Kisten zu Karawanenplätzen, wo sie in Säcke umgepackt wurden oder - als Teppiche deklariert - Richtung Flugplatz verladen wurden. Alte, antike Töpfe und Kessel wurden gefüllt und verschlossen und mit dem Flugzeug oder mit den Karawanen über die Berge nach Kabul versandt. Die wenigen Polizisten des Ortes standen im Halbkreis, rauchten und schauten dem Treiben zu. Nickten beifällig, wenn besonders fein gekneteter Shit aus den Kisten in Säcke gestaut wurde. Anstelle von Restaurants gab es Holzhütten, in deren Mitte eine mannshohe Wasserpfeife mit zwölf Anschlüssen stand, oben glühte ein gewaltiger Shitklumpen. Man konnte reingehen, bezahlte etwa 3 Afghanis und konnte dann so lange ziehen, bis man träumte, das heißt, nach drei Zügen war man voll und träumte still vor sich hin. Niemand flippte aus, niemand war aufgeregt, alles war locker, geschmeidig und leicht, während warmer Steppenwind über den Ort sang, den Geruch meilenweiter Hanffelder mit sich trug.

Aus «Postlagernd»

Cover «Postlagernd».

Wenn sich die Underground-Literatur nicht unbedingt kompositorischen Regeln unterwirft, so sind die Beschreibungen in dieser Literatur oftmals von derart glasklarer Präzision, dass sie an wissenschaftliche Texte erinnern. Die Beschreibung der Haschisch-Herstellung in Mazar-i-Sharif ist zugleich eine ethnografische Ministudie. Das Leben in der Wildheit ist zwar chaotisch und planlos, aber das selbstbeobachtende Ich eines solchen Lebens nimmt alles glasklar wahr, leuchtet die Details aus, saugt die Szenen in sich auf, einem Schwamm gleich, und gießt es in eine Sprache, die das Erlebte in Literatur bannt. Diese Textstelle in «Postlagernd» vermittelt zudem den authentischen Ausdruck des Selbsterlebten, der Autor und das Geschriebene sind eins, Sprache und Schreiber sind eine existenzialistische Verbindung eingegangen. Die Underground-Literatur lebt niemals von Recherchen, von bereits Gelebtem, sondern stellt das erlebende Ich in der Welt ins Zentrum der Betrachtung. Denn was kann ich wirklicher wissen als das selbst Erfahrene und Erlebte? Daran armt die Schweizer Literatur, sie recycelt bereits Bestehendes und wagt kaum das Fremde, Andere, Unkontrollierbare, Ungezügelte, Hemmungslose.

Fragmentarisch wie das Leben selbst umkreist die Sprache das Gemeinte, das Eigentliche, den Kern einer Sache. Das «Unleben» bedarf auch der «Unsprache», der gequälten Selbstdarstellung in jener Extremsituation, in der das Leben steht. Zerrissen, zerstückelt, unfertig, ephemer und aggressiv leidet das Leben an seinen Umständen, und im Versuch, es darzustellen, bietet sich die Underground-Literatur an. Sie ist demnach radikal in ihrer Darstellung und benennt alles beim Namen, mag es noch so hässlich sein. Ihre Ästhetik gewinnt diese Literatur in ihrer Menschlichkeit, in ihrer schonungslosen Selbst- und Fremddarstellung.

Caspar

Mein Vater hat sein Leben auf eine radikale Weise gelebt. Doch nie ist ihm die Feinheit und Sensibilität für das Leben verloren gegangen. Der Underground-Literatur ist eine eigene Melancholie eigen, die sie sich in einer kaputten, zynischen und grotesken Welt bewahrt hat.

Highway-Junkie

In all den Jahren, die ich auf der Straße verbrachte, in Hauseingängen, unter Bäumen, an Flussufern oder stehend in überfüllten Bussen, galt es als oberstes Lebensprinzip, sich auf nichts, aber rein gar nichts, einzulassen, das das Weiterkommen hindern könnte. Die Menschen, mit denen ich in Kontakt kam, waren nur insofern für mich interessant, als sie dieses «Weiterkommen» nicht behinderten. Beziehungen zu Einzelnen waren unmöglich und unerwünscht. Liebe nur für eine Stunde, zwei Tage oder, wenn es hoch kam, für drei Wochen, dafür wochenlanges Leiden an der Unmöglichkeit und Unfähigkeit, eine Beziehung aufzubauen, weil das Lebensprinzip des «Vorankommens» wichtiger war. Ich zog es vor, für das, was man unter «Liebe» verstand, das nächste Puff aufzusuchen, oder wenn es sich ergab, mit dem Mädchen oder der Frau eine «kalte Szene» durchzuziehen. In diesen kalten Ficks, die wie unter dem Licht von Neonröhren stattfanden, lag allerdings die Faszination des Elends, der Verzweiflung, der Wut, die es hemmungslos auszuleben galt.

Im Laufe der Zeit legte ich mir einen «Schutzpanzer» zu, der es unmöglich machte, überhaupt auch nur spurweise auf die Bedürfnisse oder das

Verlangen eines anderen einzugehen. Manchmal interessierte es mich nur noch, wie man die kalten Situationen literarisch verarbeiten könnte. Ich betrachtete den Menschen, mit dem ich zusammen war, als Figur, in die ich projizierte, was mir passte. Kamen Gefühle ins Spiel, wurde das Zusammensein abgebrochen, um «weiterzukommen». Dieses «Weiterkommen» wurde zur Sucht, zur Manie. War ich an einem Ort angelangt, so wollte ich bereits am nächsten Ort sein, sei dies nun eine Stadt, ein Land oder ein Mensch. Anstatt dass ich mir näherkam, entfernte ich mich mit jedem Jahr weiter von mir; das «Weiterkommen» machte sich selbstständig. Während mein Körper zum Beispiel in einem Hauseingang mit einem anderen Körper fummelte, waren meine Gedanken in einem fernen Land. Manchmal verlor ich überhaupt die Orientierung, wie zum Beispiel in Singapore, wo ich auf einer Brücke stundenlang stand und nicht mehr wusste, wo ich war und was ich eigentlich tun sollte. Mein Hirn glich einer Leinwand, auf der ein farbloser Film ablief.

Ich weiß, dass vor allem in der biederen und harmlosen Schweizer Literatur die sogenannte «Bekenntnisliteratur», oder wie furztrockene Kritiker schreiben, die «Nabelschau», absolut verpönt ist. Ich meine, ich stelle meine «Lebenserfahrung» beileibe nicht über die «Lebenserfahrung» eines Kritikers und noch weniger meine literarischen Kenntnisse, die sich sowieso nicht mit den akademisch ausgebildeten Kritikern oder Schriftstellern vergleichen lassen. Ich weiß, dass in der Literatur die sogenannten «größeren Zusammenhänge» eine wichtige Rolle spielen. Für mich aber nicht. Haben diese «größeren Zusammenhänge» in der Literatur jemals auch nur ein Jota verändert? Es gibt Bücher, die auf einen Einzelnen einen Einfluss haben, ihn vielleicht sogar verändern, oder wenn es hoch kommt, sogar seine Gedanken beeinflussen. Aber dies ist selten, sonst würden sich die Literaten und Kritiker nicht wie die letzten Arschlöcher aufführen. Diese fürchterliche Gemütlichkeit, Witzlosigkeit und Behäbigkeit ist für die Literatur tödlich, und da helfen ihr auch nicht die «größeren Zusammenhänge».

Was jedenfalls krankt, ist dies, dass sich Schriftsteller und Dichter so vorkommen, als wenn sie etwas wären, als wenn hier etwas Besonderes geschehen würde, als wenn sie in ihrer Art einzigartig seien. Das ist absolut lachhaft, weil genau aus dieser Haltung heraus diese Art von Literatur entsteht, die einem das Lesen verleidet. Es werden dicke, umfangreiche Bücher produziert, die in den Bibliotheken und Bücherbrettern ungelesen verstauben, ähnlich wie bei der Produktion von Pharmazeutika, die zu 90 % gar nicht benötigt und ständig aus anderen, bestehenden adaptiert werden.

Ich glaube, dass es nicht genügt, dass jemand von sich behauptet, er sei Schriftsteller, weil er nur ein Buch publiziert hat. Schreiben ist für mich eine Haltung, die die Distanz zwischen dem Geschriebenen und dem Schreibenden verringern sollte. Im Übrigen gibt es nichts mitzuteilen und niemandem, der schreibt, ist Mut zu machen, weil keinem Dichter Mut gemacht werden muss, weil er ihn hat und benützt. In welchem Land, bitte sehr, haben die Schriftsteller vor ihren eigenen Worten Angst? Jedenfalls nicht dort, wo ein Dichter mit dem Tod bedroht wird, sondern hier in dieser mittelmäßigen und behaglichen Gemütlichkeit, wo man gerne zusammensitzt und sich einen netten Abend macht. Diese Normalität ist so entsetzlich langweilig, dass dagegen nur die Sucht des «Weiterkommens» gestellt werden kann, die ich insofern befürworte, als sie dieser grässlichen Normalität eins auswischt, auch wenn der Betreffende draufgeht. So hat er einen Weg gewählt, der in seiner Konsequenz und Kompromisslosigkeit weit über dem steht als das, was von den «Gemütlichen» geboten und gemacht wird.

In Highway-Junkie schreibt der Junkie, der es nicht nötig hat, jemanden zu beeindrucken oder mit literarischen Tricks etwas «Interessantes» und «Lesenswertes» zu produzieren. Diese Stories und Gedichte entstanden in Situationen, in denen es eigentlich nichts mehr zu schreiben gab. Niemand soll mich fragen, weshalb sie trotzdem geschrieben wurden, weil: «Das Messer ist mein Gefährte.»

Aus «Highway-Junkie»

In der Art eines Pamphlets postuliert hier mein Vater die Aufgabe des Schriftstellers. Jeder, der schreibt, ist einer Haltung verpflichtet. Diese Haltung entspricht der Haltung des Underground-Schriftstellers. Jedwede Schöngeisterei ist verpönt. Dafür gilt die Selbstbeschauung, die unangenehm genug ist, weil sie nichts Besseres vortäuscht, als ist. Gerade die erwähnte Schweizer Gemütlichkeit, ihr Einverständnis mit der Norm, provoziert eine aggressivere Gangart. Dort, wo der Dichter auf Leben und Tod schreibt, schreibt er gegen alles an, und er weiß, dass ihm gar nichts anderes übrigbleibt. Gegen das, was ihn umbringt, sei es die Gesellschaft, eine Diktatur oder eine lebensfeindliche Umgebung, schreibt er um sein Überleben. In der Schweizer Gemütlichkeit ist diese Dringlichkeit nicht gegeben, bleibt aus, was den Dichter dazu zwingt, schonungslos darüber zu schreiben, was ihn bedroht. Die Angst vor dem eigenen Wort dagegen finden wir in einer Gesellschaft, wie es die schweizerische eine ist. Hier macht das Unkontrollierbare Angst, will eingezäunt werden. Doch die Kunst des Undergrounds sprengt diese Fesseln, lässt sich nicht domestizieren, vereinnahmen und verkaufen.

Es ist wohl kein Zufall, dass der einzige Underground-Verlag der Schweiz seinen Sitz in Basel hatte. Die Grenzlage und die kulturelle Ausrichtung nach Deutschland und Frankreich machen sie zur unschweizerischsten Stadt. Es erstaunt darum nicht, dass im Verlag Nachtmaschine viele deutsche Autoren veröffentlicht haben. Mein Vater war mit seinem Verlag in den Achtzigerjahren auch immer auf der Frankfurter Buchmesse vertreten. Ein Schweizer Underground ohne den deutschen Underground ist schwer vorstellbar. In Deutschland finden sich alle Verlage dieses Genres. Darum ist der Verlag Nachtmaschine eine singuläre Erscheinung im Schweizer Literaturbetrieb, weil er als einziger Verlag den Geist des Undergrounds repräsentierte.

«Die Welt gehört den Wahnsinnigen», pflegte mein Vater zu sagen. Er kannte den Rausch, er kannte den Alkohol, er kannte die Drogen. In seinen letzten vierzig Jahren blieb er aber trocken, rührte nicht ein einziges Glas Alkohol mehr an. Immer wenn wir essen gingen, bestellte er Mineralwasser. Auf seinen Reisen in die Türkei, nach Afghanistan, Pakistan,

STRASSENGEDICHT I

Nicht dass es mich besonders interessiert
was du von Gedichten hältst,
das ist mir zugegebenermasse zu mühsam
und führt nur dahin
dass du weitergehst,
über die Dichter gekonnt den Kopf schüttelst
und ich weiterschreiben werde.

Auch interessiert mich deine saubere Fassade nicht besonders
mit der du dir und mir was vormachen willst.

Was mich interessiert sind
die Verzweiflung, der Hass, die Verachtung,
aber auch die Liebe, diese unsichtbaren Gebirge
die unter deiner sauberen Fassade leben
die verschwinden hinter deinen Leuchtreklamen
mit denen du durch die Strassen gehst
und Signale um Beachtung sendest.

(Dieses Gedicht-Flugblatt ist ein Signal für eine
 ganz andere Art von Beachtung)

Aber mir, dem Dichter, kannst du nichts vormachen
und auch dein Kopfschütteln
ist ein Eingeständnis
deiner eifrig übertünchten Unfähigkeit
frei zu reden, zu reden vom Leben
das ganz sicher nicht nur aus Fassaden
und Leuchtreklamen lebt

und deswegen, weil es trotzdem so ist,
gibt es die Poesie, den Fassadenbrecher,
die Wortmeissel, die Zertrümmerungsmaschinen,
das Gedicht auf der Strasse
oder wo immer Gedichte entstehen,

all diese Gedichte mit denen du lebst
auch wenn du sie verächtlich fortschmeisst,
denn die Dichter hören nie auf zu reden,
zu reden mit äonenalten Worten

auch wenn du sie nicht hören willst.

Matthyas Jenny
Basel im April 1978

Die Gedicht-Flugblätter werden in unregel-
mässigen Abständen zwischen Barfüsser- und
Marktplatz in Basel verteilt.

Straßengedicht von Matthyas Jenny, 1978.

Indien, Malaysia, Thailand, Vietnam u. a. war er Extremsituationen ausgeliefert gewesen. Lebendig und expressiv schildert er diese Grenzerfahrungen von Krankheit und Rausch. In einem Dorf in Malaysia beginnt eine Reise ins Fieber.

> Hinter dem weißgestrichenen Bahnhofsgebäude war auch schon das Zentrum des Dorfes. Nur ein einziges Lokal gab es im Dorf, auf das ich zuging, mich an einen kleinen Tisch setzte und den Wirt nach einer Pritsche fragte und gleichzeitig Ginger bestellte, ein Gesöff, das sie hier tranken. Vor dem Fenster, über das ein löchriges Mosquitonetz gespannt war, zogen Wasserbüffel vorbei, Knaben rannten über den glühenden Dorfplatz, schauten neugierig durchs Fenster. Erstaunlich viele Knaben gab es hier, Mädchen hatte ich noch keines gesehen. Mit dem Getränk in der Hand führte mich der Wirt in einen kleinen fensterlosen Raum, wo eine Pritsche stand. Die sumpfige Hitze und das Opium machten müde, sodass ich sofort einschlief. Ich träumte Dinge, die auf einem anderen Blatt standen.
> In der Nacht musste mich ein Malaria-Mosquito gestochen haben. Ich wachte völlig verschwitzt auf, zog das Hemd aus, pisste in eine leere rostige Corned-Beef-Büchse. Der Wirt brachte Tee, ein Knabe eine kleine Wasserpfeife mit Gras. Der Knabe blieb am Boden hocken und starrte mich an, ich starrte zurück. Plötzlich wurde mir schwindlig und übel, das Gesicht des Knaben raste auf mich zu und zerschellte auf meinem Gesicht, vor Schreck sackte ich auf der Pritsche zusammen. Es gab nur eines, weg von hier, war der letzte Gedanke, bevor

ich traumlos einschlief. Gegen Abend wachte ich auf, mit trockenem Mund und wattigem Hirn. Nachts hält ein Zug, so viel verstand ich den Wirt, der nach Kuala Lumpur fährt. Der Knabe folgte mir wie ein Hund hinten nach. Mein Körper schlotterte vor dem beginnenden Fieber. Die Nacht fiel wie ein Verbrechen aus dem Dschungel, Generatoren begannen zu rattern, matte Birnen beleuchteten das Bahnhofsgebäude.

Aus «Postlagernd»

Mein Vater hatte Glück, dass er sich nicht mit der tödlichen Malaria tropica angesteckt hatte. Noch in den Achtzigerjahren hatte er Fieberschübe aufgrund dieser Ansteckung in Südostasien. Die Malaria quartana, die er sich in den Sechzigerjahren eingefangen hatte, ist bekannt für regelmäßig wiederkehrende Schübe. Bei einem Rückfall war ich selbst Zeuge und sah ihn leichenblass, vor Schüttelfrost zitternd, schweißgebadet im Bett liegen. Mein Vater sagte mir, dass er jedes Jahr so einen Anfall hätte und es vorbeigehen würde.

Die erste Fieberattacke hat mein Vater in «Postlagernd» literarisch geschildert. Die Prosa erinnert zuweilen an William S. Burroughs' «Naked Lunch», in dem Drogenerfahrungen in halluzinativen Passagen verarbeitet wurden.

Als Dichter und Schriftsteller hatte mein Vater seine Verlage. Für die Prosa den MaroVerlag in Augsburg, der sich mit amerikanischer Underground-Literatur einen Namen gemacht hat und bei dem die ersten Bukowski-Bücher (von Carl Weissner übersetzt) erschienen sind. Für die Gedichtbände war der Verleger Markus Althaus aus Basel zuständig. Althaus war eine Figur wie Manfred Gilgien, alkoholabhängig, chaotisch, unbürgerlich und extrem. Ich erinnere mich an einen Besuch bei ihm. Wo die Druckmaschine stand, waren im ganzen Raum Stapel von Papier verstreut, ein produktives Chaos. Er war leider so schwer alkoholsüchtig, dass er früh verstarb. Sein markantes Gesicht, seine schulterlangen Haare, seine besondere Stimme, das alles bleibt mir unvergesslich, eine Figur aus den Siebziger-/Achtzigerjahren, die heute kaum mehr vorstellbar ist. Idealistisch und selbstverzehrend, produktiv und ohne Rücksicht auf sich selbst. GTP (GUTEN TAG PRESS) lautete der Name des Verlags von Markus Althaus ganz in der Underground-Manier. Von Matthyas veröffentlichte er die Gedichtbände «Fahrt in eine vergangene Zukunft» (1975), «Zwölf-Wort-Gedichte» Band 1 und 2 (1976) und «Traumwende» (1977).

Mein Vater war ein poetischer Mensch, kannte den Zufall, das Spontane, das Unverbrauchte, die Neugierde, den Humor. Bis zu seinem Tod war er im Geist jung geblieben und stieß alles Reaktionäre, Verkrustete von sich. Das Gedicht war für ihn wahrscheinlich die höchste literarische Kunstform. Und er wusste, was für eine Arbeit, einen Kampf das Gedichteschreiben bedeutete. Sein Respekt für Gedichte war unendlich. Gerne erinnere ich mich an einen heißen Sommertag in seinem Büro in der Verlagsauslieferung AZED AG, als er mir die fünfbändige Celan-Ausgabe des Suhrkamp Verlags schenkte. Immer unterstützte er mich und meine Schwester, wenn es um literarische Bildung ging. Von 2000 bis 2001 war er Verlagsleiter beim Ammann Verlag in Zürich. An Weihnachten schenkte er mir die Gesamtausgabe von Ossip Mandelstam, die 2003 im Ammann Verlag neu übersetzt und in einem Schmuckschuber herausgegeben wurde.

Er bewunderte die Lyrik von Ingeborg Bachmann, Sylvia Plath, Paul Celan, Georg Trakl, Walt Whitman und selbstverständlich die Underground-Lyrik von Charles Bukowski, Allen Ginsberg, Jörg Fauser. Vor allem die amerikanische

Dichterin Sylvia Plath (1932–1963) war eines seiner größten Vorbilder. Früh gab er mir ihren autobiografisch geprägten Roman «Die Glasglocke» («The Bell Jar») zu lesen, später den Gedichtband «Ariel». Die Gedichte darin sind die Essenz dessen, was für meinen Vater ein Gedicht ausmacht. Schonungslos, bilderwütig, sensibel, kryptisch, einsam und wahnsinnig.

Matthyas Jenny

Mittagswind
20 Gedichte 1962-1971

Cover «Mittagswind».

Caspar

LESUNG
VON
«MATTHYAS JENNY»

Donnerstag 20.5.1976 20:00 Uhr im Buchladen GTP, Rufacherstr. 54
(Ecke Colmarerstr./Rufacherstr. neben Restaurant Rufacherhof)
Tram Linie 6 /Station Morgartenring
Tram Linie 3 /Station Burgfelderstrasse

Jenny liest aus seinen zwei neuen
Gedichtbänden:
"Traumwende" und "Zwölf-Wort-Gedichte" Bd.2

Er stellt seinen
"Basler Heroin/Amphetamin-Report" vor
und liest 3 Short-Stories aus
"Traum- & Rauschgeschichten".
Anschliessend beantwortet er Fragen.

Vom 21.-23.5. wird Jenny von 17:00-20:00 Uhr
im Ausstellungsraum anwesend sein und auf
Wunsch vorlesen.

Die ausgestellten Bilder sind Meditationsbilder und Illustrationen in Aquarell zu
seinen "Zwölf-Wort-Gedichte".

GTP-Verlag, Rufacherstr. 54,
Tel. 38 08 72 oder 43 49 43

·GUTEN TAG PRESS·

Lesungsplakat, 1976.

In seinem Gedicht «Sylvia Plath» heißt es:

gelesen habe ich deine einsamen worte / die auf dem schmalen grat / zwischen diesseits und jenseits / blühen und verdorren / aus deinen worten formt sich ein gesicht / das hell wie der wintermond in meine augen blickt / eisig einsam und gefährlich schön / deine augen haben meine geblendet / damit ich teilhabe an deiner in lapislazuli / gebetteten finsternis / in deinen worten wohnt der tod / dieser kaltblütige spieler / der sich durch nichts aus der ruhe bringen lässt

Aus dem Gedicht «Sylvia Plath» in «Traumwende»

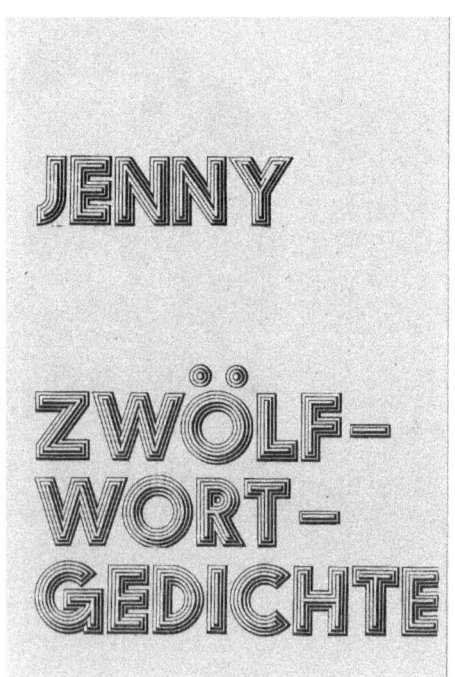

Cover «Zwölf-Wort-Gedichte».

Dass der Dichter, die Dichterin eine gefährdete Existenz ist, war meinem Vater immer bewusst. Die Dichterin, die immer am Abgrund von Leben und Tod schwebt, über eine Sensibilität verfügt, die ihr letztlich zum Verhängnis wird. Das Zerbrechen an der Welt ist das Schicksal dieser Art Dichter, wie es auch Meury und Gilgien waren. Außerhalb der Norm lebend und sich selbst als größten Feind habend.

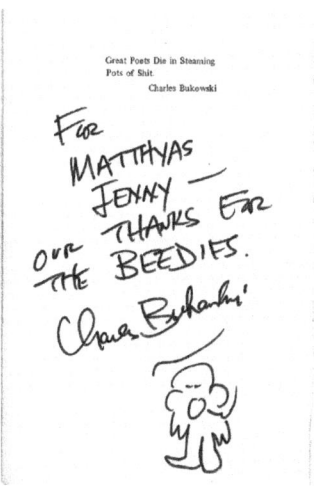

Widmung von Charles Bukowski.

MANFRED GILGIEN

Der Dichter Manfred Gilgien (1948–1993) gehört zum Prototyp des Underground-Schriftstellers. Er lebte in den Achtzigerjahren bei uns um die Ecke an der Hammerstraße. Im Parterre bewohnte er eine kleine Wohnung in einem Altbau. Manchmal saß er bei uns am Küchentisch, schwer betrunken, und diskutierte mit uns. Er trank einfach alles, was auf dem

Tisch stand, selbst die Ovomaltine meiner Schwester. Seine Erscheinung entsprach dem Bild des trinkenden Dichters. Er war ein Mann der Straße, der Kneipen, der Bars, der Spelunken, der Absteigen. Diese Welt der Gasse war sein Biotop, seine natürliche Lebensumgebung.

«Straßen-Tango» von 1978 war seine einzige Buchveröffentlichung im Verlag Nachtmaschine. Die Prosa besteht aus Kurzerzählungen, die in einer erstaunlich schönen und gepflegten Sprache erzählt werden und zuweilen an Franz Kafka erinnern (vgl. dessen Erzählung «Der Trapezkünstler»). Die Gedichte entfalten eine Welt der Großstadteinsamkeit und eine Poesie des Nebensächlichen, Unsensationellen.

Frau beim Wäscheaufhängen
Die kahlen Wäscheleinen behängt / die Frau mit farbigen Wäschestücken / die Aussicht auf ihr Gesicht hat sie / mir mit einem Badetuch verhängt / Ich kann nur ihre Beine sehen / die sicher auf einem Stuhl stehen / Vom Fenster aus schaue ich zu, gebannt / Wie sie geschickt mit der rechten Hand / den Sack mit den Wäscheleinen nachzieht / Zeile für Zeile Stück für Stück / Immer wieder vom Stuhl gestiegen / Um ihn weiter vor zu schieben / und sich rasch wieder draufstellt
Aus Manfred Gilgien: «Straßen-Tango»

Nachdem mein Vater im Herbst 2021 verstorben war, musste ich seine Wohnung auflösen. Ein ungeheuerlicher Vorgang, muss ich gestehen, und sehr schmerzhaft. Im Brockenhaus «Hiob», wo wir zuvor die Vasen für die Blumen gekauft hatten, musste ich nun die Räumung der Wohnung meines Vaters in Auftrag geben.

Als ich schließlich im leeren Zimmer stand, wurde mir klar, wie wir alle verschwinden. Die übrig gebliebenen Medikamente musste ich zur Apotheke zurückbringen. Als ich sie dort abgab, waren die anwesenden Verkäuferinnen erstaunt, und ich erklärte ihnen, dass mein Vater verstorben war. Ich sah, wie sie erschüttert und betroffen waren.

Im Nachlass meines Vaters fand sich ein blassgelbes Dossier von Manfred Gilgien zwischen Steuererklärung, Quittungen, Papier, Zeitungen und Manuskripten. Eine Kostbarkeit, weil es Originalunterlagen enthält, auf deren Basis die Neuauflage von «Straßen-Tango» 2005 erschienen ist. Das Dossier ist mit dem 17.7.85 datiert. Es bietet einen Einblick in diese Zeit und in die Arbeitsweise meines Vaters. Es findet sich darin ein gelbes Klarsichtmäppchen mit Fotos von Manfred Gilgien sowie ein Konvolut aus maschinengeschriebenen, mit Anmerkungen versehenen A4-Seiten aus den Siebzigerjahren, einzelnen beschriebenen Papierschnipseln und Honorarquittungen. Herausgeber der Neuauflage war Hansjörg Schneider, der auch das Vorwort zu dieser Ausgabe verfasste. Die Texte wurden zum Teil neu zusammengestellt. Im Original stehen die maschinengeschriebenen Texte auf vergilbtem, zuweilen mit Kaffeespritzern übersätem Schreibmaschinenpapier.

Auf den Fotos im Dossier sehen wir einen jungen zigarettenrauchenden, irgendwie unschuldigen, noch ungezeichneten Manfred Gilgien. Diese Bilder stammen von der Fotografin Esther Pfirter, die auch uns als Kinder in ihrem Atelier in der Missionsstraße fotografiert hatte. Ein Bild im Hochformat zeigt dann einen gealterten Manfred Gilgien im langen Stoffmantel, die Hände tief in den Taschen vergraben, das schulterlange Haar nach hinten gezogen, mit Bart und Schnauz und verlorenem Blick neben einem Wandbild von Toulouse-Lautrec in der Kunsthalle Basel. Der Inbegriff des herumziehenden Trinkers, ruhelos und getrieben. Ein Großstadtmensch. Man könnte sich ihn ebenso gut in Paris vorstellen. Ein Dichter-Clochard, dessen Heimat die Straßen und Kneipen sind.

Ein anderes Foto im A4-Querformat zeigt Manfred Gilgien in der Küche seiner Wohnung in der Hammerstraße. Er sitzt neben der Spüle, auf der gerade eine weiße Ratte vorbeihuscht. Auf einem Tischchen vorn stehen ein Kochtopf, zwei Aschenbecher und Gläser. Links von ihm eine Kommode mit schmutzigem Geschirr, Zeitungen und Plastiktaschen. Hinten ein Fenster, das in die Nacht hinausgeht. Manfred ist angezogen wie auf der Straße. Die Wohnung ist eine typische Trinkerbude, gleichgültig, trostlos und verwahrlost, ein Provisorium ohne weitere Bedeutung. Wohnen im eigentlichen Sinn ist ihm fremd. Sein Zuhause ist das Draußen, die Straße, und so ist selbst die Wohnung ein Teil der Straße geworden. Und er mittendrin, ein korpulenter massiger Typ, nicht mehr der Schlanke der frühen Jahre. Auch sein Gesicht ist massiger geworden, aufgequollen. Sein Blick ist weich, und etwas Kindliches und Hilfloses liegt in ihm, als würde er eine Antwort auf eine Frage erwarten.

Manfred Gilgien in der Küche seiner Kleinbasler Wohnung.
Bild: privat

Ein Stadt-Nomade ist Manfred Gilgien, ein Wandernder der Nacht, von Kneipe zu Kneipe, von Glas zu Glas. Der Typus des sich selbst zerstörenden Trinker-Dichters kennt viele Beispiele in der Literaturgeschichte, u. a. in der amerikanischen, wenn man an Malcolm Lowry, Charles Bukowski, Ernest Hemingway, Dylan Thomas denkt. Das unbehauste Leben von Manfred Gilgien fand in einigen sehr guten Gedichten seinen Niederschlag.

Die Stimmungen und Stimmen der Stadt sind ein wiederkehrendes Thema der Underground-Literatur. Die Stadt am helllichten Tag, in der Nacht, im Morgengrauen. Underground beschreibt das Leben der Stadt, dort, wo sich an ihren Rändern, an ihrer Peripherie das Leben der Außenseiter abspielt. In dieser Gesellschaft der Randständigen fühlt sich der Underground-Dichter heimisch. Gilgien war einer von ihnen, ein Einzelner unter Einzelnen, herumziehend, herumzechend, einsam und gesellig zugleich. Die Sprache, das Gedicht als Mittel zur Selbstverteidigung, als Mittel, die Welt zu ertragen. Die urbane Welt, die städtische Anonymität ist die Poesie dieser Dichtung.

In einem Brief an das Erziehungsdepartement Basel-Stadt von 2004 (Gesuch um einen Druckkostenbeitrag für die Neuauflage von «Straßen-Tango») schreibt mein Vater über seinen Verlag:

> In meinem Verlag Nachtmaschine (bis heute gegen 200 Titel) verlege ich seit 1975 vor allem das Schaffen von in Basel lebenden oder verstorbenen Autorinnen und Autoren. Die Poète maudit, die verzweifelten, die einsamen, die nicht oder wenig anerkannten AutorInnen sind meine primäre verlegerische Arbeit - sei es der früh verstorbene

Christof Meury, von dem ich drei Gedichtbände («Am Rande und Dazwischen») verlegte und der mit kaum 21 Jahren starb, sei es Dominik Müller («Ich weiß eine Stadt»), der aus Basel vertrieben wurde, Jörg Fauser aus München, der in der Dachkammer bei mir schrieb (siehe BaZ vom 16. Juli 04), von dem ich die ersten Bücher verlegte wie «Requiem für einen Goldfisch» und «Strand der Städte» (was natürlich in der BaZ nicht erwähnt wurde), der Nachlass von Dieter Fringeli (mit Ihrer Unterstützung 2003).

Der Poète maudit, der verfemte und ausgestoßene Dichter, das ist der Dichtertypus, für den sich mein Vater eingesetzt hat, für die sein Herz schlug, künstlerisch-verlegerisch und wohl auch menschlich. Die Avantgarde der Straße fand in der Nachtmaschine ihr Exil. Und als Menschen haben sie geschrieben, als diese gescheiterten Existenzen, die in der anständigen, bürgerlichen Gesellschaft nicht Fuß fassen konnten. Das Ausgestoßensein ist ihr Schicksal. Die Folge ist eine aggressive Verweigerung all dieser Werte und Ideale, die eine bürgerliche Gesellschaft hochhält. Das Abgelehntwerden und die eigene Ablehnung führen in die selbstzerstörerische Lebensweise, die im Alkoholismus ihre traurige Rettung erhofft.

Der Underground-Verleger hat eine persönliche Beziehung zu seinen Autoren. Bei Manfred Gilgien war es in gewisser Hinsicht eine extreme Beziehung, die man als existenziell bezeichnen könnte. In ebendiesem Brief an das Erziehungsdepartement beschreibt mein Vater diese Beziehung:

Der Autor
Manfred Gilgien wurde 1948 in Winterthur geboren, lebte aber seit 1957 mit seinen Eltern in Arlesheim

am Blumenweg 7. Nach einer kaufmännischen Banklehre arbeitete er zwei Jahre auf einer Bank und schloss die Abendmatur ab. Er besuchte die Universität Basel. Er konnte im herkömmlichen Sinn nicht «Fuß fassen». Er verfiel dem Alkohol und erkrankte. Die Behörde von Arlesheim übertrug mir, kurz vor Erscheinen seines Buches «Straßen-Tango», im Jahr 1978 die Vormundschaft. Ich besorgte ihm eine Wohnung an der Hammerstraße und verwaltete die kleine Rente – er holte täglich bei mir die «Tagesration» von CHF 20,00 ab – mehr gab seine Rente nicht her, die Miete für die Wohnung an der Hammerstraße habe ich oft, respektive manchmal auch seine Eltern, bezahlt – abgesehen von Strom- und Gaskosten. Nach drei Jahren täglicher Bemühungen um den Autor musste ich, auch in Anbetracht meiner beiden Kinder, die ich ab 1975 allein aufziehen musste, die Vormundschaft abtreten. Ich ermunterte ihn, weiterzuschreiben, aber seine Krankheit verunmöglichte ein konzentriertes Arbeiten. Er schrieb zwar Gedichte, für die ich ihm pro «Lieferung» CHF 50,00 gab, aber sie waren nicht mehr von jenem «einsamen und verzweifelten Glanz» wie zu seinen aktiven Zeiten – somit bleibt der schmale Prosa- und Gedichtband «Straßen-Tango» sein einziges schriftstellerisches Vermächtnis. Er starb im November 1993 an Krebs.

Das gefährdete Leben des Dichters zeigt sich bei Manfred Gilgien sehr deutlich. Es ist ein allmählicher Untergang in der Gesellschaft, in der es für ihn keinen Platz mehr gab. Wo früher das Schreiben als Gegenwehr verstanden werden konnte, kapitulierte er später in seiner Sucht. Der körperliche Verfall war unausweichlich, und wenn man ihm in den letzten Jahren auf der Straße begegnete, konnte man sehen, wie eines seiner Augen verfaulte. Einmal trafen mein Vater und ich Gilgien im Kantonsspital mit einem Verband am Auge. Er wusste nicht mehr, wer wir waren, und es hatte auch keine Bedeutung für ihn, vielleicht grüßte er kurz meinen Vater und ging.

CHRISTOF MEURY

Das eigene Leben zu negieren zugunsten einer Vision einer besseren Welt, an der man kaputtzugehen droht, das ist der Weg des Dichters, der im Extrem alles findet und alles verliert. Der Basler Dichter Christof Meury (1960–1983) zählt zu den eindringlichsten und intensivsten Menschen, die mein Vater verlegt hat. 1980 erschien im Verlag Nachtmaschine der Gedichtband «Am Rande und Dazwischen». Die zuweilen archaische Dichtung von Meury findet in grandiosen Metaphern ihren Ausdruck. Die Sprache wird für ihn zum Medium der Befreiung. Seine visionäre Dichtung träumt von einer Welt, in der Liebe anstelle von Machtverhältnissen treten soll. Die Ursehnsucht nach Geborgenheit ist bei Meury stets präsent. Seine Sprache aber präzisiert das unausgesprochene Grauen, das namenlose Entsetzen, den Verlust des Menschlichen in der modernen Gesellschaft. In dieser Hinsicht kann der Underground-Dichter als Opfer gesellschaftlicher Verhältnisse gesehen werden. Christof Meury war einer, der gesellschaftlich verloren ging, aber gefunden werden kann in seinen Zeilen, mit denen er überlebte.

Mit «Missglückte Anpassung», 1982 im Verlag Nachmaschine erschienen, folgte sein zweiter Gedichtband. Der

Buchumschlag ist wieder von Rolf Lappert gestaltet. Eine Illustration von Viktor Blaser zeigt auf gelbem Grund eine Reihe gesichtsloser Figuren, wobei eine auf dem Kopf steht. Immer hat mich dieser Umschlag in seiner Schlichtheit berührt. Seit meiner Kindheit klingen die Titel von Meurys Gedichtbänden in meinen Ohren fort. Sie drücken auf eine Art und Weise etwas aus, das unmissverständlich scheint. Ein Lebensgefühl, das an seinen Ansprüchen scheitert, die Einsicht, immer außerhalb zu stehen. «Am Rande und Dazwischen» birgt noch die Hoffnung, irgendwo eine Nische zu finden, während der Titel «Missglückte Anpassung» die Kapitulation zum Ausdruck bringt.

Es sind eruptive Gedichte, die in diesem Gedichtband vereint sind. Sie zeigen die Zerrissenheit von Lebensanspruch und gesellschaftlichem Scheitern. Die Bilder wirken zuweilen hart, schonungs- und ausweglos. Die Gedichte dokumentieren ein postmodernes Leben in einer entfesselten Industriegesellschaft, in der ein Leben praktisch unmöglich scheint. In dieser Welt findet der Dichter keinen Lebensraum, weil alles erstickt wird, wonach er sich sehnt. So träumt er sich eine Stadt aus Kinderhänden:

> *ohne schaufel / mörtel / ohne ziegel / ohne teer baue ich mir / eine stadt / genau wie wir als kinder / kleine götter / im sand voll katzendreck / lustvoll erde und sand mit / wasser mischten*
> Aus dem Gedicht «Bauen» in «Missglückte Anpassung»

Im Gedicht das Leben neu auferstehen zu lassen, das ist die Kunst von Christof Meury. Das Genie der Bildfindung ist ihm gewiss. Was verschüttet ist, soll wieder freigelegt werden. Das Kind in uns, die Trauer über das Verlorene. Das Bekenntnis Meurys ist eine Menschlichkeit, die uns als fühlende Wesen deklariert. Schöpferisch wie ein Kind, genial wie ein Traum, schön wie ein Gedicht.

Immer noch sehe ich das traurige Gesicht seines Vaters, als er die Treppe in der Oetlingerstraße hochkam, wo ich ihm begegnete. Nach dem Freitod Christof Meurys besuchte er meinen Vater, der wahrscheinlich der engste Vertraute seines Sohnes gewesen war.

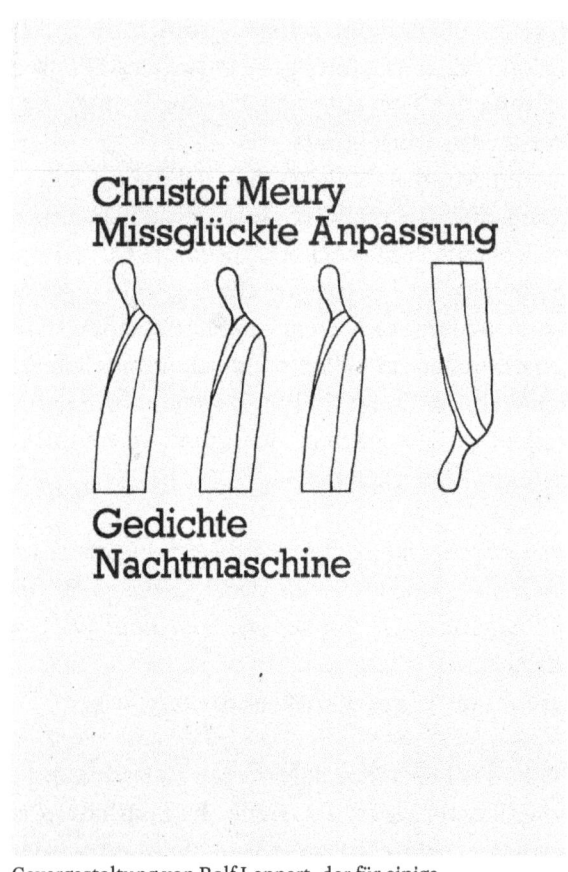

Covergestaltung von Rolf Lappert, der für einige Nachtmaschine-Bücher die Umschlaggestaltung angefertigt hatte.

Caspar

NACHTMASCHINE, DER FILM

Der Schwarz-Weiß-Film «Nachtmaschine» von 1985 des Schweizer Fotografen und Filmemachers Angelo A. Lüdin ist ein geglücktes und schönes Porträt meines Vaters. Viele Elemente des Films bedienen sich der Underground-Ästhetik. Der Film beginnt in der Nacht, wie mein Vater im Lieferwagen über die Landstraße fährt. Im Lichtfeld der Scheinwerfer erscheinen die Markierungsstreifen der Straße. Dazu hört man die raue Stimme von Tom Waits eine Ballade singen. Neben meinem Vater kommen auch viele Zeitzeugen zu Wort. So der Langstreckenpilot und Schriftsteller Jürgen Ploog (1935–2020). Ploogs Statement verortet meinen Vater in jene Literaturgattung, für die er selbst steht:

> *Matthyas Jenny ist, glaube ich, ein Sonderfall unserer Literatur. Er hat anfangs der Achtzigerjahre einen Bericht von unterwegs geliefert, der wirklich zeigt, wie es gewesen ist unterwegs, woanders. Er hat den Aufbruch geschafft, er hat ihn beschrieben in eindrucksvollen und echten Bildern, was selten ist eigentlich, so wie Schreiben hier normalerweise aufgefasst wird. Dass man sich authentisch oder mit den authentischen Vorgängen auseinandersetzt, mit den Schauplätzen und mit den Veränderungen, die daraus hervorgehen. Da hat er wirklich einen großen Ansatz gebracht, der, glaube ich, mit in die Tradition der großen Vorbilder aus Amerika in den Fünfzigerjahren durchaus vergleichbar ist. Kerouac … Er hat eigentlich den Aufbruch einer Generation aus unserer europäischen Sicht beschrieben.*
> Zitiert aus dem Film «Nachtmaschine»

Als Dichter, Schriftsteller und Verleger in Personalunion wusste mein Vater, was Schreiben bedeutet, und konnte so als Verleger seine Erfahrungen als Autor einbringen. Der Schriftsteller Guido Bachmann (1940–2003) äußert sich zu meinem Vater in seiner Rolle als Verleger:

Matthyas hat später seine Zeitschrift herausgegeben, «Nachtmaschine», und hat damit bewiesen, dass er eigentlich ein unglaubliches Charisma hat als Verleger. Und das ist für mich immer ein Stichwort: Verleger bedeutet für mich Vermittlung von Büchern, von Manuskripten usw. für ein Publikum. Und er hat die Begabung, nicht nur einfach Bücher zu machen, sondern er zieht die Leute an. Und mit all seinen Unternehmungen und auch mit der neusten Unternehmung «Literaturzeitschrift» hat er die Begabung, sofort irgendein Zentrum zu schaffen, also bei sich und bei anderen, indem er etwas ausströmen kann, was andere nicht können, auch mit Geld nicht.
Zitiert aus dem Film «Nachtmaschine»

Ein Zentrum schaffen, eine geistige Umgebung, die es ermöglicht, das zu tun, was relevant ist. Als Verleger hatte er intensiven Kontakt zu seinen Autoren. Zwischen Autor/-in und Verleger gibt es eine persönliche Beziehung. Guido Bachmann hat erkannt, dass es bei meinem Vater um diesen Inhalt ging, um den persönlichen und literarischen Inhalt. Wer nicht davon besessen ist, kann es auch mit Geld nicht kaufen. Das war der Idealismus meines Vaters, literarische Inhalte zu transportieren, koste es, was es wolle, und das auch mit wenig Mitteln. Ein Leben lang befand er sich im Krieg mit jenen, die ihren Schöngeist auf Fördergelder aufbauten. Da machte er sich viele Feinde, weil er nicht den Literatur- und Kulturbetrieb bediente, sondern eher gegensteuerte. Der Publizist und Historiker Markus Kutter (1925–2005) bringt das im Film auf den Punkt:

Caspar

Ich glaube, es hat wenig Sinn zu probieren, jetzt die Figur zu qualifizieren, ob das einem gefällt oder einem das nicht gefällt, ist das richtig, ist das nicht richtig, sondern das Überzeugende an der Figur ist die Konsequenz im Guten wie im Bösen, auch primitiver gesagt, das Ausfressen von der eigenen Situation. Das ist ein Mensch, wenn er sich eine Situation eingebrockt hat, frisst er sie tatsächlich von A bis Z aus und geht nicht jammern, geht nicht betteln, geht nicht winseln, sondern steht das in einem so imponierenden Trotz durch, dass die Leute im Anblick dieses Trotzes eigentlich weichen müssen und dem Mann recht geben.

Ob der Matthyas Jenny gerne Trotz oder Hartnäckigkeit hört, ist mir wurst. Bei ihm ist es nicht Hartnäckigkeit, sondern es ist auch ein bestimmter Trotz. Es ist auch etwas gegen die Gesellschaft machen, gegen die Institutionen machen, und das ist eine riesige Stärke von ihm.
(Zitiert aus dem Film «Nachtmaschine»)

Es ist die Sub- und Gegenkultur, welche die gesellschaftliche Ordnung infrage stellt. Der Verlag meines Vaters war ein Teil dieser Gegenkultur. Trotzdem weiterzumachen, auch wenn es schwierig ist, das war tatsächlich ein Charakterzug meines Vaters. Im Nachruf der «NZZ» heißt es in der Überschrift, dass mein Vater sein Leben radikal der Literatur gewidmet habe. Radikalität und Kompromisslosigkeit sind also Grundvoraussetzungen für die Arbeit meines Vaters, die letztlich nicht käuflich ist, sondern aus einem echten Interesse an der Sache resultiert. Die narzisstische oder eigensüchtige Entfremdung der Sache musste ihn abstoßen, war ihm widerlich. In der Öffentlichkeit stehen für etwas, das war seine Absicht, etwas zu transportieren, woran auch andere teilhaben können. Das ist der soziale Aspekt seiner Literaturvermittlung, die sich in die Welt hineinwirft.

Mit Markus Kutter hat meinen Vater eine langjährige Freundschaft verbunden. Als Kinder waren wir jedes Weihnachten bei den Kutters eingeladen. Im engen Kreis feierten wir in der rosafarbenen Villa am oberen Rheinweg den Heiligabend. Gut erinnere ich mich an die Kunstgemälde an den Wänden, an die Vitrinen mit kostbaren Gläsern, an seinen Sohn Samuel, mit dem ich mit Zinnsoldaten spielte. Es waren glückliche Momente des Zusammenseins und der Behaglichkeit.

Mein Vater hat vier Bücher von Markus Kutter veröffentlicht. Ein historisches («Die Basler vor 200 Jahren», 1985), ein politisches («Die lange Legislaturperiode – Ein Tagebuch aus dem Großen Rat des Kantons Basel-Stadt», 1998), ein kulturelles («Mit Frauen ein Theater bauen», 2002) und ein lyrisches («Ortstermin», 2005). Im letzten veröffentlichte mein Vater die Gedichte von Markus Kutter, der noch im selben Jahr verstorben ist. Ab und zu ging mein Vater ihn in seinem Büro beim Münsterplatz besuchen. Sie waren sich im Klaren, dass der Tod näher rückte, und Markus Kutter sprach auch immer wieder davon. 2018 begann mein Vater mit der Veranstaltungsreihe «Gegen das Vergessen», bei der jeweils eine Schriftstellerin, ein Schriftsteller an ihrem/seinem Todestag vorgestellt werden sollte.

Markus Kutter ist an einem 26. Juli verstorben. Seine Gedenkveranstaltung fiel also in die Zeit, in der es meinem Vater schon ziemlich schlecht ging. Fast täglich besuchte ich ihn in der Breisacherstraße im Kleinbasel ganz in der Nähe des Rheins. In seinem letzten Lebensjahr wollte er noch diese Gedenkveranstaltung über Markus Kutter machen. Ich sehe ihn, wie er geschwächt im Bett liegt und mit kaum hörbarer Stimme von der Veranstaltung spricht. Er organisierte noch die Bücher, den Veranstaltungsort, bis es klar war, dass er es nicht mehr schaffen würde. Seine Stimme war zu schwach.

Von den aggressiven Behandlungen waren seine Stimmbänder derart in Mitleidenschaft gezogen worden, dass er die Sätze nur noch flüsterte oder hauchte.

Ich staunte über seine Initiative, sein Engagement. Das ist exakt der Charakterzug, den Markus Kutter bei ihm festgestellt hatte: die Unerbittlichkeit gegen sich selbst, wenn es um die Sache ging. Es war ein letztes Aufbäumen gegen den Tod, noch einmal etwas zu machen. Es brach mir das Herz, dabei zuzusehen, wie die Krankheit Oberhand gewann. Wir mussten akzeptieren, dass es nicht mehr ging.

Im Schlussteil des Films führt mein Vater mit dem Künstler Dieter Roth (1930–1998) im Literaturbüro an der Hammerstraße ein Gespräch. Sie sitzen unbefangen vor der Fensterfront, wo sie über Kunst und das Schreiben philosophieren und debattieren. Interessant ist ein Statement meines Vaters zu seiner verlegerischen Arbeit in Zusammenhang mit einem unrealisierten Projekt mit Roth. Es sind auch die letzten Worte des Films:

> Also meinst du, ich würde mich an eine Druckmaschine setzen, stundenlang, tagelang und so etwas drucken wollen, wenn ich es einen Quatsch finde. Also ich meine, das ist mir schon … also habe ich das Angebot gemacht, dass ich das verlegen würde von dir, das Polaroidbuch, und dann … Man verschenkt seine Arbeit nicht, seine Zeit. Also wenn ich es dann mache, meine ich es auch so. Da gibt es schon einen direkten Zusammenhang. Also es ist ohne Trick.
>
> Zitiert aus dem Film «Nachtmaschine»

Die Identifikation mit dem Projekt war für meinen Vater oberstes Gebot. Nur mit Leidenschaft und mit Obsession konnte er so viel machen. Ebenso äußert er sich nochmals genauer dazu, was er unter dem «Tag der Poesie» versteht:

> Am Tag der Poesie soll in konzentrierter Form den Passanten auf der Straße Poesie mittels Flugblätter nähergebracht werden, die Dichter oder Helfer direkt verteilen. Mit Plakaten, die aufgestellt werden. Mit Lesungen und anderen Aktionen. Die Lesungen können auch mitten auf der Straße oder auf einem Platz abgehalten werden.
> Es geht vor allem darum, dass mindestens einmal im Jahr den Passanten direkt Poesie vermittelt wird. Einmal im Jahr genügt, weil sonst die Poesie konsumiert und verbraucht wird und dadurch zum reinen Konsumgut verflacht. Poesie sollte jedoch ein Ereignis sein für das Auge und für den Kopf natürlich und darf nicht zu einem Verbrauchsmedium werden.
> Der Tag der Poesie soll die Leute selbst aktivieren, Gedichte zu lesen. Man sollte nicht die Meinung haben, was man in der Schule gelernt hat, würde genügen, denn die Zeit ändert sich, das Denken ändert sich und das Bewusstsein auch. Poesie ist in einem gewissen Sinn Bewusstseinserweiterung.
> Zitiert aus der Programmbeilage zum Film «Nachtmaschine»

Die Wegwerfgesellschaft ist das Resultat eines materiellen Überflusses. Diese Wegwerfmentalität beschränkt sich jedoch nicht nur auf das Materielle, selbst die Sprache, die Kultur kann zu einem Wegwerfprodukt werden. Poesie also als Möglichkeit, für Sprache zu sensibilisieren, und zwar dort, wo sie vielleicht vergessen wurde, verschüttet liegt: im öffentlichen Leben, auf der Straße, auf den Plätzen. Dort, wo sie der Dichter Manfred Gilgien verortet hat, auf den Bahnhöfen, Flugplätzen, öffentlichen Toiletten. Poesie, die danebensteht, sucht ihre Mitte dennoch dort, wo es Menschen gibt. Mein Vater suchte diese Mitte in der Gesellschaft, und nicht in der etablierten Kultur, volksnah, unprätentiös, direkt und unkompliziert, ohne Attitüde. Das Gedicht als Sonderform der Sprache, die sich gegen konsumierbare Sprache auflehnt, das soll allen bewusst gemacht werden, auch und gerade jenen, die vielleicht noch nie ein Gedicht gelesen haben.

Die Idee einer abgegrenzten Kultur, die nur für ein spezielles Publikum gedacht ist, war seine Sache nicht. So entstand bei ihm Kultur und Literatur mitten im Lärm des Lebens:

> Die Art und Weise von philosophischer Ruhe, wie z. B. Schriftsteller sie verlangen, ist für mich etwas völlig Fremdes. Denn Bewegung oder Lärm, Straßenlärm, Kindergeschrei, Musik, Geschrei mit der Freundin, Telefongespräche und dies und jenes gehören zum Leben. Es nervt auch den ganzen Tag. Aber dieses «Nerven» ist etwas Positives für mich, nichts Negatives. Je geschaffter ich bin, desto besser.
> Zitiert aus der Programmbeilage zum Film «Nachtmaschine»)

Das Leben als Konzentrat, als ständig gegenwärtige Aufgabe, das ist, was ihn interessierte. 1985 war eine Hochphase der Produktivität: die Gründung der «Literaturzeitung», der «Tag der Poesie», das Poesietelefon, der Verlag Nachtmaschine; ein paralleles Kulturuniversum und dazu die Nachtarbeit als Fahrer, die Erziehung der Kinder als alleinerziehender Vater. Der Film zeigt u. a. meinen Vater bei seiner Arbeit als Fahrer für die Auslieferung von Zeitungen und Magazinen an die Kioske. Überleben und kulturelle Tätigkeit waren keine getrennten Sphären. Dass sein Engagement wenig romantisch war, ist offensichtlich:

> Ein Verlag hat jedoch mit Idealismus nichts zu tun. Dies ist eine knallharte Angelegenheit, die direkt auf die Existenz des Verlegers zurückgreift, und zwar viel direkter als auf die des Autors. Beim Schreiben verschuldet dieser sich nicht materiell, während ein Verleger sich verschulden muss, wenn er das Geld nicht zum Voraus hat.
> Zitiert aus der Programmbeilage zum Film «Nachtmaschine»

Den Drive des Films machen jene Szenen aus, die meinen Vater nachts im Lieferwagen fahrend und erzählend zeigen, immer die brennende Zigarette im Mund, von der die Asche fällt. Mein Vater «on the road», die Straße vor sich und die Erinnerungen im Kopf, über die er spricht. Einmal durfte ich sogar mitfahren und ihm helfen, wie er die schweren Bündel mit Zeitungen und Magazinen zu den Kiosken brachte.

> In dem Jahr, in dem ich gefahren bin und Zeitungen und Zeitschriften verteilt habe, bin ich um ein Uhr morgens davongefahren und um zehn Uhr zurückgekommen. Diese Rennerei in der Nacht und dann einkaufen, kochen, Verlag, um zehn Uhr abends wieder ins Bett und am Morgen wieder unterwegs. Solches Zeugs macht man natürlich nur, wenn man das, was man macht, machen will. Die Idee verwirklichen will, Poesietelefon, Tag der Poesie, Verlag Nachtmaschine, das ist eine Idee, das ist ein Traum, der für mich zu meinem Leben geworden ist. Und wenn

man das hat, den Traum von einer Sache, dann setzt man sich auch entsprechend ein und nimmt auch die Strapazen auf sich, um das verwirklichen können.

Ich bin dann gefahren so lange, fast ein Jahr lang. Bis ich eines Nachts beim Aussteigen einfach umgekippt bin, unterwegs, und ohnmächtig wurde oder eingeschlafen bin, ich weiß es auch nicht mehr genau. Kein Mensch war in der Gegend, und ich habe mich dann einfach wieder aufgerappelt, habe mich ans Steuer gesetzt und bin zurückgefahren. Dann ist die Ära des Nachtfahrens vorbei gewesen.

Ich glaube, dass ich durch das, was ich gemacht habe, immerhin den Kindern zeigen konnte, dass man nicht aufgibt, sondern dass es weitergeht, auch wenn es so aussieht, dass es keine Hoffnung mehr gibt ... das ist vielleicht für mich und meine Kinder eine Erfahrung gewesen, die man auf jeden Fall im Leben anwenden kann, auch als Erkenntnis ... dass man sich voll dreingeben kann, auch wenn einen alle bedrängen ...

Ich habe in dieser Zeit, als ich gefahren bin, 30 000.- zurückbezahlt und habe dadurch den Verlag retten und erhalten können und damit die Idee, den Traum, den ich habe, von dem, was ich mache und auch vermitteln will, quasi als Beispiel, und dass auch Misserfolg noch lange kein Grund ist aufzuhören. So gesehen ist mein Verlag, der Tag der Poesie, das Poesietelefon wie auch dieser Film ein Traum in einer Zeit, in der man fast nicht mehr träumen darf.

Zitiert aus dem Film «Nachtmaschine»

Am Set des Nachtmaschine-Films. Bild: privat.

Titelseite Filmzeitung, 1985.

Caspar

Aus finanziellen Gründen gründete mein Vater einen zweiten Verlag namens Cornfeld, bei dem der Autor die Kosten übernahm. Das System hat funktioniert, und mein Vater konnte uns noch eine Zeitlang über Wasser halten und seine Projekte weiterverfolgen. Trotzdem war er 1987 hoch verschuldet und musste die Stelle in der AZED-Verlagsauslieferung antreten. Er wollte alle Schulden selbst abzahlen und meldete keinen Konkurs an. Ob es falscher Stolz war oder nicht, auf jeden Fall zahlte er in den ersten Jahren seine Schulden ab und arbeitete sich in der Firma hoch. Er war damals 47 Jahre alt, und ein neuer Lebensabschnitt begann.

Er war auf seine Weise ein Workaholic, lebte für die Arbeit. Seine Produktivität hatte manische Züge. Da er immer die Herausforderung suchte, fand er sie auch. Mit so einer Lebenseinstellung kommt alle Kraft und Energie aus einem selbst. Obwohl er ein gemütlicher und geselliger Typ war, war er extrem fleißig und arbeitstüchtig. Die Konzentration auf sich selbst erklärt sich aus dieser Passage im «Nachtmaschine»-Film:

> Ich sehe selten fern, sozusagen nie. Es muss entsetzlich sein, wie viele Informationen mir laut Fernsehprogramm fehlen sollen! Doch sie fehlen mir gar nicht. Nichts, was ich im Fernsehen verpasse, fehlt mir. Auch keines der ungelesenen Bücher fehlt mir. Eigentlich fehlt mir nie etwas. Veranstaltungen und Vernissagen besuche ich fast nie, Lesungen nur selten. Dennoch habe ich nie das Gefühl, etwas verpasst zu haben. Dieses ständige Gefühl, etwas zu verpasst zu haben oder nicht, zu wissen, dieses und jenes nicht zu besitzen oder sehen zu können, ist doch völlig absurd und trügerisch! Eigentlich braucht man gar

nichts - außer ... außer den eigenen Kopf natürlich. Den braucht man schon.
Zitiert aus der Programmbeilage zum Film «Nachtmaschine»

Das eigene Leben leben, nicht das der anderen, das hat er gemacht. Sein Eigensinn, auch Egoismus, war darin ungebrochen. Er lebte das, was er zu leben für richtig hielt, mit oder ohne andere.

Der Film «Nachtmaschine» zeigt Szenen, wie ein «Baum der Poesie» gepflanzt wird, wie mein Vater Gedichte auf das Poesietelefon spricht, und auch der «Tag der Poesie» kommt vor. Auf die Frage, was am «Tag der Poesie» 1985 auf den Straßen und Plätzen an den verschiedenen Orten stattfinden würde, antwortet mein Vater:

> Jack Lang, der Kulturminister von Frankreich, hat es übernommen, und in den USA gibt es etliche Leute, die mir auch geschrieben haben. Wegen dem kann ich es auch sagen und behaupten, dass die dort Gedichte verteilen auf den Straßen und Plätzen und in Deutschland und in Österreich. Es ist nicht auf einen Ort oder auf ein Land beschränkt. In Zürich unter anderem hat man die Idee gehabt, dass man die Gedichte durch die Lautsprecher der Trambahnen aufsagen lassen will. Leider hat es mit der Bewilligung nicht geklappt. Ich hoffe aber, dass dafür etliche Leute auf der Straße stehen und Gedichte und Flugblätter verteilen, und heute Abend ist auch in der Roten Fabrik Linton Kwesi Johnson, der extra wegen dem Tag der Poesie nach Zürich eingeflogen ist.
>
> Zitiert aus dem Film «Nachtmaschine»

Caspar

Ich erinnere mich an die Schallplatten von Linton Kwesi Johnson, die sich mein Vater während des Arbeitens und Schreibens immer wieder anhörte. Mein Vater hörte damals sehr viel Musik. Mit Vorliebe Reggae, Rock, Funk und Blues. Im zweiten Stock in der Oetlingerstraße stapelten sich in seinem Arbeitszimmer die Platten. Musik von Peter Tosh, Jimmy Cliff, Bob Marley, Mother's Finest, Chuck Berry, Bo Diddley, John Lee Hooker, B.B. King, Howlin' Wolf, Tom Waits, Mitch Ryder, The Animals, The Kinks, The Pretty Things. Immer wenn ich ihn im Arbeitszimmer besuchte, drehte sich eine Schallplatte auf dem Plattenteller. Das Musikhören war eine Sucht, trieb ihn an, inspirierte ihn. Einige Platten hörte er sich immer wieder an. «Exile on Main St.» von den Rolling Stones, «Bayou Country» von Creedance Clearwater Revival, «Naturally» von J.J. Cale, «Swordfishtrombones» von Tom Waits, Johnny Rivers' «Live at the Whisky a Go Go», «Live» von Mother's Finest, «The Harder They Come» von Jimmy Cliff und «Linton Kwesi Johnson – In Concert with the Dub Band» von 1985.

Auf einer Reise in den Achtzigerjahren sind wir mit einem geliehenen Citroën CX nach Spanien gefahren. Die ganze Fahrt hörten wir uns die Stücke von Jimmy Cliffs «The Harder They Come» an, der Inbegriff politisch motivierter Musik. Musik hat uns immer begleitet, war ein Bestandteil unseres Lebens, vor allem unterwegs im Auto. In jeder Lebensphase hörte ich Musik, als Kind Kassetten mit türkischer Musik, unterwegs mit meinem Vater in die Türkei 1975.

Nach dem Tod von Ursula 2007 hat mein Vater schlagartig aufgehört, Musik zu hören. Mit ihr ist auch die Musik gestorben. Ich wunderte mich darüber, bis ich selbst seinen Krebstod miterleben musste. So verstand ich den Schmerz, dass selbst die Musik keine Freude mehr bereitet, dass die Trauer alles absorbieren kann.

Im letzten Jahr vor seinem Tod haben wir uns zusammen noch einmal den Film «Nachtmaschine» angeschaut. Viel war ihm fremd, als würde er einer anderen Person zusehen.

In der gleichen Zeit ließ ich Super-8-Filmrollen aus dem Familienbesitz digitalisieren. Es handelt sich um private Familienfilme. Sein Vater hat leidenschaftlich gefilmt, im Urlaub, auf Geschäftsreisen, an Weihnachten, an der Konfirmation mit anschließendem Pferderennen. Bilder, die ein gutbürgerliches Leben zeigen. Weihnachtsfeiern Ende der Sechziger-, Anfang der Siebzigerjahre, schwarz-weiß und farbig.

Ein Super-8-Film, den mein Vater selbst gedreht hat, zeigt ihn auf einer Reise nach Kopenhagen mit einer Freundin. Diese Reise findet ihren Niederschlag in einer Story mit dem Titel «Sonntag 66», die 1977 in «Gasolin 23» abgedruckt wurde. Ein anderer Film, der mit «Sauffest» betitelt ist, zeigt Freunde in der Wohnung der Eltern, wo sie einen Geburtstag feiern, tanzen, trinken und blödeln. So war es eine kleine Reise durch seine Vergangenheit, als wir uns diese Filme in seinem letzten Lebensjahr noch einmal angeschaut haben.

Nachdem mein Vater ins Kleinbasel umgezogen war, war es für ihn schwieriger, sich zu beschäftigen, da er mit der Buchhandlung aufgehört hatte. Bis zu seinem siebzigsten Lebensjahr arbeitete er in der Buchhandlung. An seinem neuen Wohnort schrieb er jeden Tag in seinem Tagebuch und an literarischen Texten. Mit kleineren Auftragsarbeiten verdiente er sich ein wenig Geld dazu. Vis-à-vis seiner Einzimmerwohnung im ersten Stock gab es einen indischen Laden. Für die Verkäuferin organisierte er Flüge nach Delhi.

Er hütete den Hund von Anne Schöfer, die in der Gegend lebte. Ein halbes Jahr nach seinem Tod ist sie ebenfalls an Krebs gestorben. An seinem letzten Geburtstag trafen wir sie noch am Rhein bei einer Buvette. Als sie mich nach seinem

Tod anrief, meinte sie, dass er nun seine Transformation hinter sich hätte, was ich irgendwie verstand, da sie ja selbst mit dem Tod zu kämpfen hatte. Sie meinte, er sei ein wortgewaltiger Mensch, ein Homme de Lettres im klassischen Sinn gewesen. Eigentlich sollte es für ihn einen Ort geben, der nach ihm benannt sei, wie z. B. «Matthyas-Jenny-Platz», «Matthyas-Jenny-Weg» oder so ähnlich.

Ich fand das sehr anständig von ihr, diese Wertschätzung meinem Vater gegenüber.

LETZTE AKTIVITÄTEN

In seiner letzten Lebensphase rief mein Vater die Gedenkreihe für verstorbene Dichter und Schriftsteller «Gegen das Vergessen» ins Leben. Im Mai 2019 fand die Gedenkveranstaltung für Andreas Baltasar Wenger (1950–1984) statt. Ganz in der Nähe der Bachletten-Buchhandlung im Lesesalon einer Villa. Es war ein schöner Frühsommerabend. Anwesend waren u. a. der Bruder und die Schwester von Andreas Baltasar Wenger. Eva Aloe, die Schwester, war meine Kindergärtnerin in den Siebzigerjahren gewesen, in einem Kindergarten, der sich unterhalb der Dreirosenbrücke befand. Mein Vater hat bis zum Zeitpunkt der Veranstaltung aber nicht gewusst, dass sie die Schwester von Andreas Wenger war. Der Kunstmaler Carlo Aloe, der Mann von Eva Aloe, und Walter Brack, ehemals Abteilungsleiter für Soziales und Stadtentwicklung bei der Christoph Merian Stiftung, waren an der Lesung dabei. Mit Walter Brack hat mein Vater über viele Jahre wegen der Literaturveranstaltungen wie Buchmesse, Literatur- und Lyrikfestival in Kontakt gestanden.

2005 war im Verlag Nachtmaschine Wengers Erzählband «Ein glückliches Leben» erschienen. An jenem Abend im Mai las mein Vater die Erzählung «Die Aura der Einsamkeit». In leisen und schwermütigen Tönen beschreibt Andreas Wenger die Beziehung eines Schriftstellers und einer Prostituierten, die dann später ermordet wird.

Es war eine schöne Lesung, und ich glaube, den Verwandten von Andreas Wenger bedeutete es viel, dass sie ihn durch meinen Vater literarisch gewürdigt sahen. Später fanden wir uns im Garten der Gastgeber wieder. Es war eine laue Sommernachtsstimmung. Wir tranken Prosecco und sprachen über die Vergangenheit. Ich sprach vor allem mit Eva und Carlo Aloe, weil ich sie schon sehr lange kannte. Mein Vater mit Walter Brack und den Gastgebern.

Carlo Aloe war zum Zeitpunkt der Veranstaltung über achtzig Jahre alt und ging an einem Stock. Jahrelang begegneten wir uns immer wieder in der Stadt. Meistens vor der Rio-Bar am Barfüßerplatz, wo er oft mit einem Glas Weißwein anzutreffen war. Er war ein richtiger Stadtgänger, kultivierte das Flanieren. Die Bars waren ihm eine zweite Heimat. Carlo Aloe grüßte mich immer freundlich, und seine warme, herzliche und aufmerksame Art tat gut. Er war ein Freund. Neulich traf ich seine Frau Eva Aloe auf der Straße. Sie teilte mir mit, dass Carlo im Januar 2023 verstorben war. Er hatte in der gleichen Gegend wie mein Vater gewohnt, und wir waren uns manchmal auf der Straße begegnet. Mein Vater und Carlo Aloe, beide bereits schwer von ihrer Krankheit gezeichnet. Sie sind die Generation, die jetzt allmählich ausstirbt.

In der Erzählung «Die Genauigkeit des Tages» diente Andreas B. Wenger meinem Vater als Vorbild für die Figur des Dichters:

Das Einzige, was der Dichter hinterließ, war ein Zettel, der an der Wand hing. Der Schlaflose zog aus seiner Hosentasche die Plastikhülle einer Kreditkarte und zupfte ein zusammengefaltetes Blatt hervor. Er las langsam den Text vor: «Welche Maße und Mengen zählen zwischen Leben und Tod? Sind es Meter, Zentimeter oder Kilometer, ist es eine Sekunde, ein Millimeter oder ein Gramm? Sind es Liter, Quadratmeter, Tonnen oder ist es eine Blume im Wind, ein Stein am Berg, ein Lüftchen im Frühling, eine Schneeflocke in der Tundra, ein Sandkorn in Surabaya, ein Blatt im brasilianischen Regenwald oder ist es das Gewicht eines Atemzuges, ist es ein Sonnenstrahl auf einem Laptop im siebenundzwanzigsten Stockwerk einer Firma oder ist es immer noch die Nacht? Die Nacht, die nicht zu vermessen ist?»

Aus «Alles geht weiter, das Leben, der Tod»

Mein Vater und ich haben uns in dieser Zeit beinahe jeden Sonntag gesehen. Meistens sind wir mit dem Auto hinausgefahren, sind irgendwo eingekehrt. Oder ich besuchte ihn im Kleinbasel in seiner Einzimmerwohnung. Manchmal gingen wir auf den Friedhof am Hörnli zum Grab seiner Eltern. Das Grab liegt am Hang mit Aussicht auf die Rheingegend auf einem Gräberfeld mit dem schönen Namen Rosenfeld. Im Blumengeschäft gegenüber dem Friedhofseingang kauften wir jeweils eine rote Grabeskerze und ein kleines Pflänzchen. Es war ein Ritual, auf den Friedhof und an das Grab seiner Eltern zu gehen. Wir zündeten die Kerze an, stellten das Pflänzchen vor den runden hellen Grabstein, auf dem eine aufgehende Sonne eingemeißelt ist. Die Todesdaten meines

Großvaters standen da, die Todesdaten meiner Großmutter. In diesem Familiengrab gab es noch einen freien Platz.

Wir besuchten auch andere Gräber. Besonders erschüttert war mein Vater immer, wenn wir an den Kindergräbern vorbeikamen, wo die Gräber mit Stofftieren, Spielsachen oder Windrädchen geschmückt sind. Schon von Weitem sieht man die sich im Wind drehenden bunten Rädchen der Kindergräber. Wir gingen durch die Grabreihen, lasen die Geburts- und Todeszahlen.

In seinem letzten Lebensjahr waren wir noch zweimal auf dem Friedhof. Als wir im Februar hochfuhren, hatte es geschneit wie seit Jahren nicht mehr. Der Schnee lag dicht, und man hörte das knirschende Geräusch der Schuhe. Er war wie ein Kind und hüpfte im Schnee herum. Es war schön, dass er noch einmal einen solchen Winter erleben durfte. Das letzte Mal waren wir im Mai auf dem Friedhof. Er war gut gelaunt und lachte viel auf diesem Spaziergang.

ZOË

EINE SEELE VON MANAGER

Im Mai 1988 starb seine Mutter, unsere geliebte Großmutter, während einer Operation in der Narkose. Mein Vater war zum Zeitpunkt ihres Todes im Krankenhaus. Als er nach Hause kam, war er aufgelöst, der oberste Knopf seines Hemdes fehlte, als ob er ihn weggerissen hätte. Am Tag zuvor hatte er sie noch im Krankenhaus besucht, in Anzug und Krawatte, weil er am selben Morgen ein Bewerbungsgespräch gehabt hatte. Mein Bruder und ich standen gerade in der Küche und wuschen das Geschirr, als er hereinstürmte und sagte: «Zum Glück hat sie mich noch in Anzug und Krawatte gesehen. So, wie sie es sich immer gewünscht hat.»

Er funktionierte, arbeitete und organisierte gleichzeitig ihre Beerdigung, aber ihr Tod beschäftigte ihn mehr, als man ihm ansehen konnte.

> Es ist keine Kunst, an den Tod zu denken, nicht an den eigenen, sondern denjenigen von Mutter, die sterbend dalag, ich wusste es, ich wusste es und stand dann auf. Ihre hellen Augen wurden noch heller, eine leichte Röte schoss in ihr Gesicht. «Vergiss mich nicht», und ich antwortete «Ich komm ja wieder», als letztes Wort. «Ich komm ja wieder.» So

kurz können unüberwindbare Ereignisse sein, so kurz kann es sein zum endlosen Unvergessen.
Tagebuchauszug

Schreiben war bei ihm immer auch Schreiben gegen den Schmerz, der Versuch, mit Worten Ordnung zu schaffen, immer fragend, nie wissend. Er hatte sich bis zum Schluss einen staunenden, unverstellten Blick auf die Welt bewahrt.

Ich fragte mich, wo meine Mutter jetzt liegt, noch immer im Totenraum des Spitals? Oder in einer Kühlkammer, wird sie seziert oder wird eine Obduktion vorgenommen, oder ist sie bereits auf dem Friedhof in einem Warteraum neben anderen Toten? Ich nahm mir vor, die Frau zu fragen, wo meine Mutter eingesargt wird. Eingesargt, dachte ich, dieser Vorgang heißt sicher einsargen. Jemand wird zu jemandem sagen: Ist sie schon eingesargt? Oder: Wir müssen die da noch einsargen. Oder: Lass mich das machen, ich sarge die Nummer siebzehn ein. Oder: Lass das, ich sarge jetzt zuerst die Jenny da ein. Wird sie dann von zwei Personen vom Schragen gehoben und in den Sarg gebettet? Geht das sanft und schweigend vor sich, oder spricht der eine mit dem anderen, erzählt einer einen Witz, wie der Pfleger im Spital, der das Sterbebett mit Mutter aus einem hell erleuchteten rotweißen Lift zog und seinem schiebenden Kollegen am anderen Bettende offenbar gerade etwas Lustiges erzählt hatte. Jedenfalls sah und hörte ich sie über den sterbenden Körper hinweg lachen. Hatte Mutter dieses Lachen im Lift in ihrem Todesschlaf gehört? Das laute Lachen dieser fremden

Zoë

Männer. Dachte sie, man lache über sie, die Sterbende? Wo ist sie jetzt, Himmelherrgottnochmal? Aber vielleicht heißt es auch einbetten und nicht einsargen, lass mich die Jenny einbetten. Solche Worte werden von den Einsargern oder Einbettern gesprochen, stellte ich mir vor. Wie hält man das aus, ständig Leichname in Särge zu legen, zu kämmen, zu schminken? Wer fasst jetzt meine Mutter an? Sie, die bei jeder Berührung von Fremden hysterisch zurückzuckte, sie, für die es eine Qual war, unter dicht gedrängten Menschen zu stehen.

Aus der Kurzgeschichte «Im Sarggeschäft»

Ich glaube, es ist kein Zufall, dass mein Vater unmittelbar nach ihrem Tod eine beispiellose berufliche Karriere hingelegt hat. Um uns zu trösten, sagte er oft: «Sie sitzt oben und schaut zu.» Vielleicht war es der Mutterblick, der ihn nicht losließ und besonders nach ihrem Tod das Bedürfnis weckte, diesem Blick zu entsprechen und zu gefallen. Vielleicht gerade, weil er sich vom bürgerlichen Leben seiner Eltern losgesagt und die Wünsche seiner Mutter nicht erfüllt hatte, musste er es jetzt tun und ihr posthum beweisen, dass er im Geschäftsleben durchaus bestehen konnte, wenn er wollte.

Weißes Hemd

Sie wird sich freuen, wenn sie mich heute Nachmittag sehen wird. Das hatte sie sich immer gewünscht, über Jahre hinweg machte sie ihre kleinen Andeutungen und Bemerkungen: Geh zum Coiffeur, kauf dir ein weißes Hemd, willst du nicht einen Anzug kaufen. Manchmal sah sie traurig aus, wenn sie mich aufforderte, so herumzulaufen wie andere auch. Andere haben auch weiße Hemden an, sagte sie oft. Es war ihr wichtig, und ich wollte ihr am Ende ihres Lebens eine Freude machen, eine Illusion verwirklichen. Ich kaufte ein weißes Hemd, einen dunkelgrauen Anzug, der, nachdem ich einen Expresszuschlag bezahlte, sofort geändert wurde, Hosenumschläge kürzen, Bund und Vestonärmel anpassen, einen schwarzen Gürtel mit glänzender Metallschnalle. Danach ging ich zum Coiffeur und ließ mir die Haare schneiden.

Am nächsten Morgen stand ich früh auf, rasierte mich und zog langsam anstelle eines schwarzen T-Shirts und einer zerschlissenen und ausgefransten Jeans das weiße Hemd und den Anzug an, schlüpfte in geputzte schwarze Schuhe und band mir eine rote Krawatte um. Ich kam mir zwar etwas blöde vor, so geschniegelt und herausgeputzt, aber ich fand mich vor dem Spiegel ganz passabel. Geht doch, sagte ich zu mir, lass es auf dich zukommen, sagte ich!

Ich arbeitete damals in einer Druckerei und war im Papierlager zuständig für den Nachschub. Eine nicht hochqualifizierte Arbeit. Mit einem Palettenroller zog ich Papierpaletten von einer Ecke zur andern oder schob sie in den Lift, der vom Untergeschoss in die Druckerei fuhr. Den ganzen Tag war ich im Papierlager, in dem es nur Neonlicht gab und still wie in einer Grabkammer war. Ab und zu kam der Betriebsleiter und machte faule Sprüche wie: «Na, wie geht's unserem Maulwurf heute?», und solche Dinge. Es war mir egal, ich musste Geld verdienen, ich hatte Schulden, musste arbeiten, egal was. Das Druckereigebäude betrat ich durch den Hintereingang und nie traf ich jemanden an, steckte den Passepartout ins Türschloss und dann in das Liftschloss und fuhr ins Papierlager hinunter. Ich kam mir etwas komisch vor im Anzug, schwarzen Schuhen und roter Krawatte die Paletten herumschiebend, aber es ging ganz gut, und ich pfiff eine traurige Melodie vor mich hin. Dann kam der Betriebschef aus dem Transportlift und sah mich entgeistert an. «Was zum Teufel geht hier vor?», fragte er. «Ich besuche über den Mittag meine Mutter im Spital», sagte ich. Er sah mich misstrauisch an: «Erzähl keinen Scheiß, Junge, du willst Karriere machen, hä?» Ich lehnte mich an eine Papierrolle und sagte zum Spaß: «Ja klar, bald bin ich Direktor dieses Ladens.» Er sah mich lange an und sagte: «Soso, das meinst aber auch nur du.» Dann stieg er kopfschüttelnd und mich musternd in den Lift. Mit Ächzen bewegte sich der Lift nach oben, und ich sah im Licht des Lifts durch das runde Fenster, wie der Betriebschef breitbeinig nach oben fuhr. Ich machte mich wieder an die Arbeit. Palette sieben zu Palette acht und Lagerplatz 14 mit A4-Kartons auffüllen. Wieder kam der Lift, ich sah verwundert hin, als der Abteilungsleiter, den ich bisher ein einziges Mal gesehen hatte, aus dem Lift stieg. Er begrüßte mich nicht, sondern sagte barsch: «In diesem Aufzug können Sie nicht in einem Papierlager arbeiten.» «Ich besuche über Mittag meine Mutter», sagte ich. «Ach was», sagte er, «so sehen Sie aus - was ist los, wer hat mit Ihnen gesprochen?» Ich hielt noch immer den Handgriff des Palettenrollers in den Händen und sagte:

«Es hat niemand mir gesprochen.» «Hören Sie», sagte der Abteilungsleiter, «es gibt in diesem Saftladen Umstrukturierungen, und ich will wissen, was mit Ihnen los ist.» Ich musste kurz auflachen, was ihn sichtbar wütend machte, und ich sagte: «Ich besuche über Mittag meine Mutter.» «Und deswegen spielen Sie sich hier als Chef auf», sagte er barsch, «reden Sie jetzt Klartext, was los ist, was hat Ihnen Herr Schneiderhan versprochen?» Ich schüttelte den Kopf, niemand habe mir etwas versprochen, ich besuche meine Mutter im Spital, das ist alles. «Soso», sagte auch er und stieg in den Lift. Ich machte mich wieder an die Arbeit und dachte an meine sterbende Mutter. Ich stellte mehrere Papierrollen, die von der Avor für den nächsten größeren Druckauftrag bestellt wurden, bereit. Ich war im hinteren Teil des Papierlagers, als ich den Lift hörte. «Wo sind Sie?», rief der Betriebschef. Ich zwängte mich durch die eng stehenden Papierrollen und stand vor dem Betriebschef, dem Abteilungsleiter und Frau Gunzenhauser, der Buchhalterin. «Wir sollten in Ruhe miteinander sprechen», sagte sie. Der Betriebschef holte vier Kartons, und wir setzten uns wie um ein Lagerfeuer. «Wann haben Sie das Gespräch mit Herr Schneiderhan?», fragte die Buchhalterin. «Ich habe keinen Termin bei Herr Schneiderhan», sagte ich, «ich besuche meine Mutter über Mittag.» «Jaja, das sagen Sie jetzt schon zum hundertsten Mal, aber wir wissen, dass ein Manager gesucht wird, der hier alles erneuern wird, und es geht seit heute Morgen das Gerücht um, dass Sie es sind. Sie verstehen uns sicher», sagte

Frau Gunzenhauser, «und werden es uns auch verzeihen, dass wir gerne wüssten, ob Sie es sind.» «Ich bekam zwar in der Kantine mit, dass es Veränderungen geben wird, aber es kümmerte mich nicht, weil ich hier Geld verdienen muss, um meine Schulden zu bezahlen. Die Auslage für Hemd, Anzug, Gürtel und Krawatte haben mich sowieso schon für diesen Monat ruiniert. Und jetzt dieser Schwachsinn. Ich kann Ihnen auch nicht mehr sagen, als dass ich meine Mutter besuchen werde und ich mich deswegen so angezogen habe, wie sie es sich immer gewünscht hatte.» «Tja, so kommen wir auch nicht weiter», sagte Frau Gunzenhauser und schaute die andern achselzuckend an. Sie standen auf und gingen schweigend zum Lift, wobei sich der Betriebschef mehrmals zu mir umwendete und mich irritiert und zweifelnd ansah.

Um 12 Uhr löschte ich das Neonlicht und fuhr mit dem Lift zum Ausgang. Auf der Straße standen einige Drucker und ihre Gehilfen, sie sahen mich an und grüßten, obwohl sie mich noch nie gegrüßt hatten und mich immer übersahen.

Sie wird sich freuen, dachte ich, wenn ich im Anzug komme und ihr sagen werde, dass ich jetzt Manager geworden bin. Endlich, wird sie sagen, endlich bist du ein anständiger Mann geworden. Ich fuhr mit dem Lift in den 4. Stock. Die Tür ihres Zimmers 438 stand offen, das Zimmer leer. Die Stationsschwester eilte herbei, und ich zeigte in das leere Zimmer. «Wo ist sie?», fragte ich. «Kommen Sie», sagte die Stationsschwester, «ich muss Ihnen etwas sagen!»
Unveröffentlichte Kurzgeschichte «Weißes Hemd»

Mit dem Tod seiner Mutter war eine wichtige Stütze in unserem Leben schlagartig weggebrochen. Unsere Großmutter hatte sich immer um uns gekümmert. Mein Bruder und ich hatten einen Schlüssel zu ihrer Wohnung und nach der Schule gingen wir oft zu ihr.

Jetzt stand ihr Bett in unserem Wohnzimmer. Man konnte es hochklappen und umdrehen und dann war es eine Bibliothek. Wenn das Bett aufgeklappt war, sah man eine Tapetenwand, einen Wald in Schwarz-Weiß. Wir hatten uns über das Ungetüm von einem Möbel immer lustig gemacht. Jetzt besetzte es unsere halbe Wohnung. Mein Vater schlief im Bett seiner verstorbenen Mutter und machte das, was sie sich immer von ihm gewünscht hatte: Er arbeitete sich hoch.

Er begann als Mitarbeiter im Keller der Verlagsauslieferung AZED und schob in Jeans und Lederjacke Paletten mit Büchern herum. Zu Hause sagte er, dass man das alles effizienter machen könnte. Er zeigte seinem Chef ein neues Lagersystem. Nach kurzer Zeit wurde er befördert. Man könnte es einen Senkrechtstart nennen. Nach wenigen Monaten, in denen er mehrmals befördert wurde, sozusagen von Abteilung zu Abteilung, saß er im obersten Stockwerk in der Kaderabteilung und wurde das, was man einen Topmanager nennt. Er kletterte nicht die Karriereleiter nach oben, er raste an die Spitze mit einer fast surrealen Geschwindigkeit. Er sagte, er erkenne die Fehler im System in der Sekunde, in der er eine Firma betrete.

In der Wäscherei um die Ecke ließ er seine Hemden bügeln, kaufte Anzüge und teure englische Lederschuhe von Church. Er sprach über Krawattenmuster und die Psychologie der Farben. Er sagte, Rot ist aggressiv, und wenn einer eine karierte Krawatte trägt, ist er kleinkariert, und der Träger einer Krawatte mit kleinen Punkten ein «Tüpfchenscheißer». Er trug daher ausschließlich Krawatten mit breiten Streifen in reinen Farben. Er ging auf Managementkurse in Business-Hotels und lernte allerhand über Teambuilding und wie man Menschen überzeugt, Dinge zu tun, ohne dass sie es merken.

Nach seiner nächsten Beförderung in die Managementleitung und der damit einhergehenden Gehaltserhöhung ging er mit uns in ein Gourmet-Restaurant. Ich trank zum ersten Mal in meinem Leben Wein, und er erzählte von Château Mouton Rothschild und Château d'Yquem und erklärte, was einen guten Wein von einem schlechten unterscheidet, als hätte er sein Leben lang nichts anderes getan. Zum Geburtstag bekam ich einen Füllfederhalter von Montblanc und Kindlers Literaturlexikon in der exklusiven Leinenausgabe im Schuber in 20 Bänden.

Er arbeitete neun Jahre lang in dieser Firma, und zwar immer, auch am Wochenende. Ich erinnere mich nicht, dass mein Vater einen einzigen Urlaub genommen hätte. Manchmal fiel jetzt das Wort «Workaholic». Ich weiß nicht, wann, aber er schrieb in dieser Zeit zwei Bücher. Einen Band mit Kurzgeschichten, «Alles geht weiter, das Leben, der Tod», und die Erzählung «Die Beschreibung der Tiefsee».

Sängergasse, 1995. Bild: Andreas Wolfensberger.

Sängergasse, 1990. Bild: Angelo A. Lüdin.

Bachlettenstraße, 2003. Bild: Susanne Oberli.

Zoë

Eines Tages kam mein Vater zu mir und sagte: «Mit fast fünfzig Jahren kündigt kein normaler Mensch einen gut bezahlten Job. Aber ich schon, denn ich möchte mich in meinem ganzen Leben nie wieder über die Verkaufsstrategie von Bussi-Bär-Heften unterhalten.»

Wie aus seinem Kündigungsschreiben vom 28.11.1994 hervorgeht, «hat sich durch die permanente Überbelastung und die daraus resultierenden Überstunden meine private Situation wesentlich verschlechtert. Ferien konnte ich aus diversen und zwingenden geschäftlichen Gründen nicht regelmäßig beziehen. Obwohl ich mehrmals (seit zwei Jahren) darauf hinwies, dass eine saubere und funktionstüchtige Verlagsauslieferungsdisposition nicht von zwei Personen getätigt werden kann, wurde seitens der AZED nichts unternommen, diesen Zustand zu beheben.»

Im Abschiedsschreiben bemerkt die Geschäftsleitung, dass ohne seinen Beitrag die AZED nie so groß geworden wäre. Als Abschiedsgeschenk erhielt er einen Drehbleistift, um «Short Stories» zu schreiben. Jeder, der ihn kannte, wusste, dass Schreiben das war, was ihn am allermeisten interessierte, und er im Kern Schriftsteller war.

1994 erschien der Kurzgeschichtenband «Alles geht weiter, das Leben, der Tod» im Lenos Verlag.

Die «NZZ» berichtete:

Matthyas Jenny beherrscht die Kunst der Verknappung. [...] Die Texte, die man als Miniaturen oder Momentaufnahmen bezeichnen könnte, sind oftmals von einem poetischen Duktus getragen, und in ihren gekonnten Raffungen liegt ein starkes erzählerisches Potential versteckt.

Und Hansjörg Schneider schrieb in der «Weltwoche»:

Er arbeitet jetzt nicht mehr nachts, um tagsüber für die Poesie da sein zu können, sondern er arbeitet tagsüber und geht nachts seinen Träumen nach. Er träumt ungewohnt genau. [...] ein schmales Taschenbuch von erheblichem Gewicht. Kurze, skelettierte Berichte, präzis und meist traurig, wie sie hierzulande nur selten gelingen. Glauser konnte das, auch Federspiel kann es. [...] Das ist gekonnt gesehen und geschrieben. Es entsteht eine autonome poetische Welt, die mit Nachdruck in die Wirklichkeit hineingreift.

Seine Erfahrungen und Beobachtungen in der Buchbranche, die er vom Hilfsarbeiter bis zum Topmanager durchlebt hatte, erlaubten es ihm auch, Geschichten wie «Füllstoff» zu schreiben. Darin erzählt er von einem einfachen Arbeiter einer chemischen Fabrik:

Der junge Mann erzählte von der Ingenieurschule, an der er die Vorprüfung bestanden hatte. Plötzlich sagte der kleine Mann, als hätte er sich jahrelang darauf vorbereitet, es endlich jemandem sagen zu können: «Sie haben eine Zukunft, ich habe keine mehr. Ich sitze hier und warte, bis die Firma mich nicht mehr braucht. In meinem Alter bin ich nutz- und eigentlich auch sinnlos für meine Firma. Sie kennen sicher diese kleinen Kunststoffkügelchen, aus Styropor, glaube ich, die als Füllstoff für Verpackungen zum Schutz eines wertvollen Inhalts gebraucht werden», und ohne eine Antwort abzuwarten, fuhr er fort: «Nun, ich komme mir wie eines dieser Styroporkügelchen vor, die weggeworfen werden, wenn sie nicht mehr gebraucht werden.» Der kleine Mann bezahlte seinen Wein und sagte zum jungen Mann, nachdem er aufgestanden war und seinen Mantel angezogen hatte: «Ich bin nur Füllstoff.»

Aus «Alles geht weiter, das Leben, der Tod»

Im Januar 1995 wurde er zu einer Lesung im Hotel Palace Kulm in Celerina eingeladen. Ich weiß noch, es war Januar und in Basel regnete es. Wir waren noch nie in den Bergen gewesen, mein Vater war ein außerordentlicher Stadtmensch und hatte wohl nicht daran gedacht, dass sich St. Moritz auf über 1800 Meter Höhe befindet. Er trug schwarze Lederschuhe und ich meine Converse-Turnschuhe, als wir ins Auto stiegen. In Chur wurde das Wetter zunehmend schlechter, es dämmerte und schneite ununterbrochen. Die Straßen waren glatt. Er fluchte wegen dem Wetter und dass er vergessen habe, wie rau es in den Schweizer Bergen werden könne.

Er meinte, er müsste kurz stehen bleiben, der Motor klinge komisch. Er öffnete die Motorhaube und war nur wenige Minute draußen, aber als er zurückkam, hatte er Schnee auf den Schultern und Eiszapfen in den Haaren. Er schüttelte sie weg und lachte noch, weil wir so unpassend angezogen waren. Wir kamen nur mühsam vorwärts, immer wieder drehten die Reifen durch. In Bivio, dem letzten Dorf, bevor die Passstraße über den Julier beginnt, fuhren wir in eine Garage, um Schneeketten anzulegen. Es dauerte lange, weil der Mechaniker auch noch den Motor checkte und einen Ölwechsel machte. Als wir wieder weiterfuhren, war es bereits dunkel. Links und rechts der Straße ragten Schnee- und Eisblöcke in die Höhe. Trotz Scheinwerfer konnte man kaum etwas sehen, nur Schneeflocken, die gegen die Scheibe stürzten. Die Scheibenwischer schoben. Plötzlich kam uns wie aus dem Nichts ein Schneepflug entgegen. Das blinkend rote Licht war beruhigend, es war ein Beweis, dass wir in diesem Schneesturm nicht ganz allein waren. Ich blickte aus dem

Rückfenster, wie der Schneepflug langsam in der Dunkelheit verschwand. In diesem Moment hörten wir ein Geräusch, eine der Schneeketten war abgefallen. In der nächsten Minute fiel auch die zweite Schneekette ab. Wir hatten gerade die Passhöhe erreicht und rutschten jetzt die eisige Straße hinunter von einer Leitplanke zur nächsten. Mein Vater riss das Lenkrad von einer Seite zur anderen. Seine Stirn glänzte vom Schweiß. Ich konnte sehen, dass er Angst hatte. «Wenn ich stehen bleibe, stecken wir fest und erfrieren», meinte er und drückte verzweifelt aufs Gas. Ich sah uns bereits beide erfroren im Auto, auf dem Rücksitz das Buch meines Vaters: «Alles geht weiter, das Leben, der Tod». Die Ironie des Titels wäre dann gleichzeitig die Ironie des Schicksals.

«Vater und Tochter elendiglich erfroren auf dem Weg zu einer Lesung.» So oder ähnlich würde es in der Zeitung stehen.

Ich schrie auf vor Erleichterung, als ich unten in der fernen Ebene die Lichter von St. Moritz sah. Ab jetzt könnten wir zur Not auch zu Fuß weiter, dachte ich, und es bis zu einem Haus schaffen. Aber wir atmeten erst auf, als wir in Celerina im Hotel Palace waren. Die helle Wärme der Hotellobby umfing uns wie ein kuscheliger Mantel. Der damalige Buchhändler der Wega-Buchhandlung in St. Moritz, Hanspeter Achtnich, empfing uns mit Bündner Charme, und ich wusste, wir waren gerettet. Er lachte und schüttelte den Kopf über unsere leichte Kleidung, echte Städter eben.

Am nächsten Morgen war der Julierpass gesperrt. Wir waren die Letzten gewesen, die in dieser Nacht den Pass überquert hatten.

Als ich für dieses Buch Hanspeter Achtnich anschrieb, um ihn zu fragen, ob er sich an das Datum der Lesung erinnere, schickte er mir nicht nur den Artikel über diese Veranstaltung, sondern auch denjenigen über meine eigene Lesung mit dem «Blütenstaubzimmer» zwei Jahre später am selben Ort. Ich bin erschrocken, als ich den Artikel las, weil ich an diese Lesung nicht die geringste Erinnerung habe. Doch die Fahrt mit meinem Vater nach Celerina hat sich wie ein Film für immer in mein Gedächtnis eingebrannt: die Lichter des Schneepflugs, die glitzernden Eiszapfen in den Haaren meines Vaters, all das sehe ich noch genau vor mir, als wäre es gestern gewesen.

Und ich frage mich, was Erinnerung ist, was bleibt und was alles verloren geht und für immer verschwindet. Vielleicht bleibt nur, worüber man auch schreiben kann, und Schriftsteller sind, wie mein Vater sagte, nichts weiter als Tiefseetaucher der Erinnerung, für immer in der Dunkelheit auf der Suche nach Perlen.

1996 erschien im Lenos Verlag die Erzählung «Die Beschreibung der Tiefsee». Auch dieses Buch wurde in vielen Zeitungen besprochen und gut aufgenommen.

Es war eine Zeit, in der mein Vater auf mich ausgeglichen wirkte. An den Wochenenden gingen wir im Elsass spazieren, er lud Freunde zum Essen ein, kochte Gyros und Filet Wellington, und sogar das Geschirr seiner Eltern und das Christofle-Tafelsilber kamen manchmal zum Einsatz.

Inzwischen arbeitete er im Schweizer Buchzentrum und fuhr jeden Tag in Anzug und Krawatte nach Hägendorf; das Bett seiner Mutter war auseinandergebrochen, und er schlief fortan wieder auf einer Matratze am Boden wie ein Student. Er lachte über sich selbst: «Wenn meine Mitarbeiter nur wüssten, wie ich hause», sagte er. Ein paar Jahre führte er ein regelrechtes Doppelleben als Manager und Schriftsteller, eine Art Dr. Jekyll und Mr. Hyde. Es war für ihn auch kein Widerspruch, gleichzeitig die Gedichte von Thomas Bernhard zu lesen, einen Thriller von John le Carré und David Ogilvys «Geständnisse eines Werbemannes».

Ich sehe noch vor mir, wie er auf der Matratze liegt und in einem «Spiegel» blättert, als ich ihm das Manuskript von «Das Blütenstaubzimmer» hinwarf. Nachdem er es gelesen hatte, hatte er ein Lächeln im Gesicht, das ich nie vergessen werde. «Das wird was», sagte er zu mir.

Darüber, dass ich in der Schweiz keinen Verlag fand, war er überrascht, aber als ich nach Monaten eine Zusage von Joachim Unseld von der Frankfurter Verlagsanstalt erhielt, war er begeistert. «Zum Glück haben alle Schweizer Verlage abgelehnt, und du bist direkt in Frankfurt gelandet, also im Zentrum.»

Er musste es wissen, denn er war jedes Jahr an der Frankfurter Buchmesse.

Er begleitete mich zu meiner ersten Lesung an die Solothurner Literaturtage und nach Klagenfurt an den Ingeborg-Bachmann-Wettbewerb, wo ich das 3-Sat-Stipendium erhielt.

Verlagsauslieferung mit Paletten von «Das Blütenstaubzimmer».
Bild: privat.

Zoë

Bild: privat.

Als «Das Blütenstaubzimmer» im Frühling 1997 veröffentlicht wurde, arbeitete er im Schweizer Buchzentrum in einer Führungsposition, die es ihm erlaubte, auf dem Computer in Echtzeit nachzusehen, wie viele Bücher verkauft wurden. Wenn in der Früh das Telefon klingelte, wusste ich, es war mein Vater. Er sagte immer das Gleiche, als ob er es selbst nicht fassen konnte: «Die Exemplare schmelzen weg wie Butter in der Sonne.» Sein Lieblingswort war jetzt «nachdrucken». Tatsächlich freute ihn der Erfolg vielleicht noch mehr als mich. Begeistert faxte er mir die Bestsellerlisten und begleitete mich an viele Lesungen. Wir fuhren im Auto durch die ganze Schweiz und nach Deutschland bis nach Osnabrück, aber die meiste Zeit war ich allein unterwegs.

Nach einer mehrwöchigen Lesereise quer durch Deutschland, irgendwo in einem Hotelzimmer in der Nähe von München, hatte ich eine Panikattacke. Ich lag im Hotelzimmer im Bett auf der harten Matratze eines Einzelzimmers, nachdem ich an diesem Abend über hundert Bücher signiert hatte, sodass mein Handgelenk schmerzte. Mein Herz raste; ich war dreiundzwanzig Jahre alt und ich dachte, ich sterbe. Ich konnte mein Buch nicht mehr sehen, meine eigenen Sätze nicht mehr lesen, keine Zugfahrt mehr ertragen, kein Hotelzimmer, keinen Bahnhof, kein Taxi, keine Journalisten, keine Fotografen, keine Buchhandlung; ich konnte keine Menschen mehr sehen und keine Fragen mehr beantworten. Mitten in der Nacht rief ich meinen Vater an, und ein paar Stunden später stand er da. Er war mit dem Auto durch die Nacht gerast, um mich in irgendeiner gottverlassenen Gegend in Bayern einzusammeln, ein Häuflein Elend. Ich schlief auf dem Rücksitz, im vertrauten Zigarettengeruch, die flüsternde Stimme von J.J. Cale, «After Midnight», im Ohr. Ich war gerettet.

Ich weiß nicht, wie oft er mich mit dem Auto vom Flughafen Zürich oder Basel abholte und hinbrachte, aber immer, wenn ich darum bat, stand er da. Ohne Wenn und Aber. Er besuchte mich überall, wo es mich hin verschlug, in Berlin, London, Bali, Italien. Und auch noch ganz am Ende und schon todkrank bestand er darauf und fuhr in seinem Chrysler über 820 Kilometer von Basel nach Wien.

Es muss 1990 oder 1991 gewesen sein, als ich seine neue Freundin und zukünftige Frau Ursula in einem Café zum ersten Mal traf. Er kannte sie schon von früher, sie verteilte 1981 beim «Tag der Poesie» Gedichtflugblätter auf der Straße. Gemeinsam mit ihrer besten Freundin Beatrice Flubacher machte sie das Literaturmagazin «On the Road», und mein Vater hörte, wie sie darüber im Radio sprach. Eine Frau, die aus dem Stand eine Literaturzeitung machte, gefiel ihm natürlich. Inzwischen war sie gelernte Buchhändlerin und träumte von einer eigenen Buchhandlung. Auch das gefiel meinem Vater, und es war für mich naheliegend, dass er sich für sie interessierte und umgekehrt. Sie kam immer öfter zu uns an die Sängergasse, sie tranken Kaffee, rauchten päckchenweise Zigaretten und schmiedeten Pläne. Schließlich kaufte Ursula mit allem Ersparten, das sie hatte, die Ausstattung für die Buchhandlung. Regale, Verkaufstheke, Bücher. Ich erinnere mich noch, wie aufgeregt sie war, als sie den leeren, zur Vermietung angebotenen Laden an der Bachlettenstraße fand. Der perfekte Ort für eine Buchhandlung.

Eine Quartierbuchhandlung müsse all das haben, was eine große nicht bieten könne, sagte mein Vater. «Allem voran eine Buchhändlerin, die Bücher liebt, viel liest und Empfehlungen machen kann.» Er erklärte uns den sogenannten «Kuschelfaktor» im Manager-Sprech, der uns alle zum Lachen brachte. Er sollte recht haben, der Kuschelfaktor einer charmanten Quartierbuchhandlung funktionierte. Die Buchhandlung war seit ihrer Gründung 1993 ein Erfolg. Ursula hatte alle Hände voll zu tun. In der Mittagspause brachte sie mit dem Fahrrad Bücher zu den Kunden. Später, als Schulen anfingen, bei ihr zu bestellen, und sie größere Mengen lieferte, musste sie sich ein Auto zulegen.

Im Sommer 1997 machte ich vor der Buchhandlung eine Signierstunde mit dem «Blütenstaubzimmer». Auf dem Gehsteig ein Tischchen und ein Stuhl, der Laden und der Eingang waren liebevoll mit Blumen geschmückt. Mein Vater war begeistert und machte Fotos. Der Schriftsteller Guido Bachmann kam vorbei, barfüßig mit lackierten Zehennägeln.

Die Buchhandlung war eine kleine Goldgrube, und Ursula arbeitete hart. Manchmal, wenn es ihr zu viel wurde, half mein Vater aus, und stets stand er ihr im Hintergrund beratend zur Seite. Er wohnte jetzt in einer Wohnung im Haus nebenan, so konnten sie immer zusammen sein, aber jeder hatte seinen eigenen Ort. Auch ich half ab und zu mal in der Buchhandlung aus und stand hinter der Ladentheke. Manchmal kam es vor, dass ich eines meiner eigenen Bücher verkaufte.

Ursula und mein Vater redeten vor allem über eines: Bücher. Gemeinsam schauten sie die Vorschauen durch, diskutierten über Kunden und die Buchpreisbindung und die ungewisse Zukunft des Buchmarktes, der sich rasant änderte. Aber die Buchhandlung lief trotz allen düsteren Prognosen, bekam immer mehr Stammkunden, und Ursula und mein Vater waren ein perfektes Team.

Nur im Sommer war die Buchhandlung zwei Wochen geschlossen, dann fuhren sie jeweils nach Korsika, Ursulas Lieblingsinsel. Unzählige Fotos zeugen von glücklichen Stunden. Vielleicht verbrachte mein Vater dort seine friedlichste und harmonischste Zeit.

> Die Sommer verbrachten wir oft auf Korsika, das ich durch sie kennenlernte und wo sie zu meiner Verblüffung immer wieder plötzlich jemand grüßte und zu mir sagte, dass das eine Kundin oder ein Kunde aus der Buchhandlung war. Wenn wir auf Ile Rousse auf dem Place Pascal Paoli unter den Platanen und Palmen der Cafés saßen, sagte sie, dass, würde sie sterben, ihre Asche hier ins Meer gestreut werden soll.
> Undatierter Tagebucheintrag

Es war teilweise fast unüberschaubar, was er alles organisierte. Vielleicht auch durch meinen Erfolg beflügelt, sprühte er nur so über vor Ideen.

Gut erinnere ich mich an das Literaturfestival im Sommer 1988 im Schützenmattpark. Im ganzen Park standen Gedichtplakate, eine Art Poetenweg. Das war typisch für meinen Vater: «Poetenweg». Es war ein reges und buntes Treiben aller Generationen, genauso wie er es liebte. Die Autoren lasen im schönen Musikpavillon wie in einer großen Muschel.

Zoë

Ich sehe es noch vor mir, wie wir mit Martin Suter in der Sonne saßen. Martin Suter war eine freundliche und angenehme Erscheinung. Er fiel mir auf, weil er gut gekleidet war und angenehme Manieren hatte. Sie redeten über die Demenzerkrankung seiner Mutter, und dann las er im Pavillon aus seinem ersten Roman «Small World». Kürzlich, beim Aufräumen der Bücherkisten, fand ich ein kleines in Leinen gebundenes Büchlein: Martin Suter «Business Class» und eine Widmung mit blauem Kugelschreiber: *Für Matthyas. Carona ist vergessen. Herzlich, Martin 23.8.1998.*

Mit Ursula auf Korsika, August 2001. Bild: privat.

Er muss ihm das Buch an diesem Tag gegeben haben. Was «Carona ist vergessen» wohl bedeutet?

Traurig war, dass ausgerechnet nach diesem schönen Festival zwei, drei der eingeladenen lokalen Autoren meinem Vater später mit einer Rufmordkampagne in persönlichkeitsverletzender Weise in den Rücken fielen. Ein sogenanntes «Enthüllungsbuch» sollte erscheinen und sich auf der Welle meines Erfolges mit verkaufen.

Mein Vater hat sich darüber so aufgeregt, dass ich mich um seine Gesundheit sorgte. Er griff sich oft ans Herz, als erwarte er, einen Infarkt zu bekommen. Es kam sogar zu einer Gerichtsverhandlung. Auch wenn die Gegenpartei das Buch nicht ausliefern durfte und sich bei uns entschuldigen musste, die Verletzungen konnten nie wieder gutgemacht werden. Dass sich ausgerechnet Menschen, denen mein Vater eine Plattform gegeben hatte, in einer so perfiden Weise gegen ihn wenden würden, hat ihn erschüttert.

Von da an warnte er mich gar vor Schriftstellern und meinte, mit wenigen Ausnahmen seien sie abgrundtief schlechte Charaktere und hinterhältige Narzissten. Den Literaturbetrieb hielt er für eine grausige Schlangengrube. Er musste es wissen. Er bewegte sich ein Leben lang selbst darin.

Ursula Wernle Jenny. Bild: privat.

Bachletten Buchhandlung. Bild: privat.

Nach ein paar Jahren konnte Ursula die Wohnung über der Buchhandlung mieten, und nach zehn Jahren kaufte sie das ganze Haus. Mein Vater arbeitete in dieser Zeit bei Ex Libris. Auf seiner Visitenkarte stand: «Leiter Einkauf Buch/PC Software». Er fuhr jetzt jeden Tag mit dem Auto eine Stunde nach Dietikon. Der Arbeitsweg war mühsam, und er beklagte sich oft. Es war aus meiner Sicht nur eine Frage der Zeit, bis er auch diese Stelle kündigte.

Er formierte eine Literaturgruppe, die sich regelmäßig traf. Ganze Ordner von E-Mails zeugen von einem regen Austausch zwischen ihm und lokalen Autorinnen und Autoren. Verschwörerisch erzählte er mir von einer Liegenschaft in der Stadt, einer alten Villa in der Hardstraße, und dass er sich vorstellen könnte, dort ein Literaturhaus zu verwirklichen. Eine Idee, die ihn nicht mehr losließ. Er war aber mit dem Kreieren des Literaturfestivals und des Lyrikfestivals schon so ausgelastet, dass er das Konzept für ein Literaturhaus bei einem Abendessen in der Kunsthalle an Walter Brack von der Christoph Merian Stiftung weitergab. Walter Brack, der ein lebenslanger Freund wurde und sich immer wieder für die

Ideen meines Vaters einsetzte, nahm den Ball begeistert auf. Die Villa wurde es nicht, aber Walter Brack realisierte das Literaturhaus im Unternehmen Mitte. Ich war selbst nie dort, aber mein Vater war enttäuscht, zum einen, weil es kein Haus war, sondern lediglich ein Raum in der dritten Etage, zum anderen, weil er die Anmutung als kalt und ungemütlich empfand. Doch vor allem entsprach die inhaltliche Ausrichtung nicht seinen Vorstellungen, daher wollte er auch in keiner Weise mehr daran mitarbeiten.

Im August 2002 druckte die «Basler Zeitung» ein Streitgespräch zwischen ihm und der damaligen Literaturhaus-Intendantin Margrit Manz ab. Er hielt mit Kritik nicht zurück: «Das sieht ja aus wie in der Steuerbehörde da oben.» Und: «Ich halte das Literaturhaus, wie es sich jetzt präsentiert, für ein Missverständnis. [...] Haben Sie denn nicht auch einmal Lust, den großen Schwung zu versuchen?» Seine direkte und unverblümte Art wurde nicht von allen goutiert, aber das war ihm herzlich gleichgültig.

Im dazugehörenden Artikel in der «BaZ» steht:

Der Autor und Verleger ist im Hauptberuf Initiant. Was ist ihm nicht schon alles eingefallen, um dem gedruckten und gesprochenen Kunstwort zu mehr Aufmerksamkeit zu verhelfen! Seit Monaten ist er – nicht unerfolgreich – dabei, die streng kalkulierenden Manager der Messe von der Idee einer «Buch- und Medienmesse Basel» zu überzeugen.

Tatsächlich war die Buchmesse Basel wohl seine größte organisatorische Leistung, und er schaffte es allen Unkenrufen zum Trotz – und deren gab es viele –, die Messe zu überzeugen. Die erste «BuchBasel» wurde für 2003 geplant. Nachdem er bei Ex Libris wegen Mobbing gekündigt hatte, arbeitete er beim Ammann Verlag als Vertriebsleiter und Marketing-

Zoë

manager. Mit Egon Ammann, selbst eine Schweizer Literaturinstitution und Verleger alter Schule, verband ihn eine lange Freundschaft. Sie hatten in vielem ähnliche Ansichten und beide waren geborene Macher. Ich hatte den Eindruck, dass es ihm Spaß machte, aber wieder war es ein weiter Arbeitsweg nach Zürich.

Nachdem klar war, dass die erste «BuchBasel» definitiv stattfinden würde, gab er die Tätigkeit im Ammann Verlag auf, denn von nun an leitete er für die «BuchBasel» Literaturfestival, Jugendliteraturfestival, Kinderliteraturfestival und Comicfestival. Gleichzeitig machte er noch das Lyrikfestival, das ihm ganz besonders am Herzen lag. Es war, als hätte er sich zum Ziel gesetzt, aus Basel ein Zentrum der Literatur zu machen. 2004 schrieb die Zeitung «20 Minuten»: «Basel wird Literatur-Mekka.» Das Festival strahlte weit über die Schweizer Grenzen hinaus, der Pressespiegel von damals ist über ein Kilo schwer. Wenn man heute schaut, was es in Basel alles gibt, das ursprünglich im Kopf meines Vaters entstanden ist, muss man sagen, dass er seine Visionen alle konsequent umgesetzt hat, und mehr noch: Sie wirken weiter.

Er ist der Gründer von beinahe allen literarischen Einrichtungen in Basel. Ohne ihn würde es weder das Literaturhaus, den «Tag der Poesie», das Lyrikfestival noch die «BuchBasel» geben, und viele Menschen leben und profitieren heute gut und gerne davon. Nicht wenige haben gar ihre beruflichen Karrieren darauf aufgebaut.

Heute, wo alle diese Einrichtungen und insbesondere die «BuchBasel» eine Selbstverständlichkeit sind, ist es schwer vorstellbar, mit welchen Hindernissen mein Vater zu kämpfen hatte. Ich weiß noch, wie er unter den Zeitungsartikeln litt, in denen man ihm vorwarf, eine Konkurrenz zur Buchmesse Genf aufbauen zu wollen. Selbst das Bundesamt für Kultur schrieb der Messe Schweiz, dass die «jennysche Buchmesse» wegen der Konkurrenz in Genf nicht durchgeführt werden solle. Und dann gab es ja noch Solothurn, dessen Literaturtage eventuell auch unter der «BuchBasel» leiden könnten ... Mein Vater hat sich zu Recht darüber aufgeregt und er verstand nicht, warum das eine das andere ausschließen soll. Seiner Meinung nach belebt Konkurrenz das Geschäft, aber «Kleingeister», von denen es insbesondere im schweizerischen Kulturbetrieb nur so wimmelt, würden das nie begreifen. Sie sitzen nur ängstlich vor ihrem eigenen Töpfchen, eifrig und eifersüchtig darauf bedacht, sich jede mögliche Subvention unter den Nagel zu reißen. Meinen Vater hat das nie interessiert.

Allein seiner Hartnäckigkeit und seinem Durchhaltewillen ist es zu verdanken, dass die «BuchBasel» heute existiert. Trotz aller Felsbrocken und einer Rufmordkampagne, die man gegen ihn führte, machte er unbeirrt weiter, auch wenn die teilweise massiven Anfeindungen nicht spurlos an ihm abprallten.

Obwohl die «BuchBasel» auf hohem Niveau realisiert wurde und ein Publikumserfolg war, machte sie insbesondere durch die enorm hohen Raumkosten der Messe Basel ein Defizit. Ohne dies je an die Öffentlichkeit zu tragen und es groß auszuposaunen, zahlte er dieses Defizit aus eigener Tasche, und zwar mit seinem gesamten Pensionskassengeld. Eine fatale Entscheidung, die ihn finanziell nachhaltig ruinierte und in die Altersarmut stürzte.

Schicksalsschläge gab es in seinem Leben auch sonst genug. Den Selbstmord seines Bruders hatte er nie überwunden und er litt unter Depressionen, aus denen er sich, wie er sagte, immer wieder selbst herauszog.

Zoë

Mein Bruder fuhr einen eleganten dunkelblauen Jaguar Sovereign mit weißen Ledersesseln, mit dem er am 6. Juli 2000 durchs Baselbiet fuhr, hügelan, hügelab, durch Liestal, Sissach, Gelterkinden, Ormalingen, Rothenfluh und dann wieder zurück nach Sissach, wo er um Mitternacht seinen Jaguar an der Bahnlinie Sissach-Liestal parkierte. Es ist die Zufahrtsstraße zur Autobahnausfahrt. Gleich auf der gegenüberliegenden Straßenseite stehen eine Tankstelle und eine Fabrikdisco, aus der sicherlich der dröhnend schnelle Bass von House-Musik zu hören war und junge Leute fröhlich ein und aus gingen. Und wenige Schritte weiter steht der Werkhof der Baselbieter Autobahnpolizei. Über die Bahnlinie führt die Autobahnbrücke Richtung Belchentunnel. Ein hässlicher verkehrstechnisch lebensfeindlicher Unort. Er aber schloss den Wagen ab und legte seinen Kopf der Fahrtrichtung abgewandt auf die Schiene, der dann vom späten Regionalzug vom Körper abgetrennt wurde. Später hieß es im Bericht, dass die Motorhaube noch sehr warm gewesen sei, wie nach einer langen Fahrt durch die Nacht, aus der er nicht mehr lebend herausfand. Seine letzte Fahrt war sein letzter Ausweg. Und lange begriff ich nicht, warum er seinen Wagen korrekt abschloss, obwohl er doch mit seinem Leben bereits abgeschlossen hatte. Aber heute weiß ich, hätte er den Wagen nicht abgeschlossen, hätte er weitergelebt, wären nicht nur die Türen offen geblieben, sondern auch sein Leben.

Aus dem unveröffentlichten Manuskript «Eine Seele von Manager»

Es war 2001, als ich gerade in Basel auf Besuch war (damals lebte ich in Berlin). Ich war in der Wohnung meines Vaters, und er klagte über starke Bauchschmerzen. Er sah schlecht aus und konnte nicht aufstehen. Ich rief den Notarzt, der ihn, nachdem er ihn kurz untersucht hatte, sofort mit dem Rettungswagen ins Krankenhaus brachte. Was erst wie eine Blinddarmentzündung aussah, entpuppte sich als etwas anderes. Er hatte eine mehrstündige Operation im Bauchraum wegen eines Darmdurchbruchs. Mein Bruder und ich saßen die ganze Nacht im Krankenhaus und rechneten mit dem Schlimmsten. Im Morgengrauen kam schließlich ein völlig verschwitzter Chirurg, als käme er von einem Kampf, und meinte, unser Vater hätte Glück gehabt. Als er wieder nach Hause entlassen wurde, fühlte er sich schlecht und erholte sich nicht. Bei einer Nachsorge-Röntgenuntersuchung entdeckte man zufällig, dass bei der Operation ein Tuch im Bauch liegen gelassen wurde. Der Arzt zeigte es mir auf dem Röntgenbild und sagte, mein Vater müsse sofort ins Krankenhaus zurück und wieder operiert werden. Als ich mit ihm im Taxi zum Krankenhaus fuhr, sah ich zum ersten Mal Tränen in seinen Augen.

Er litt anschließend immer wieder unter Schmerzen in der Bauchgegend, vor allem, wenn er sich aufregte, was oft vorkam. Als 2004 mein drittes Buch «Ein schnelles Leben» erschien, war er entsetzt über die Verrisse, die oft eher einer Attacke auf meine Person glichen als einer Auseinandersetzung mit dem Buch. Hätte er damals gewusst, dass das Buch trotz allen Versuchen, es in Grund und Boden zu stampfen, elf Auflagen erreichen, über 50 000-mal verkauft und ein beliebtes Schulbuch werden würde, hätte er sich beruhigen können. Aber damals waren Printmedien noch so mächtig und alleinherrschend, dass man völlig ohnmächtig und ausgeliefert war, wenn erst einmal eine Medienlawine losgetreten worden war.

Jetzt erst, Jahrzehnte später, lese ich diese Artikel, die er fein säuberlich aufgehoben hat, und verstehe, was ihn quälte. Es wird mir übel dabei, wenn ich mir vorstelle, dass so hasserfüllt, sexistisch und despektierlich über meine eigene Tochter geschrieben würde, wie man damals über mich als junge Frau geschrieben hat. Aus heutiger Sicht wäre einiges davon wohl strafrechtlich relevant, aber vor 20 Jahren waren Persönlichkeitsrechte so gut wie nicht geschützt. Medienanwälte existierten noch nicht. Da ich in London lebte und weit weg war, trafen die an mich gerichteten Giftpfeile stattdessen meinen Vater, und zwar mitten ins Herz. Heute würde man es «Shitstorm» nennen, aber wir erlebten ihn, bevor es diesen Begriff überhaupt gab. «Vergiss es einfach, ist alles Altpapier, unerheblicher Neid und Hass», sagte ich, während ich durch Hampstead spazierte, aber es nützte nichts. Einmal meinte er gar, das sei eigentlich alles gegen ihn gerichtet. Weil er mich so erzogen hätte, genau wie er kein «Arschkriecher» zu sein. Ich hätte nicht den devoten, dankbaren Habitus, wie er im Literaturbetrieb erwartet werde.

Dann sprach er von der langen Geschichte der Jennys, die schon immer aufmüpfig waren und dafür einen hohen Preis zahlen mussten. So zum Beispiel der Rössli-Wirt Galli Jenny aus Langenbruck, der während des Bauernaufstandes den Widerstand gegen die Basler Obrigkeit organisierte und dafür 1653 auf dem Richtplatz in Basel, dem sogenannten «Kopfabheini», wo heute der Zolli-Parkplatz ist, mit dem Schwert geköpft wurde. Er war bei seiner Hinrichtung 70 Jahre alt. Als Anführer hatte er das Privileg, geköpft zu werden, während die anderen sechs Rebellen gehängt wurden. Sein Sohn Daniel Jenny wurde zur Galeerenhaft verurteilt, aber eine ganze Horde wütender Jennys überfiel die Kutsche, in der er weggebracht werden sollte, und befreite ihn. In Liestal steht ein Obelisken-Denkmal zum Gedenken der sieben

Opfer der Bauernaufstandes mit den Inschriften der Namen. Galli Jenny ist dort verewigt. Im Wappen von Basel-Land symbolisieren die sieben roten Krabben, der sogenannte «Siebendupf», auf dem Doppelstab die Opfer. Diese Geschichte aus der Familienchronik beschäftigte meinen Vater sehr. Er sah darin etwas Schicksalhaftes, und das mediale Niedermachen meiner Person betrachtete er als eine «Hinrichtung» in anderer Form.

Denkmal in Liestal für die Opfer des Bauernkriegs 1653, in dem Galli Jenny hingerichtet wurde. Bild: privat.

Ich glaube, am meisten stolz war er nicht auf meinen frühen Erfolg, sondern dass ich einfach weiterschrieb, Buch für Buch, auch eines in englischer Sprache, und zwar auch dann, wenn mir alle das Schreiben austreiben und verderben wollten. Leider konnte er das letzte Buch «Der verschwundene Mond» nicht mehr gedruckt erleben, aber ich habe ihm noch am Krankenbett im Hospiz die Fahnen zeigen können, und er hatte sich darüber gefreut.

«Ein Jenny gibt nicht auf. Ein Jenny lässt sich nicht unterkriegen.» Das waren so Sätze, mit denen er mich zuweilen aufmuntern wollte.

Während ich dieses Buch schreibe, bin ich noch dabei, seinen Nachlass zu ordnen, und finde immer wieder unveröffentlichte Texte und Notizen, die mich berühren. So zum Beispiel dieser Text, den er am 23.6.2005 zum Tod des Basler Dichters Werner Lutz geschrieben hat:

Die Poesie des Todes

Nachdem das, was gesagt werden musste, gesagt war, ging es gemächlichen Schrittes über den Friedhof Fiechten zum offenen Grab des altgewordenen Dichters. Buntgekleidete Kinder spielten Fangen, lachten hell, und ein leuchtend roter Ball, weißgepunktet, rollte am Grab vorbei. Der Pfarrer sprach, zuvor ein eiliger Blick auf die Uhr, und warf eine gelbe Rose ins Grab, aus dem ein stumpfes Plopp drang. Dann fielen gelbe Rosen nacheinander, der rote Ball rollte wieder vorbei am trockenen Erdhaufen, ein Kind lachte, eine Mutter lächelte ihrem schlafenden Säugling auf dem Arm zu, einem nörgelnden Kind wurde ein

Schnuller in den Mund gesteckt. Albert Hoffmann ließ mit leichter 100-jähriger Hand eine gelbe Rose ins Grab fallen. Eine Elster schäkerte aus den dunklen Blutbuchen, Sperlinge stritten im üppigen Besenginster und Goldregen. Wie Regenschauer von ferne das gleichmäßige Rauschen der Autobahn. Die Schattenwürfe der Laubbäume breit, die Sonne heiß. Der Tod ist die Stille, das Leben der Lärm. Unwirklich grün das Land, unwirklich blau der Himmel. In das Gemurmel erinnert ein Glockenschlag an die Zeit. Werner Lutz zog seine Mütze, ein Dichter wurde bestattet. Alles geht weiter, die Gedichte bleiben.

Als ich wieder einmal in Basel auf Besuch war, fiel mir auf, wie dünn Ursula war. Ich war besorgt und sagte, ich würde nicht gehen, bevor sie etwas gegessen hätte, und kochte Pasta. Ich erinnere mich noch, wie wir auf dem Balkon saßen und wie sie lustlos mit der Gabel im Teller herumstocherte und die Tortellini von einer Seite zur anderen schob. Ich fragte meinen Vater, ob sie vielleicht magersüchtig sei, aber er schüttelte den Kopf. Sie gehe ständig zum Arzt wegen Rückenschmerzen, aber das käme wohl vom langen Stehen im Laden.

Ich war in London, als mein Vater anrief und die Diagnose von Ursula mitteilte: Speiseröhrenkrebs. Sie müsse viele Untersuchungen machen, aber es sehe nicht gut aus. Weißwein und Zigaretten, sagte er, sei laut Ärztin eine besonders toxische Mischung, und genau das hatte sie jeden Abend konsumiert, um sich nach einem langen Tag in der Buchhandlung zu entspannen. Seine Stimme am Telefon war düster. Von diesem Moment an ging es mit ihr gesundheitlich bergab. Von einem Schlag auf den anderen gab mein Vater die Leitung für die «BuchBasel» und das Lyrikfestival ab. Mein

Zoë

Vater beendete radikal alle Aktivitäten und kümmerte sich ausschließlich um Ursula. Er lernte, ihr die Spritzen zu setzen, überwachte ihre Medikamente, kochte für sie und machte all das, was ein Pfleger tun würde. Er wusste, die Zeit lief ab und nichts ist rückgängig zu machen, wenn es vorbei ist. Er war nur noch bei ihr, und zwar Tag und Nacht.

Seit 2005 litt sie unter unbestimmten Schmerzen im Oberkörper und ab und zu im Bauch - die Ärzte diagnostizierten alles Mögliche, nur nicht das Richtige. Endlich, aber viel zu spät, kam eine Ärztin auf die Idee, eine Magenspiegelung durchzuführen. Am 23. Februar 2006 erhielt sie den vernichtenden Befund, dass sie einen fortgeschrittenen aggressiven Speiseröhrenkrebs habe. Sie kam nach Hause und sagte es mir um 13:57 am Küchentisch - sie gab mir den Bericht und sagte: «Ich muss jetzt den Laden öffnen gehen!»

Ich las den Bericht am Küchentisch: Schon nach vier Worten löste der Bericht das blanke Entsetzen aus. Die Türen wurden schwarz und schlossen sich, die Blätter fielen wie Steine von den Bäumen, der Boden hob und senkte sich, die Treppe stürzte ein, der Tag zerfiel im Minutentakt, die Sonne wurde ein schwarzes böses Auge, tiefe kalte Nacht drang in unsere Wohnung.

Von da an begann der Kampf um das Leben. «Ich gebe nicht auf», sagte sie, und als die Schmerzen zunahmen, unerträglich, eigentlich kaum auszuhalten, sagte Ursula: «Wir bauen die Buchhandlung im März trotzdem um, es wird weitergehen.»

Sie hoffte und kämpfte um ihr Leben. «Ich will ja nur in meinem Lädeli sein und Bücher verkaufen», sagte sie oft. Sie hoffte bis zuletzt.

Vor ihrer Operation im August 2006 verbrachten wir drei wunderschöne Wochen in Kini auf Syros – wir hatten eine große Wohnung mit einer riesigen Terrasse, von der aus wir jeden Abend den Sonnenuntergang betrachteten und jede Nacht den Sternschnuppen unsere Wünsche nachschickten. Wir hatten aber auch manchmal große Angst vor der ungewissen Zukunft und dem gewaltigen Universum über uns. Dann hielten wir uns und sprachen uns Mut und Zuversicht zu. Es gibt Momente, da beginnt auch der Ungläubige zu beten, also betete ich mit ihr und manchmal auch allein. Wir haben alles unternommen, um das Unvermeidliche abzuwenden.

In Windeseile gründeten wir das Kleine Literaturhaus und eröffneten es am 6. Dezember – es war sofort ein Erfolg, und dass so viele Menschen zu den Veranstaltungen kamen, war eine Bestätigung für sie.
    Sie musste aber immer öfter ins Spital. War sie im Spital, wollte sie sofort wieder nach Hause in ihren Laden.

Aus der Abdankungsrede, die er am 18. Mai in der Pauluskirche in Basel hielt

Im Souterrain des Hauses, wo mein Vater schon ein Büro eingerichtet hatte, ließen sie eine Mauer einreißen und legten Parkett aus, und schon war das «Kleine Literaturhaus» fertig. Der Autor Guy Krneta spendete Stühle.

Am 20. November 2006 schrieb die «Basler Zeitung»:

Herr Jenny und Frau Wernle sind sich einig: klein anfangen. «Step by step», sagt sie. «Guerillamäßig», sagt er. Im Frühling soll draußen der Lesegarten dazukommen.
Das kleine Literaturhaus war ein voller Erfolg. Es sprach sich schnell herum, und die Veranstaltungen waren beliebt.

Ich kam aus London und las aus meinem soeben erschienenen Roman «The Sky is Changing». Es war voll. Es gab nicht genug Stühle, und die Gäste standen im Gang. Reinhardt Stumm war da. Es gab zu essen und zu trinken. Es war großzügig und gemütlich wie immer, wenn mein Vater etwas machte. Nur Ursula fehlte. Sie war mitten in der Chemotherapie, es gab Hoffnung, aber sie fühlte sich nicht gut.

Am Sonntag, 29. April 2007, war Bob Dylan im Hallenstadion Zürich.

Eine Freundin brachte ihr zwei Tage später eine Bob-Dylan-CD, auf der auch «Knockin' on Heaven's Door» zu hören war. Sie lag im Bett mit dem hellgrünen CD-Player, die schwarzen Stöpsel in den Ohren. Sie lag da mit geschlossenen Augen. Sie sah und hörte mich nicht, als ich das Spitalzimmer betrat. Ich blieb stehen, ihre Hände flach auf der Bettdecke. Ich machte mich nicht bemerkbar, ließ sie hören.

Später schob ich sie im Rollstuhl und angehängtem Infusionsgestell durch den Park des Clara-Spitals. Beim Taschentuchbaum immer die Bemerkung: «Wo sind denn die Taschenbücher?»

Zwischen der blauen Atlaszeder und dem Mädchenhaarbaum fragte sie, ob wir nicht einfach wegfahren könnten, weg von hier, weg vom Spital, einfach ans Meer.

Wie denn? Die lebenserhaltenden Infusionen? Das Morphium? Die grellen Schmerzattacken? Im Auto, unterwegs, auf der Fahrt? Wie denn?

«Weißt du», sagte sie schwach, «so wie Til Schweiger im Film ‹Knockin' on Heaven's Door›, dort ging es ja auch. Noch einmal ans Meer.»

Das hier ist kein Film, dachte ich, sagte ich aber nicht. «Vielleicht können wir es versuchen, aber ich muss es organisieren, wegen dem da allem», sagte ich und zeigte auf Infusionsgestell und Rollstuhl.

«Noch einmal das Meer sehen», sagte sie, als ich sie zum Lift schob, und oben im 4. Stock, als ich sie ins Bett hob: «Wir fahren doch noch einmal ans Meer, oder?»

Am Dienstag, 8. Mai, holte ich sie im Spital ab.

Die Ärztin war dagegen. «Das geht und kommt nicht gut», sagte sie zu mir.

«Geben Sie mir einfach alles, was sie braucht, ich nehme alles mit, und mit der künstlichen Ernährung und Spritzen-Setzen kenne ich mich aus, mache ich ja seit Monaten.»

Die Ärztin schüttelte den Kopf, meinte, dass ich unterschreiben müsse, damit man sie nicht haftbar machen könne.

Sie stand wankend in ihrer Buchhandlung, klammerte sich an den Ladentisch. Halbstündlich Morphium und anderes. Sie konnte nicht mehr stehen, alles zitterte. Körperbeben, Erschütterungen, Schreie.

Wieder ins Auto tragen und zurück ins Spital rasen. «Noch einmal ans Meer», flüsterte sie auf der Intensivstation.

Dann ihre letzten Worte: «Komm, wir gehen jetzt.»

Danach die unendliche Dunkelheit.

Jeden Abend die Ladentür schließen wie den Tag und das Leben ab- und ausschließen, und der Beginn der tiefen lähmenden Finsternis. Ringsum die stummen, dunklen und nutzlosen Bücher. Nutzlose Weisheiten, nutzlose Romane, nutzlose Ratgeber. Kein Leben. Tot. Alles.

Der aus der Finsternis sich vordrängende Gedanke, ob wir es doch noch geschafft hätten? Noch einmal ans Meer fahren? Noch einmal das Meer sehen? Wegfahren wie damals, vor Jahren? Irgendeinem Traum von Leben entgegenfahren, einer Erinnerung, oder sich von einer Erinnerung entfernen, immer weiter und weiter. Fahren, wegfahren, jetzt, sofort!

Nach Chiasso, in der ersten Raststätte wie immer Espresso: «Einen für dich, einen für mich», sagte ich. Sie schwieg. Stunden später vor Genua wieder Espresso: «Einen für dich, einen für mich», sagte ich. Sie schwieg.

Nach vielen Kurven und Tunneln endlich das Meer. Ein warmer Meereswind streicht die Haut. «Wir sind da, wir sind am Meer», sage ich. Sie schweigt.

Kurzgeschichte «Noch einmal das Meer sehen»,
in «Die Ankunft der Nacht»

Mein Vater versuchte bis zum Schluss, ihr jeden Wunsch zu erfüllen. Er machte mit ihr noch Reisen nach Griechenland und Ägypten, obwohl die Ärzte es für problematisch hielten und davon abrieten. Aber sie verbrachten dadurch noch viele wichtige und schöne gemeinsame Momente.

Die letzte Weihnacht verbrachten sie bei uns in London. Mein Freund und ich machten ihnen einen Nikolausstrumpf nach englischer Tradition und kochten ein Festessen, aber Ursula aß fast nichts. Mein Vater versuchte immer optimistisch zu sein, meinte, dass man das Schlimmste vielleicht noch abwenden könnte. Er erzählte mir von dem Phänomen der Spontanheilung, aber die sei natürlich nur selten.

Wenn ich mit Ursula telefonierte, redete sie jetzt immer von Schmerzen. Als ich das nächste Mal nach Basel kam, erschrak ich. Noch nie hatte ich einen so abgemagerten Menschen gesehen. Mein Vater hatte ein Krankenhausbett samt Infusionsständer organisiert, damit sie zu Hause sein konnte. An diesem Tag kamen ihre Eltern und beteten an ihrem Bett. Nur wenige Stunden später mussten wir Ursula ins Krankenhaus bringen. Es ging nicht mehr. Ich sehe sie noch im Türrahmen stehen, in ihrer Lederjacke, die viel zu groß und unglaublich schwer auf ihrem zarten zerbrechlichen Körper aussah.

Vom vielen Morphium verwirrt, glaubte sie, dass wir meinen Vater ins Krankenhaus fahren anstatt sie. Als wir aus dem Auto stiegen, ging sie in die falsche Richtung, sie dachte, wir machen ein Spaziergang im Park. Es war erschütternd. Mein Vater blieb jetzt Tag und Nacht bei ihr, wich nicht mehr von ihrer Seite. Es ging ihr so schlecht, dass klar war, sie würde nie mehr nach Hause zurückkehren. Das Krankenhaus baute um, und es war ein fürchterlicher Lärm. Wenn man aus dem Fenster sah, blickte man direkt in eine tiefe Grube.

Mein Vater wollte nicht allein sein, und ich unterstützte ihn, so gut es ging. Abwechselnd hielten wir Wache neben ihrem Bett und hielten ihre Hand. Zwei Nächte übernachtete ich mit ihm in ihrem Zimmer. Ursula war an ein Beatmungsgerät angeschlossen. Das schreckliche röchelnde Geräusch des Gerätes werde ich nie vergessen. Die Ärzte meinten, es könne noch lange dauern. Irgendwann musste ich nach London zurück. Aber nur wenige Stunden, nachdem ich zu Hause angekommen war, rief mein Vater an. Weinend teilte er mir mit, seine Ursula sei gestorben. Noch in der gleichen Minute buchte ich den nächsten Flug zurück nach Basel.

Aus dem Tagebuch:

> Sonntag, 13. Mai 2007
>
> Heute denke ich, fühle ich, wird sie sterben. Ich machte Fotos von ihr, auch mit dem Handy. Ich will ihr helfen und kann nicht - sie ist weit weg. Soeben jetzt 09:35 mit Zoë, die nach London zurückgekehrt ist, telefoniert - die Schwestern haben sie neu gebettet - die Schwester sagte, dass die Füße kühl geworden sind - das beginnende Zeichen und die nun sicht- und hörbare Verschlechterung der Atmung. Meine Ursula, meine Liebe. Ich bete für dich. Um 21.47 stirbt Ursula in meinen Armen, ich breche über ihr zusammen, heule und weine, gleichzeitig ruft Zoë an und hört alles mit.

Es war hart. Ich übernachtete in Ursulas Wohnung, die noch genau so war, wie sie sie verlassen hatte. Aber mein Vater war dankbar, dass ich da war. Er sagte, er sei erleichtert, wenn er Schritte höre, weil er früher immer ihre Schritte gehört hatte.

Manchmal klopfte er mitten in der Nacht an die Tür, weil er nicht schlafen konnte, und dann gingen wir hinunter in die Küche, machten Kaffee und redeten, bis der Morgen kam.

Donnerstag, 24. Mai 2007 (11. Tag)

Ich bin hoffnungsvoll, dass ich die Buchhandlung für dich weiterleiten kann - ich gebe mir die größte Mühe. Im Namen der Buchhandlung bleibt dein Name, sie heißt also: Bachletten Buchhandlung Ursula Wernle - so bist du immer mit dem Namen präsent, auch bei mir. Ich werde deinen Ehering etwas vergrößern lassen, damit ich ihn auch tragen kann, so bist du auch symbolisch ständig bei mir, was du gedanklich und seelisch sowieso bist. Meine Ursula. Meine Liebe. Habe den Blumen auf der Treppe Wasser gegeben und auch eine neue Kerze heute Morgen vor die Ladentür gestellt - immer wieder bleiben Leute davor stehen.

Freitag, 25. Mai (12. Tag)

Vor einer Woche holte ich die Urne um 10:19 auf dem Friedhof ab, seitdem geht es mir etwas besser. Jede Nacht kann ich neben dir schlafen, und du bist hier bei mir und ich bei dir. Schrieb die Rechnung für aprentas und brachte die Bücher. Dann zum copy-quick und die Eröffnung der Buchhandlung drucken, 900 Stück. Jetzt sollte ich endlich die Danksagungskarten schreiben und den Versand vorbereiten - Erstere müssen zuerst weggeschickt werden, dann die Eröffnungsankündigung. Auch die Blumen habe ich etwas reduziert und ihnen Wasser gegeben, auch deinen auf der Terrasse (gestern) und heute die im Gang - den Schlüssel für die Kammer im Treppenhaus habe ich noch nicht gefunden, du wirst mir zeigen, wo er ist.

    Heute kamen die ersten Herbst-Vorschauen und Leseexemplare des S. Fischer-Verlages. Du hättest dich gefreut oder auch geschimpft, dass schon wieder neue Bücher kommen - ich kann verstehen, dass dich das manchmal überfordert hat, nämlich diese Menge. Wir hatten ja den Frühling nicht richtig einkaufen können, weil du ja entweder im Spital warst oder zu müde - schön die Erinnerung, als wir auf der Terrasse des Spitals die Coppenrath-Vorschauen durchsahen. Zum Glück habe ich das auch fotografiert - du musst wissen, dass diese Fotos für mich nun wirklich eine Hilfe sind und mich trösten. Wir haben ja so viel zusammen gemacht, eigentlich alles, und in den letzten Monaten waren wir Tag und Nacht zusammen bis zum letzten Atemzug. Das ist und bleibt unvergessen, auch wenn es schmerzlich ist und du irrsinnige Schmerzen hattest - vor allem die Nächte, als du aufwachtest, sind in der Erinnerung sehr traurig. Hätten wir doch einfach weggehen können, einfach weggehen. Jetzt ist es 11:51, und ich muss endlich mit den Karten weitermachen.

<u>Montag, 16. Juli 2007,</u>
der 64. Tag nach dem 13. Mai und 2 Monate nach deiner Kremierung, Ankunft in Korsika

Um 20:48 war ich vorne bei der Zitadelle und habe dem Sonnenuntergang zugeschaut, saß auf dem Mäuerchen und dachte, wie wir beide da saßen und zuschauten und wie du dich noch vor einigen Jahren aufregtest, weil für dich die Sonnenuntergänge wichtig waren und sie mir nicht so viel bedeuteten. Aber wir hatten dann noch viele Sonnenuntergänge zusammen erlebt, alleine in Kini konnten wir jeden Abend die Sonnenuntergänge von unserer Terrasse aus sehen, in Tucchia waren wir im Restaurant am Meer und sahen zu, und auf dem Foto von 2005, wo du aufs Meer schaust, sahen wir auch immer wieder Sonnenuntergänge. Sogar Sonnenaufgänge sahen wir viele Male, zuletzt die in Ägypten und damals auf Sardinien, Costa Rei, als wir frühmorgens an den Strand gingen (oft schon um 7 Uhr morgens).

War im Le Chariot, diesem Restaurant unter den Bäumen mit den vielen Gästen und dem rennenden Personal. Nahm eine Pizza Trois Fromages und eine Cola Light. Ich konnte nur die Hälfte essen und ging dann wieder, werde nie mehr dorthin gehen. Es wird nun Orte geben, an die ich nie mehr gehen werde. Aus dem Auto nahm ich die große Schachtel mit den Beileidskarten und den Danksagungskarten, die ich noch schreiben muss, mit ins Zimmer hinauf. Der alte Mann, den du auch kennst und von dem du gesprochen hast, schaute dabei zu.

Mittwoch, 18. Juli 2007,
der 66. Tag nach dem 13. Mai und zwei Monate nach der Abdankung am 18. Mai 2007

Zoë

Liebe Ursula

Jetzt um 06:27 habe ich die zwei Plomben entfernt und die Urne am Fenster beim Sonnenaufgang geöffnet. Du bist wie Sand am Strand. Ich gehe nun mit einem Beutel an den Strand von Algajola und streue davon ins Meer. Liebe Ursula, ich bin jetzt froh, dass ich deine Urne geöffnet habe und dass ich sehe, wie deine Asche aussieht - du bist wie Sand am Strand. Ein schönes Bild. Wir, die den Strand und den Sand, das Meer, die Sonne, die Sonnenaufgänge und Sonnenuntergänge so geliebt haben. Ich gehe jetzt und schreibe nachher weiter, jetzt ist es genau 06:33. Und jetzt, kein Witz, ist es genau 07:33 - ich war also genau 1 Stunde am Strand mit dir. Ich ging am Aregno-Strand, wie ich heute zum ersten Mal realisierte, dass er so heißt, an den Ort, wo wir oft waren. Ich setzte mich hin, breitete das Badetuch aus, packte die Tasche aus, fotografierte in die Runde (ein Panorama) und dann zog ich Hose und Hemd aus und ging mit deiner Asche ins Meer. Ich streute die Asche wie ein Sämann über das Wasser - die leichteren Teile schwebten in einer kleinen Wolke aufs Meer hinaus, die schwereren sanken glitzernd auf den Grund zum Sand. Eine Zeitlang sah man noch den Unterschied, die hellere Asche zum dunkleren Sand, dann vermischte es sich und die Aschewolke verflüchtigte sich über dem Wasser, man kann fast sagen, dass die kleine Aschewolke eilig aufs Meer hinaustrieb und verschwand. Es hätte dir gefallen, wie ich es machte, ruhig, gelassen - und dann setzte ich mich hin, summte die Melodie, und damit ich sie nicht vergesse, habe ich sie mit der Handykamera aufgenommen - es tönt mit meiner Stimme nicht so schön wie im Traum.

Liebe Ursula, nun ist also bei Algajola deine Asche, ein kleiner Teil, im Meer und am Strand. Wir müssen uns keine Gedanken machen, was tagsüber am Strand los ist, weil wir ja selbst zu den Leuten gehören, gehörten, die am Strand sind und waren. Aber als ich die Asche ins Meer gab, war es ruhig, friedlich und wunderschön, die Morgensonne schien, und kein Mensch war am Strand. Ich ging erst, als die ersten Leute auftauchten, um zu joggen oder zu baden. Jetzt ist ein Teil meiner Mission schon gemacht.

Nachher muss ich nach Ile Rousse mit deiner Asche - ich nehme aber die Urne nicht mit an den Ort, wo ich die Asche ins Meer streue, weil es ja Leute hat und es zu viel Aufmerksamkeit auf sich ziehen würde. Ich mache es still und unsichtbar, nur für uns beide. Ich hoffe einfach, dass dir das recht ist und ich keinen Scheiß baue? Aber was sonst sollte ich tun? Wir waren immer allein zusammen, haben immer alles zusammen unternommen und jetzt ist es auch so, nur dass du nichts mehr dazu sagen kannst. Aber ich denke, dass du damit einverstanden wärst, oder? Schwer genug ist es ja für mich. Aber nicht so schwer, wie es für dich die ganze Zeit in den letzten Monaten war. Auch mein Schmerz ist im Vergleich zu deinen Schmerzen, die du aushalten musstest, nichts. Obwohl die Schmerzen um deinen Verlust und deine Abwesenheit gewaltig sind.

Zoë

Schüttete die Asche in einen Plastiksack, weil ich nicht mit der Urne ans Meer gehen will. Es ist erstaunlich viel und schwer. Dann fuhr ich nach Ile Rousse, und zwar direkt die Straße zum Hafen. Ich parkte vor den roten Felsen und stieg den Weg hinauf. An einer Stelle, wo es eine Bank hat, stieg ich die Felsen hinunter zum Meer. In der Nähe sieht alles nicht so schön aus wie aus der Ferne. Ich setzte mich auf einen Felsen und begann, die Asche langsam, Hand für Hand, ins Meer zu streuen. Wenn die schwereren Teile aufs Wasser fielen, gab es ein Geräusch, wie wenn man eine Flasche mit Kohlensäure öffnet, ein zischendes Geräusch, dann sanken die Teile auf den steinigen Grund und blieben als weiß glitzernde Schicht liegen, während die leichteren Teile wie Staub davonflogen und sich über die Felsen am Ufer als Staubschicht legten. Die Sonne ging langsam unter, und ich stand nach 15 Minuten auf, telefonierte mit Zoë, Caspar und Martin Furrer. Ursula ist nun im Meer, sagte ich, Ursula ist jetzt gegangen. Danach fuhr ich ins Dorf hinein, warf die Briefe bei der Post ein und fuhr dann laut weinend nach Algajola zurück, legte mich aufs Bett und zitterte vor Schwäche. Es ging mir nicht gut. Ich musste noch ins Le Chariot eine kleine Pizza essen und eine Cola trinken. Danach ins Bett und um 23 Uhr gleich eingeschlafen.

Donnerstag, 3. August 2006

Liebe Ursula, wären wir jetzt zusammen in den Ferien, würden wir schon über die nächste Woche sprechen (wie letztes Jahr) und hoffen, dass die

Schulbestellungen richtig geliefert werden. Letztes Jahr hat ja alles prima geklappt.

Heute kam eine Karte von Ann Hunziker, sie schrieb aus Cadaqués, dass sie am Strand sitzt, aufs Mittelmeer blickt und an dich denkt. Dann schreibt sie mir von «loslassen können». Ja, liebe Ursula, was soll ich loslassen? Die Erinnerungen? Dich? Wie soll ich dich loslassen, wenn du schon von mir weggegangen bist? Ich kann dich nicht loslassen, du bist bei mir, du bleibst bei mir und irgendwann komme ich zu dir, irgendwie, irgendwann. Du musstest gezwungenermaßen vom Leben loslassen, wurdest aus dem Leben herausgerissen durch deine tückische Krankheit. Ich sehe dich noch immer in der Küche stehen am 23. Februar nach Ladenschluss und beim Spülbecken weinen – ich ging zu dir, nahm dich in die Arme, und wir weinten zusammen, dann schautest du mich verwundert an und sagtest, ich solle nicht weinen. Aber ich musste weinen, weil der Befund ja so schrecklich war und dann leider auch alles so eingetroffen ist, wie wir es eben nicht wollten. Ann Hunziker wünscht mir, wie eigentlich alle, viel Kraft. Ja, was meint man denn damit? Kraft? Und von Ingeborg Kaiser kam auch ein Brief mit einem Gedicht. Ich habe ihr aus Ile Rousse geschrieben, und es hat sie getroffen, berührt. Ja, das hat es, mich und alle anderen auch. Das Gedicht heißt
Die liebende
Nach langem
die liebende
nach langem
ringen einverständig mit

Zoë

dem ungenannten
liess sie was
ihr leben war sagte gehen wir
ihre segel im jenseitsfeld verwehrt den lebenden
nicht das meer das sie suchte das ihre asche barg
eins mit dem
meer seine weite berührt sie mit jedem wellenschlag nahe und ferne küsten tröstet die trostlosen an den ufern
(21.07.07 für Ursula - Ingeborg Kaiser)

Das ist ein schönes Gedicht für dich, liebe Ursula. Vor allem die Erwähnung «gehen wir» berührt nun mich wieder und ich muss ja weinen deswegen. «Gehen wir», sagtest du, gehen wir, das heißt ich mit dir zusammen. Wohin? Mit dir ins Jenseits? Du sagtest dieses «Komm, wir gehen jetzt» so völlig normal, so wie wenn es einfach weitergehen würde, so wie wenn wir zusammen nochmals wohin gehen könnten. Ja, kannst du dir vorstellen, wie gerne ich mit dir irgendwohin gehen würde, weg von allem. Fort von hier. So, wie du es wolltest. Aber wir konnten ja nicht mehr weggehen. Wir waren gefangen in deiner Krankheit. Liebe Ursula, lass mich sagen: Komm wir gehen jetzt. Zusammen, miteinander. Und ich lasse dich nicht los. Ich bleibe bei dir und du bei mir. Aber ich musste dich, obwohl ich bei dir war, allein mit und in deinem Tod lassen. Das schmerzt mich ungeheuerlich. Ich schaffe es kaum, darüber hinwegzukommen.

CASPAR

DER ERFOLG DER TOCHTER

1997 wurde meine Schwester mit ihrem Roman «Das Blütenstaubzimmer» auf einen Schlag berühmt. Nachdem das Manuskript von mehreren Verlagen abgewiesen worden war, sagte der Verleger Joachim Unseld von der Frankfurter Verlagsanstalt zu, das Buch zu veröffentlichen, weil er die literarische Qualität erkannte. Die mediale Aufmerksamkeit übertraf bei Weitem alles bisher Gewohnte.

Ich arbeitete zu dieser Zeit bei meinem Vater in der Verlagsauslieferung in Muttenz, wo er als Leiter einen Chefposten innehatte. Da sich die erste Auflage des «Blütenstaubzimmers» sehr schnell verkauft hatte, musste nachgedruckt werden. Mein Vater, der für den Bucheinkauf zuständig war, drängte den Verlag mit allen Mitteln, das Buch sofort nachzudrucken, weil die Nachfrage derart groß war, dass es für eine kurze Zeit nicht mehr lieferbar war.

Das «Blütenstaubzimmer» kam palettenweise. Ich sehe noch den roten Umschlag mit der gezackten Grafik, der jetzt überall bekannt war. Das Buch wurde zu einem Bestseller, es folgten Übersetzungen in 29 Landessprachen. Ich erinnere mich gut, wie ein Land nach dem anderen eine Übersetzung vornahm. Extrem schien mir, dass es bis in den asiatischen Raum vordrang, also ins Japanische und Chinesische übersetzt wurde, wohin meine Schwester in der Folge auch Lesereisen unternahm.

Signierstunde «Das Blütenstaubzimmer»,
Bachletten Buchhandlung, 1997. Bilder: privat.

Mein Vater war unglaublich stolz auf den Erfolg von Zoë. Sie hatte jetzt erreicht, was ihm nie zuteilgeworden war, obwohl er ein guter Schriftsteller war. Ihre Bücher wurden über die Jahre zur Schullektüre. Mein Vater hat sie beim Schreiben immer unterstützt. Er las ihre Texte und besprach sie mit ihr. Noch im letzten Jahr seines Lebens las er das Manuskript von «Der verschwundene Mond», dessen Veröffentlichung er leider nicht mehr erleben konnte. Nach dem Erfolg des «Blütenstaubzimmers» wurde meine Schwester in den Medien zum Teil heftig angegangen; man versuchte, sie als Person zu diskreditieren. Mein Vater litt Höllenqualen. Dass im Kulturbereich eine derartige Unkultur herrschen konnte, hat ihn erschüttert.

Auch er wurde angegriffen. Regelrecht ehrverletzend fand ich z. B. die Behauptung mancher, dass mein Vater die Buchmesse aus professionellen Gründen aufgegeben hätte. Das stimmt nicht. Er hat sich von seinen beruflichen Verpflichtungen zurückgezogen, weil seine Frau an Krebs erkrankt war und er sich von da an ausschließlich um sie kümmern wollte. Erfolg und Missgunst sind leider zwei Seiten derselben Medaille. Kultur als Konkurrenzkampf, das ist etwas, das mein Vater stets abgelehnt hat.

KULTURPREIS

Der Kulturpreis des Kantons Basel-Stadt wurde erstmals 1948 an den Kunstmaler Alfred Heinrich Pellegrini verliehen. In der Folge zählten u. a. Meret Oppenheim (1974), Rainer Brambach und Hans Werthmüller (beide 1982) zu den Preisträger/-innen. Mein Vater betonte immer, dass Basel eine Buchdruckerstadt sei und im Verhältnis zu dieser Tradition die Literatur hier zu kurz komme, kein wirkliches Standbein genieße. Mit der Initiierung des Literaturhauses, der Buchmesse und den diversen Festivals hat er für die Literatur in Basel einen großen Beitrag geleistet. 2011 wurde er für sein Engagement mit dem Kulturpreis der Stadt Basel ausgezeichnet. Im Rathaus nahm er vom Regierungspräsidenten Guy Morin den Preis entgegen. Die Laudatio hielt der Schriftsteller Rolf Lappert.

Sicher war das für meinen Vater eine gewisse Genugtuung, vom Kanton Basel-Stadt diese Würdigung zu erhalten.

Er hat viel Gegenwind und Ablehnung seinen Projekten gegenüber erlebt. Mit seiner Überzeugungskraft und seiner Leidenschaft konnte er sich dennoch meist durchsetzen, musste aber auch Rückschläge hinnehmen.

Bereits 1997 hatte er die Idee eines Literaturhauses gehabt. Gut erinnere ich mich an die Zeitungsartikel, in denen es darüber ging, welcher Standort hierfür am geeignetsten wäre. Sogar das Wildt'sche Haus, ein wunderschönes Patrizierhaus am Petersplatz, stand zur Diskussion. Das wäre ein Ort für die Literatur nach dem Geschmack meines Vaters gewesen: edel, besonders, an bester Lage. Alternative Kultur in bürgerlichen Räumen, da erkenne ich die Herkunft meines Vaters, seine Widersprüchlichkeit wieder. Bürgertum und Underground, das waren bei ihm die Außengrenzen, dazwischen konnte alles stattfinden, auch gleichzeitig.

Die Umsetzung seiner Idee, der Standort zunächst im Unternehmen Mitte, dann an der Barfüßergasse, entsprach nicht seinen Vorstellungen.

In der Medienmitteilung des Kantons Basel-Stadt zur Kulturpreisverleihung heißt es:

Der Kulturpreis des Kantons Basel-Stadt 2011 wird an Matthyas Jenny vergeben. Dem passionierten Autor, Verleger und

Literaturinitiator ist es zu verdanken, dass Basel bis heute ein lebendiger Ort ist für Literatur in allen Facetten.

Matthyas Jenny hat wie kein anderer der Literatur in Basel zahlreiche Plattformen eröffnet und damit eine große Öffentlichkeit verschafft. Basel verdankt ihm einen überregional ausstrahlenden Literaturbetrieb. Ohne ihn gäbe es kein Literaturhaus, kein Lyrikfestival, keine internationale Messe BuchBasel, keine Buchhandlung mit Leseveranstaltungen an der Bachlettenstraße – kurz kaum etwas, das nicht bis heute die Basler Literaturlandschaft nachhaltig prägt und in Bewegung hält.
[...]
Ab November 2006 führte Matthyas Jenny zusammen mit Ursula Wernle Das Kleine Literaturhaus Basel im Bachlettenquartier. Mit Bekanntwerden einer schweren Krankheit Ursula Wernles zog sich Matthyas Jenny ab 2007 von all seinen Aktivitäten zurück, um sich ganz der Betreuung seiner Ehefrau (verst. 13. Mai 2007) zu widmen.

Matthyas an der BuchBasel. Bild: Claude Giger, Schweizerisches Sozialarchiv, Zürich.

Diese Medienmitteilung und die klaren Worte sind ein Zugeständnis sowohl an die menschlichen als auch die professionellen Qualitäten meines Vaters.

Ein E-Mail vom 21. Juni 2000 meines Vaters an den Politiker Christoph Eymann bezeugt einen ersten Vorstoß für eine Buchmesse in Basel.

> Sehr geehrter Herr Eymann
>
> eben sehe ich unter politics.ch (who is who) und parlament.ch im Internet, dass Sie im Verwaltungsrat der Schweizer Mustermesse Basel sind. Seit längerer Zeit versuche ich, eine Buchmesse Basel (Buchmesse für Belletristik/Belbale) zu lancieren. Ich war für den ehemaligen Arbeitgeber «Schweizerisches Buchzentrum» der Organisator des Standes an der Genfer Buchmesse - mir schwebt eine ähnliche Buchmesse in Basel vor, allerdings mit Einbezug z. B. der Buchmesse St. Louis (französischsprachige Verlage) und vieles anderes.
>   Ich denke, dass mit genügend Support die Buchmesse Basel durchaus realisierbar ist, wie ja auch das Literaturhaus nun existiert, nachdem ich fast vier Jahre gestoßen und gedrängt habe, dass Basel ein Literaturhaus braucht.
>
> Mit freundlichen Grüßen
> EX LIBRIS AG
> Matthyas Jenny
> Leiter Einkauf Buch

Guy Morin überreicht Matthyas Jenny den Kulturpreis der Stadt Basel 2011. Foto: Pino Covino.

Man sieht, wie viele Jahre es dauert, bis ein Projekt realisiert werden kann. Diese Zeit der Initiierung wird von vielen unterschätzt, und man glaubt nicht, wie viel Widerstände es zu überwinden gilt. Erst wenn das Projekt dann realisiert ist, springen alle aufs Schiff und beteiligen sich gerne am Erfolg.

Als ich meinen Vater ein paar Monate vor seinem Tod besuchte, sah ich, dass er an der seinem Bett gegenüberliegenden Wand zwei großformatige Literaturfestival-Plakate aufgehängt hatte. Seine Identifikation mit dem Literaturfestival war sehr groß. Er liebte es, gute Schriftsteller/-innen zu versammeln, ihnen eine Plattform zu geben. Das war sein Anliegen, seine Berufung und sein Leben.

DER GROSSVATER, VATER UND FREUND

Nachdem mein Vater 2015 das Haus seiner Frau Ursula verkauft hatte und die Buchhandlung den Geschwistern Probst übergeben hatte, lebte er eine Zeit lang im Auto. Es gefiel ihm, so zu leben, außerhalb der Gesellschaft, ohne Bindung und ohne Rücksicht auf sein Umfeld. Das war eine Seite meines Vaters, die nicht einfach zu ertragen war: die Unvernunft durchsetzen, koste es, was es wolle. Das war dieser Trotz noch im siebten Lebensjahrzehnt, den Markus Kutter im Film «Nachtmaschine» angesprochen hatte. Ich kam dagegen nicht an, mit Vernunftgründen zu argumentieren, verfing bei ihm nicht. Ich sagte: «Hör auf zu rauchen», aber er argumentierte, er würde bloß paffen und den Rauch nicht in die Lungen hinunterziehen. Alles Blödsinn, weil er in seiner Einzimmerwohnung sein eigener Passivraucher war. Er konnte manchmal wirklich wie ein Kind sein, das sich störrisch gegen alles wehrte, was man ihm vernünftigerweise anriet.

Manchmal übernachtete er auf Autobahnraststätten. Ich meinte, dass es vielleicht gefährlich sei, er überfallen oder umgebracht werden könnte. Aber er wollte es so. In dieser Zeit verschickte er ein Rundmail mit der Frage nach einer Bleibe. Es dauerte nicht lange, und er hatte verschiedene Angebote erhalten. Er hätte nach Kuala Lumpur gehen können, nach Zagreb, wirklich interessante Angebote, die er aber ausschlug, weil er doch in Basel bleiben wollte. Schließlich konnte er eine Einzimmerwohnung im ersten Stockwerk eines Neubaus im Matthäusquartier im Kleinbasel ganz in der Nähe des Rheins beziehen. Ich war sehr froh, dass er nun wieder ein Dach über den Kopf hatte und ich ihn wieder besuchen gehen konnte.

Die Wohnung befand sich direkt über dem Hauseingang, und es gab eine kleine fensterlose Küche und ein Badzimmer mit Dusche. Die Miete war gering, und er lebte gerne in diesem Quartier. Neben dem Hauseingang gibt es eine Spielgruppe, und immer, wenn ich ihn besuchen ging, hörte ich unten den Kinderlärm.

Dort verbrachte er die letzten fünf Jahre seines Lebens. Er war ein sehr lieber und trotz seiner unvernünftigen Seite fürsorglicher Vater. Ich fand es rührend, wenn er in seiner kleinen Küche etwas für mich kochte, mit dem dampfenden Teller lächelnd ins Zimmer kam und ihn mir auf den Tisch stellte. So lange es ihm möglich war, selbst im letzten Lebensjahr, kochte er gerne für mich. Es war diese Normalität, die wir brauchten, er brauchte. Er ging ganz in seiner Vaterrolle auf, er war ja gleichzeitig auch so etwas wie eine Mutter für mich. Die ganze Kindheit über hat er für uns gekocht, die Wäsche gemacht usw. Sogar jetzt, da ich um die fünfzig Jahre alt war, kochte er für mich wie eine besorgte Mutter, damit das Kind genug zu essen hat.

Diese fürsorgliche Seite ließ er leider sich selbst gegenüber vermissen. Er machte gerne Geschenke und bezahlte mir Reisen nach Lissabon, Israel oder Madrid. Das Verhältnis zu ihm war eher ein freundschaftlich-kollegiales und weniger eine Vater-Sohn-Beziehung. Wir verstanden uns in den meisten Dingen sehr gut, hatten einen sehr ähnlichen Geschmack. Mein Vater war für mich ein Freund. Niemand verstand mich so gut wie er, und wahrscheinlich war es auch für ihn so. Es ist vielleicht außergewöhnlich, eine derart starke Bindung zu einem Elternteil zu haben. Aber wir waren eine Art Schicksalsgemeinschaft, da wir eine kleine Familie waren und aufeinander angewiesen. Es gab keine Hilfe von außen.

Er sagte auch, dass er sich mit seinen Eltern versöhnt hätte, dass sie ihm leidtäten. Seine Kindheit war mit Lügen überschattet und hatte in seiner Seele Narben hinterlassen. Die vordergründig aufrechterhaltene bürgerliche Fassade war sicher mit ein Grund für seine Rebellion gegen das Elternhaus, gegen alles Bürgerliche und Getue. Das war eine tolle Seite meines Vaters, dass er uns nicht angelogen hat, dass er ehrlich uns gegenüber war. Er machte und mochte keine Spielchen, instrumentalisierte niemanden. Sein wohlgesinntes Gemüt wurde ihm zuweilen aber auch zum Verhängnis, machte es anderen leicht, ihn auszunutzen und auszubeuten.

Nach dem Verkauf des Hauses und der Auflösung der Wohnung im Großbasel mussten wir ein Lager finden. Die letzte Phase der Räumung wurde zur Qual. Ich erinnere mich, wie ich in seinem ehemaligen Arbeitszimmer jedes Papierstück in die Hand nahm und ihn zwingen musste, mir zu sagen, ob es fortgeschmissen oder aufbewahrt werden sollte. Wir waren am Rand eines Erschöpfungszusammenbruchs. Mein Vater saß völlig kaputt in seinem Bürostuhl, nickte nur noch oder machte mit der Hand ein Zeichen. Glücklicherweise fanden wir ein Lager in der Nähe von Basel, wo wir die Tausende von Büchern und die Wohnungsgegenstände unterbringen konnten. Die Möbel seiner Mutter und die Bilder brachten wir zu meiner Schwester in ihr neues Haus. Dazu gehörten ein schöner alter Sekretär, der jetzt Zoës Schreibtisch ist, die blau bezogenen Louis-Quatorze-Stühle, eine Rötelzeichnung seiner Mutter, ein Ölbild von ihm als lesender Junge, Bilder einer gutbürgerlichen Familie, das Silberbesteck seiner Mutter, das ein Hochzeitsgeschenk seines Vaters an seine Frau gewesen war. Wir mieteten einen Lieferwagen und fuhren die Möbel und alles zum Haus meiner Schwester.

Unterwegs hörten wir unsere Lieblingsmusik. Das Album «Let it bleed» von den Rolling Stones, «Bayou Country» von den Creedence Clearwater Revival mit seinem Lieblingsstück «Keep on Chooglin'» und dann von The Cannonball Aderley Quintet das melancholische Stück «Why Am I Treated so Bad», das wir uns immer und immer wieder anhörten. Mein Vater meinte, wenn er einmal tot sei, solle dieses Lied an seiner Trauerfeier gespielt werden.

Caspar

Dass es nur noch ein paar wenige Jahre dauern würde, hätte ich nicht gedacht. Als er dann wirklich gestorben ist, war es für mich ein großer Schmerz. Beim Traueressen mit geladenen Gästen auf dem St. Margarethen-Hügel nahe Basel ließen wir alle seine Lieblingsmusik spielen, und der melodiös melancholische Bläsersatz von «Why Am I Treated so Bad» ist derart betörend, dass einige der Gäste wissen wollten, von wem das Stück sei.

Wenn wir bei meiner Schwester in Österreich auf Besuch waren, hatten wir immer eine sehr schöne Zeit. Wir fuhren über die Jahre sicher um die 20 Mal die 800 km von Basel nach Wien und wieder zurück. Sie lebt in einem Weiler im Wiener Wald, in einer sehr schönen Gegend.

Wir fuhren meistens in der Früh los, wenn es noch dunkel war. Tags zuvor kauften wir den Proviant ein und je nach Jahreszeit brachten wir Weihnachtsgeschenke, Osterhasen oder Geburtstagsgeschenke mit. So gesehen war ich mit meinem Vater wieder «on the road». Ein Leben lang fuhr ich mit meinem Vater im Auto mit, im «Döschwo», als wir Mitte der Siebzigerjahre auf Reisen waren, und jetzt wieder im geräumigen Chrysler auf den Fahrten zu meiner Schwester. Nachdem wir in der Dunkelheit aufgebrochen waren, fuhren wir bald der aufgehenden Sonne entgegen. Jedes Mal kehrten wir an denselben Raststätten ein. Tankten, tranken einen Kaffee, aßen vielleicht ein kleines Frühstück und fuhren wieder los.

Wir verbrachten die Tage im Haus meiner Schwester. Im Sommer im Garten und am Swimmingpool, wo wir mit Naomi badeten. An Weihnachten empfing uns der große und reich geschmückte Weihnachtsbaum mit den vielen Geschenken darunter. Die zischenden Wunderkerzen, weißer Sternenregen, im Schein des warmen Kerzenlichts das Geraschel von Geschenkpapier, Freuderufe, Überraschungsschreie, Naomi im Glück, im Rausch des Auspackens, Geschenke über und über, Spiele, Kleider, Staffelei, Fahrrad, Chemiekasten, Katzenkalender, alles, was ein Kind begehrt. Nach der Weihnachtsbescherung die Gans, Knödel und Rotkraut, ein Festessen im Kobaltgeschirr der Großmutter. Es waren angenehm friedliche Momente im Kreis der Familie.

Wir malten zusammen Bilder, Gemeinschaftsbilder mit Naomi. Wir spielten am Küchentisch «Fang den Hut», «Eile mit Weile», «Mensch ärgere dich nicht», lachten, hatten Spaß. An Ostern malten wir die hohlen Eier an. Im nahe gelegenen abschüssigen Waldstück unterhalb des Hauses suchte Naomi die Ostereier, Schokohasen, Osternester, die ich zuvor mit meiner Schwester versteckt hatte. Wir fuhren nach Wien, nach Hietzing, dem 13. Wiener Gemeindebezirk, der ungefähr eine halbe Stunde Autofahrt entfernt ist. Dort gingen wir in den Schlosspark von Schönbrunn. Spazierten die schöne Allee mit den gestutzten Bäumen entlang. Kehrten dann im Café Dommayer ein, das sich unmittelbar beim Schlosspark befindet. Tranken Einspänner, aßen Wiener Süßigkeiten. Glückliches Zusammensein mit meinem Vater, mit Naomi, meiner Schwester und ihrem Partner Markus. Oft ging mein Vater mit Naomi Hand in Hand, nahm sie auf den Arm. Sie und mein Vater hatten ein sehr gutes Verhältnis, sie liebten sich und hatten viel Spaß miteinander. Immer noch höre ich das Lachen, wenn sie sich neckten und Spiele trieben.

In der Weihnachtswoche Fahrt mit dem Fiaker durch die Straßen Wiens im ersten Bezirk. Naomi singt die Melodie von «Die Königin der Nacht» aus Mozarts «Zauberflöte» auf die Straße hinaus. Wir lachten. Gingen ins Café Landtmann beim Burgtheater, aßen Tafelspitz, Wiener Schnitzel. Ein anderes Mal gingen wir mit Naomi in den Vergnügungspark «Wurstelprater» im Erholungsgebiet Prater. Bei der Gokartbahn fuhr mein Vater ein paar Runden. Er war immer noch jugendlich geblieben, stets bereit mitzumachen.

Ich erinnere mich an einen hellen, sonnigen Tag im Kaiserpavillon, einem wunderschönen Zentralbau, heute ein Café, das inmitten des Tiergartens Schönbrunn liegt. Eine fröhliche Naomi, die mit einem neuen Stofftier beschäftigt war, das ich ihr geschenkt hatte. Dann 2019 einer der letzten Besuche, der letzte Sommer vor der Diagnose. Wir besuchten die Albertina, während mein Vater draußen in einem Café wartete. Nach dem Museumsbesuch sind wir gemeinsam auf die Außenterrasse in der Wiener Hofburg etwas trinken gegangen. Mein Vater wirkte zufrieden, lachte viel. Ich glaube, er war im Grunde ein glücklicher Mensch.

Mit Naomi, 2012. Bild: privat.

Mit Naomi auf dem Trampolin, 2015. Bild: privat.

DAS LETZTE JAHR: DIE GESTUNDETE ZEIT

An einem Sonntag im September 2020 schien es meinem Vater nicht gut zu gehen. Er konnte kaum mehr gehen, war sofort erschöpft. Am Montag darauf hat er sich mit Hansjörg Schneider im Restaurant Sommereck zum Mittagessen getroffen. Er hatte keinen Appetit, bekam keinen Schluck herunter, wirkte abgeschlagen und müde. Bei Hansjörg Schneider klingelten die Alarmglocken, und er rief ein Taxi, damit mein Vater in die Notaufnahme fahren konnte. Am späten Nachmittag besuchte ich ihn dort. Er lag nicht sehr begeistert auf dem Bett, und wir fühlten beide, dass etwas nicht in Ordnung war.

Nach ersten Untersuchungen stellte sich heraus, dass er einen extremen Natriumverlust erlitten hatte, was tödliche Folgen haben kann. Nachdem sein Natriumspiegel wieder reguliert werden konnte, folgten weitere Untersuchungen mittels Tomografie.

Es war am ersten Oktober 2020. Ich stand im Schulzimmer, wo ich arbeitete, und wartete auf den Anruf meines Vaters. Er sollte mir die Resultate der Untersuchungen mitteilen. Um elf Uhr rief er an und sagte mir, dass sie einen kleinzelligen Tumor in der Lunge knapp neben der Speiseröhre gefunden hätten. Er hatte Krebs und, wie er noch sagte, einen bösartigen. Später im Spital teilte mir der zuständige Arzt im Beisein meines Vaters mit, dass er höchstens noch drei Monate zu leben hätte.

Das Unvorstellbare war eingetreten. Der Tod meines Vaters war in unmittelbare Nähe gerückt, und ich hatte keine Vorstellung, wie ich damit umgehen sollte. Dass er nur noch drei Monate zu leben hätte, war eine surreale Situation, von heute auf morgen ein Todesurteil, damit hatte ich nicht gerechnet, und es war, als hätte mich eine Dampfwalze überrollt. Was diese Diagnose für ihn selbst bedeutete, konnte ich nicht richtig einordnen. Der unmittelbare Tod war jetzt in unser Leben getreten, in unsere Familie mit ganzer Gewalt eingebrochen. Ich telefonierte mit meiner Schwester; sie war ziemlich nervös und wollte sogleich mit allen zuständigen Ärzten sprechen.

Ab jetzt gehörten die Spitalbesuche zu meinem Leben, so wie die Spitalaufenthalte zum Leben meines Vaters. Die Zeit tickte, Tag für Tag. Die vermeintliche Ewigkeit, die man fühlt, solange man den Zeitpunkt des eigenen Todes nicht kennt, diese Illusion war nun vorbei. Der Krebs hatte den Natriumverlust verursacht. Sein Werk der Zerstörung war schon im Gange, bevor wir es wussten. Jetzt zeigte er sein Gesicht, seine Bösartigkeit, fraß am Leben meines Vaters, an seiner Lebenszeit, die bedrohlich zusammengeschrumpft war. Einmal besuchte ich meinen Vater in einer Zwischenstation, wo er rund um die Uhr intensiv betreut wurde. Im gleichen Zimmer lag eine junge Frau, die ein Kind geboren hatte und hier ebenfalls zur Beobachtung war. Es war eigenartig, am selben Ort neues Leben zu sehen und gleichzeitig zu wissen, dass mein Vater bald sterben musste. Der Widerspruch war fast unerträglich, als er auf den Toilettenrollstuhl musste und nur durch eine Schiebewand von der jungen Mutter mit ihrem Kind getrennt war. Den Zusammenprall von Geburt und Tod hatte ich noch nie so nah erlebt, und er spiegelte eindrücklich die Vergänglichkeit des menschlichen Lebens.

Bald verlegten sie ihn in den achten Stock des Kantonsspitals. Von dort hatte man eine weite Sicht auf das Umland, auf den Rhein, der sich wie ein lebendiges Wesen durch die Stadt schlängelte. Bei schönem Wetter sah man bis zu den Bergen des Schwarzwalds. Mein Vater lag mit ungefähr sechs weiteren Patienten im Zimmer. Wenn ich ihn besuchte, war ich froh, wenn er gegessen hatte. Aufgrund der Chemotherapien hatte er stark abgenommen, und es war nötig, dass er wieder an Gewicht zunahm. Das sollte in der folgenden Zeit zu einem ständigen Kampf werden, der Kampf gegen den Gewichtsverlust. Sobald er zu Hause sei, wolle er sich die Haare schneiden, sagte er immer wieder. Das war ihm sehr wichtig.

Da man den Tumor nicht operativ entfernen konnte, entschieden sich die Ärzte für eine Immuntherapie, um dessen Wachstum zumindest zu verzögern oder ihn gar zu verkleinern. Mein Vater hatte das Glück, in eine Studie aufgenommen zu werden, bei der diese Form der Krebstherapie untersucht wurde. Er willigte ein, an diesem Programm teilzunehmen.

Am Morgen der Entlassung nahmen wir das Taxi und fuhren zu ihm nach Hause. Als wir beim Coiffeur saßen und warteten, ging es ihm ziemlich schlecht. Ich sah ihn von der Seite mit gekipptem Kopf. Ich fragte ihn, ob er heim wolle, was er verneinte. Nach dem Coiffeur gingen wir in seine Einzimmerwohnung, und als er sich aufs Bett legte, ging es ihm allmählich wieder besser. Er war froh, wieder zu Hause zu sein.

So konnte mein Vater wieder einigermaßen selbstständig leben, einkaufen gehen, sich etwas zu essen machen. Dazwischen gab es die Untersuchungen, die Chemotherapien. Die Immuntherapie schlug gut an, und er nahm wieder zu, wirkte eigentlich gesund. Ich fand es erstaunlich, dass er keine Schmerzen verspürte, wie er mir immer wieder versicherte. Die Schmerzen setzen erst später ein, in den letzten Phasen der Krankheit.

Wir gingen am Rhein spazieren. Es war ihm wichtig, dass er jeden Tag seine 10 000 Schritte machen konnte. Seit er dort wohnte, ging er fast täglich am Rhein spazieren. Für sein Alter war er fit und er sah auch jünger aus, als er tatsächlich war. Seit der Diagnose hatte er schlagartig aufgehört zu rauchen, aber leider war es zu spät. Dass die Vernunft erst im Extremfall einsetzt, ist schade, aber allzu menschlich. Mein Vater ging im nahe gelegenen Coop einkaufen, manchmal gingen wir zusammen. Meistens wenn ich ihn besuchen ging, kaufte ich für ihn etwas ein, Bündnerfleisch, auf das er Appetit hatte, später Camembert. Das meiste Essen war ihm verleidet, und wir mussten immer wieder etwas Neues finden, auf das er Lust hatte. Das Wichtigste war, dass er wieder zunahm. Das machte mir am meisten Sorgen.

Der Chrysler musste verschrottet werden. So hatten wir kein Auto mehr. Da wir aber unbedingt ein Fahrzeug brauchten, legten wir unser Geld zusammen und kauften in der Garage neben seiner Wohnung einen Fiat Punto für 2500 Franken. Das war sehr wichtig, dass wir mobil waren, etwas unternehmen konnten. Ich selbst kann nicht Auto fahren, was ich in dieser Zeit mit meinem Vater sehr bereut habe. Wir machten kleinere Ausflüge in die nähere Umgebung, zum Bauernhof, wo er in den Sechzigerjahren als Knecht gearbeitet hatte. Der Winter kam, und es war einer der schneereichsten Winter seit Langem. An Weihnachten ging ich allein zu meiner Schwester. Wir kommunizierten per Zoom. Wir aßen das Abendessen und über den Laptop war mein Vater zugeschaltet. Sein runder Kopf auf dem Bildschirm war lustig und niedlich anzusehen. So waren wir noch eine Familie, eine kleine zwar, aber immer noch eine Familie. Mein Vater war die meiste Zeit sehr gerne allein, und am liebsten war er bei sich zu Hause und schrieb entweder an seinem Tagebuch oder an einem literarischen Text oder er las ein Buch. Er sammelte auch die Bücher, die er auf der Straße fand, und stapelte sie zu Hause. Manchmal fand er richtige Kostbarkeiten.

Es gab zwei Erinnerungsspaziergänge. Einen größeren und einen kleineren, je nachdem, wie er bei Kräften war. Der größere führte in die Oetlingerstraße, wo wir früher in den

Achtzigerjahren gelebt hatten. Der kleinere Erinnerungsspaziergang führte am Haus vorbei, wo seine verstorbene Frau Ursula gelebt hatte. Oft begleitete ich ihn bei diesen Spaziergängen, und es war gut, miteinander zu gehen und zu sehen, dass er es noch gut konnte. Beweglich zu bleiben war sehr wichtig. Auch nach den Untersuchungen im Kantonsspital ging er meistens zu Fuß, lief über die Brücke und zu sich nach Hause. Nach den Chemotherapien war er aber meistens zu kaputt und musste das Taxi nehmen. In meiner Vorstellung sah ich ihn den Weg vom Spital zu seiner Wohnung gehen, und ich war immer froh, wenn er gut angekommen war und mich anrief. Manchmal ging er auch zum Haus Nummer 121 am Unteren Rheinweg, wo wir Anfang der Siebzigerjahre als Familie gelebt hatten.

2021 verbesserte sich seine Situation. Dank der Immuntherapie schrumpfte der Tumor beinahe um die Hälfte. Das gab uns große Hoffnung. Unserem Vater ging es sichtlich besser. Wie jedes Jahr wollten wir an Ostern zu meiner Schwester nach Wien fahren. Sein Zustand war so gut, dass wir uns entschieden, das Auto zu nehmen. Erstaunlicherweise fuhr er sehr gut – und er ist die Strecke noch nie so schnell gefahren. Unterwegs hörten wir Dollar Brands «Mannenberg», jenes Musikstück, das er sich in Carona so oft angehört hatte, während er schrieb, und das mich in den Schlaf begleitet hatte. Im Haus meiner Schwester hatte er eine sehr gute Zeit. Wir feierten Ostern bei schönstem Wetter. Das familiäre Ritual konnte wie eh und je stattfinden. Wir kletterten am Hang im nahe gelegenen Waldstück, während Naomi ihren Osterweg absuchte, immer begleitet von ihren Jubelrufen, wenn sie etwas fand, bis zu dem kleinen Flüsschen hinunter, wo die größten Überraschungen warteten, z. B. Schokohasen von Dehmel. Für uns alle waren diese jährlichen Rituale mit

Naomi sehr wichtig und schön, da es ein gesundes und harmonisches Familienleben widerspiegelte.

Wir saßen im Garten vor dem Haus, aßen dort Frühstück und zu Abend. Markus, der Partner meiner Schwester, grillte Würstchen. Ich sah meinen Vater noch nie so glücklich, und auch meine Schwester bestätigte mir, dass sie ihn selten so entspannt erlebt hatte. Es war eines der schönsten Ostern, die wir erlebt hatten, und es war wirklich ein Glück, dass er es noch geschafft hatte, dorthin zu fahren. Meine Schwester schenkte meinem Vater noch eine Mikrowelle. Obwohl es ihm gut ging, hatte er Krebs, und es gab keine Garantie mehr für irgendetwas; die ablaufende Zeit hatte eine neue Bedeutung gewonnen, sie wurde kostbarer denn je. Unvergesslich bleibt mir, wie mein Vater mit Naomi zusammen im Wohnzimmer zu Rockmusik tanzte wie ein Kind, zwei fröhliche Kinder beim Tanzen.

Der Abschied nahte, und wir mussten zurück. Diesmal fuhren wir über Graz und Klagenfurt am Wörthersee. Hier hatte meine Schwester 1997 aus ihrem Roman «Das Blütenstaubzimmer» gelesen und das 3sat-Stipendium gewonnen. 24 Jahre später war mein Vater nochmals an dem Ort, wo er seine Tochter zum Ingeborg-Bachmann-Preis begleitet hatte. Wir fuhren am Wörthersee entlang, stiegen ein paar Mal aus, um uns die Landschaft anzuschauen. In Graz spazierten wir bei schönem Wetter an der Mur entlang.

Am ersten Wochenende nach der Rückkehr aus Wien fuhren wir nach Langenbruck, der Bürgerort unseres Familienstamms. Mein Vater betonte immer das Alter unseres Stammbaums, der zurück auf das Jahr 1388 geht. Da ich der letzte männliche Nachkomme bin, wird dieser Stamm aussterben.

Es war Lockdown, und der Ort wirkte wie ausgestorben. Wir waren die Einzigen, die herumgingen. Die surreale und verlassene Stimmung machte uns nicht gerade glücklich. Auch war mein Vater schnell erschöpft und musste sich öfters hinsetzen. Trotzdem war es gut, hierherzukommen und ein wenig zu spazieren. Ich war jedoch voller Sorge, fühlte, dass es nicht mehr lange so weitergehen, die Krankheit fortschreiten würde, der Krebs immer mit uns ging. Als wir zurückfuhren, machten wir halt auf der Belchenflue (Bölchen), einem Berggipfel, der 1099 m ü. M. liegt. Da in Langenbruck alles geschlossen war, freuten wir uns, dass das Restaurant auf dem Gipfel geöffnet hatte. Wir aßen paniertes Schweineschnitzel mit Pommes frites, und ich war glücklich, so mit meinem Vater zusammen sein zu können. Als wir auf der anderen Seite des Bergs wieder hinunterfuhren, klagte er über Müdigkeit und meinte, dass er so schnell als möglich nach Hause möchte, um zu schlafen. Diese starke Müdigkeit markierte den Anfang einer neuen Phase der Krankheit.

Sie war die Folge eines erneuten starken Natriumverlusts. Der Krebs hatte in der Zwischenzeit weitergefressen. Zudem hatte mein Vater durch die Chemotherapien zu wenig weiße Blutkörperchen. Von jetzt an bekämpften sich in seinem Körper verschiedene Systeme gleichzeitig, die man mit Mittel und Gegenmittel in den Griff zu bekommen versuchte. Leider ist auch der Tumor wieder größer geworden. Die Immuntherapie hatte meinem Vater noch ein paar Monate guten Lebens und schöne Ostern mit seiner Familie geschenkt. Damit war es jetzt vorbei, sie wurde abgesetzt, und man musste wieder auf die aggressiveren Chemotherapien umsteigen, die ihn völlig erschöpften. Jedes Mal, wenn ich ihn nach einer Chemotherapie besuchte, wirkte er noch kränker als zuvor, hatte eine heisere Stimme, musste viel liegen, konnte nicht mehr nach draußen gehen.

Es war ein beständiges Auf und Ab dem Ende entgegen. Wie in einem Zeitraffer musste ich zusehen, wie qualvoll sich diese Zustände abwechselten, sodass ich nicht mehr einschätzen konnte, in welche Richtung es eigentlich ging. Richtung Tod oder Richtung Leben. Mir selbst ging es besser, wenn er wieder lebendiger wurde, gehen und einkaufen konnte; wenn es ihm wieder schlechter ging, seine Lebenskräfte nachließen, litt ich mit ihm.

Es kam der Sommer und mit ihm die Hölle. Der Zustand meines Vaters verschlechterte sich zunehmend. Alles, was er zu sich nahm, spülte sein Körper wieder heraus. Ich wusste, wenn ein an Krebs Erkrankter nicht mehr zunehmen kann, ist es nur noch eine Frage der Zeit, bis es zu Ende geht. Ich hatte drei Jahre zuvor einen Freund an Krebs sterben sehen. Als dieser mir eines Tages so nebenher mitteilte, dass er nicht mehr zunehmen könne, war ich ziemlich irritiert. In der Folge sah ich einen ehemals kräftigen, 120 kg schweren Mann dünner und dünner werden, bis er nur noch aus Haut und Knochen bestand. Genau das passierte jetzt meinem Vater, nur dass er 30 Jahre älter war als mein Freund damals. Es ist klar, dass ich vor Sorge fast wahnsinnig wurde.

Jeden Morgen rief ich ihn an, immer mit der Vorstellung, dass er vielleicht über Nacht gestorben sein könnte. Sobald ich das Knistern des Handys hörte und seine Stimme vernahm, ging es mir wieder besser. Wir sahen uns so oft wie möglich. Bevor ich zu ihm ging, trank ich im nahe gelegenen Café mit dem vielversprechenden Namen «Frühling» einen Kaffee. Wenn ich in seine Wohnung kam, konnte ich auf einen Blick sehen, wie es ihm ging. Wie immer setzte ich mich in den Sessel gegenüber dem Bett. Wenn er sich aufrichtete und in die Küche ging, um mir einen Kaffee zu machen, oder wenn ich schon vor der Tür das Geräusch des Staubsaugers hörte, wusste ich, dass es ihm einigermaßen gut ging.

In dieser Zeit entdeckte mein Vater die Schönheit von Blumen. Er kaufte sie im nahe gelegenen Coop und stellte sie auf das Fenstersims. So begann auch ich, Blumen für ihn zu kaufen. Die Vasen holten wir in der Brockenstube «Hiob» oben an der Hauptstraße. Ich fand es sehr schön, wie er die Blumen in der Vase ausrichtete, etwas, das völlig neu für ihn war, dieses Interesse an natürlichen Dingen wie Blumen. Der nahende Tod verändert einen Menschen, seine Sichtweise auf die Dinge.

Das Quartier, in dem mein Vater wohnte, hat sich mir eingeschrieben, da die Eindrücke intensiver und schärfer wurden. Alles nahm ich im Hinblick auf die Vergänglichkeit wahr. Der Zustand meines Vaters legte sich wie ein Schleier auf die Welt. Oft sagte er mir, dass ihm alles fremd sei, die Straßen mit den Menschen, das Leben draußen. So schrumpfte die Welt auf den Radius, in dem sich sein alltägliches Leben abspielte. Oben an der Hauptstraße befanden sich der Coop und daneben die Apotheke, wo er jetzt oft hingehen musste. Auf der anderen Straßenseite das Brockenhaus «Hiob», das Café «Frühling», sein Coiffeur. Das war der Umkreis unseres Lebens. Ab und zu, wenn er genug Kraft hatte, gingen wir an den Rhein spazieren, tranken etwas in einer Buvette und kehrten wieder zurück.

Am 14. Juni 2021 feierten wir seinen letzten Geburtstag. Eine gute Kollegin meines Vaters war dabei. Ich kaufte bunte Luftballone, die in der kleinen Wohnung Geburtstagsstimmung erzeugten. Auf dem Bett liegend stieß mein Vater mit den Füßen die Ballone in die Luft. Sein Humor hatte ihn nicht verlassen, und ich liebte sein kindliches Wesen über alles. Die Kollegin saß am Tisch beim Fenster. So waren wir nicht allein, mein Vater und ich. Dann klingelte es. Ein Bote brachte Blumen, ein anderer später einen Schokoladenkuchen von Beschle. Der kam von meiner Schwester. Da es meinem Vater einigermaßen gut ging, konnten wir an den Rhein. Es war ein schöner Tag, und wir saßen am Tisch einer Buvette, als eine Bekannte meines Vaters vorbeikam, die auch an Krebs erkrankt war. Sie verstarb kurz nach meinem Vater. Manchmal wirkt das Leben wie ein Theater, mit verschiedenen Akten, Akteuren und Kulissen. Nur den Überlebenden bleibt die Erinnerung an die Toten, bis auch diese einmal verschwinden werden.

Mit der Hitze, dem Sommer, der in vollen Zügen wütete, reifte auch der Tod heran. Mein Vater wurde immer dünner, und das Gehen bereitete ihm Mühe. Manchmal saß ich im Sessel, verzweifelt, wusste nicht, was machen, wenn ich ihn hilflos daliegend leiden sah, draußen der Sommer, hier drinnen der Tod. Das Zimmer war jetzt ein Sterbezimmer. Ich glaubte, er sterbe unter meinen Händen weg. Vor dem Fenster die Blumen, die auch verwelkten, dass man wieder neue kaufen musste. Alles war der Vergänglichkeit unterworfen, und das Entsetzen war real und traurig. Ich wusste, wenn mein Vater im Bett lag, sah er auf einen Balkon des gegenüberliegenden Hauses, das war seine Aussicht. Unten im Haus hörte man das Geschrei der Kinder der Spielgruppe. Auf der Straße hörte man das Leben der Menschen, Stimmen, den Verkehr.

Für meine Schwester war es sehr schwierig, nach Basel zu kommen, weil Naomi in die Schule musste. Wenn sie kam, musste sie das immer kurzfristig organisieren und es war ein heilloser Stress. Sie war sehr besorgt und immer zur Stelle. Sie hat mich in dieser Zeit sehr unterstützt. Sie und ihr Partner Markus waren eine große Hilfe für mich.

Bei der Art des Lungenkrebses, die mein Vater hatte, kommt es in den meisten Fällen zu Streuungen im Gehirn. Bei einer neurologischen Untersuchung wurden nun diese Metastasen festgestellt, und mein Vater musste sich Bestrahlungen unterziehen. Diese Phase war grausam. Als ich ihn einmal nach einer Bestrahlung abholte, war er derart kaputt, dass es schlimm war, ihn so zu sehen. Er konnte nicht mehr. Wir kamen an einem Geschäft vorbei, das auf dem Weg lag, und gingen hinein. Dort konnte er sich ausruhen, und die Inhaberin machte uns einen Tee. Es war ein kurzer Moment des Aufatmens, des Beistands und der Aufmerksamkeit. Als wir nachher an der Brücke auf den Bus warteten, wäre er beinahe zusammengebrochen. Doch wir schafften es nach Hause, und als er in seinem Bett lag, erholte er sich wieder ein wenig.

Inzwischen hatten wir auch die Lager räumen lassen. Tausende von Büchern und Berge von Material wurde ins Haus meiner Schwester gebracht. Die vollgefüllten Lager waren eine große Belastung gewesen, weil sie noch aufgelöst werden mussten, bevor mein Vater starb. Ich war ziemlich erleichtert, als meine Schwester anbot, alles bei ihr in der Garage zu verstauen. Es wurde eine Art archäologische Grabung, die wertvollen Dinge im Bestand zu sichten, also z. B. den Briefverkehr meines Vaters mit seinen Eltern, Medienberichte, Rezensionen, Nachtmaschine-Bücher usw. Meine Schwester kam zusammen mit ihrem Partner im Auto nach Basel, um auch Material aus der Wohnung meines Vaters abzuholen. Die Vorstellung, die Wohnung aufzulösen, ließ mir den kalten Schweiß ausbrechen. Mein Vater meinte dazu, dass ich es wäre, der das tun müsse: alles auflösen.

Er war in diesen letzten Monaten damit beschäftigt, alles in seiner Wohnung aufzuräumen. Er stand manchmal um vier Uhr morgens auf und versuchte mit letzten Kräften, Ordnung zu machen.

Ich hatte die Idee, alle Artikel über meine Schwester, die sich über Jahre angesammelt hatten, und alle Artikel über meinen Vater, der seit den Achtzigerjahren in den Medien präsent war, auf zwei Haufen zu verteilen. Es waren «BaZ»-

Artikel über ihn, Berichte über Zoë in der «Schweizer Illustrierten», im «Blick» und Rezensionen in deutschen Zeitungen, Programmhefte der Buchmesse, Korrespondenz mit Autoren usw. Ich wusste, dass sich in den Papierstößen auch Originale von Gedichten Meret Oppenheims befinden, die mein Vater aus den Augen verloren hatte.

In dieser Aufräumzeit stand er einmal im Zimmer und meinte: «Ich war die Nachtmaschine.» Das hat mich erschüttert, das war seine Identität, sein Leben als Verleger. «Ich war die Nachtmaschine», inmitten des Chaos von Papier, ein loses Blatt in den Händen, sagte er dies. Es war wie eine tragische Szene aus einem Film, todtraurig für mich, aber doch eindrücklich.

Mein Vater sprach von «Chemobildern». Von den Therapien wurde er high, sodass er traumhafte Sequenzen durchlebte. Immer wieder Bilder aus Kabul, aus Afghanistan, die hochkamen, und dann die Erinnerungen an uns als Kinder. An das, sagte er, erinnere er sich am liebsten, an uns als Kinder und an Kabul.

Wenn er im Spital bleiben musste, besuchte ich ihn, und bei schönem Wetter gingen wir draußen in den Park spazieren. Es ging mir ziemlich nahe, aber mein Vater wirkte auf mich nicht unglücklich. Mit keinem Wort beklagte er sein Schicksal. Er nahm den Krebs hin, wie er alles im Leben hingenommen hatte, pragmatisch und lösungsorientiert. Nach einem Spitalaufenthalt versuchte er, zu Fuß in seine Wohnung zurückzukehren. Er tat dies bis zuletzt, todkrank und am Ende seiner Kräfte versuchte er zu gehen. Meistens musste er noch in der dem Spital gegenüberliegenden Apotheke die Medikamente holen. Deren Zahl nahm ständig zu, und er musste sie über den Tag verteilt einnehmen. Am Schluss waren es gegen 30 Medikamente. Gegen den Natriumverlust

z. B. musste er Harnstoff zu sich nehmen, ein scheußlich schmeckendes Zeug, das er nur widerwillig mit Wasser verdünnt trank. Um Metastasen in den Knochen zu vermeiden, musste er sich ein Mittel namens «Xgeva» injizieren. Dieses Medikament konnte er aber erst nehmen, nachdem ihm alle Zähne herausgenommen worden waren und er ein künstliches Gebiss erhalten hatte. Da seine Zähne in keinem guten Zustand mehr gewesen waren, sah er mit dem neuen Gebiss gut aus, strahlende Vorderzähne, die er mir immer wieder zeigte. Manchmal nahm er das Gebiss aus dem Mund und meinte, er müsse jetzt ins Gras beißen. Zuweilen nahm er den kommenden Tod mit Humor, was mir selbst unmöglich war. Immer noch sehe ich ihn auf der Bettkante sitzen und sich die Spritze in den Oberschenkel setzen. Diese Spritze machte ihn völlig kaputt. Von den vielen Medikamenten hatte er auch ständig Durchfall, sobald er etwas zu sich genommen hatte. Das Perfide war, dass es nicht der Krebs allein war, der den Durchfall verursachte, sondern auch die Behandlungen gegen ihn. Es gab Zeiten, da musste er alle fünf Minuten auf die Toilette. Er tat mir entsetzlich leid, es war kein schönes Leben mehr, und wenn der Körper manchmal ein wenig zur Ruhe kam, war ich wirklich dankbar für diese kurzen Pausen des Aufatmens.

Am 25. Juli kamen meine Schwester, Markus und Naomi nach Basel, um ihn zu besuchen und auch wichtige Dokumente aus seinem Archiv nach Wien mitzunehmen. Mein Vater war jetzt sichtlich abgemagert und musste viel liegen. Zoë kochte etwas für ihn, Naomi lag neben ihm auf dem Bett und machte lustige Turnübungen und Markus saß im Sessel, in dem ich sonst immer saß. Das war das letzte gemeinsame Familientreffen. Wir schauten uns gemeinsam die Fotoalben mit Bildern aus der Kindheit und anderen Lebensphasen an. Meine Schwester und mein Vater saßen auf der vorderen

Bettkante und durchsuchten Kisten mit Dokumenten, Briefen. Es war ein Wühlen und Sichten in einem Konglomerat aus Zeugnissen jahrzehntelanger literarischer Arbeit. Es war ein letztes glückliches Zusammensein.

Ich weiß, dass die Rückfahrt für meine Schwester sehr schwierig war. Sie weinte die ganze Zeit, weil sie ahnte, dass es nicht mehr lange dauern würde. Mein Vater war jetzt auch sichtlich in einem sehr schlechten Zustand. Für die engsten Verwandten ist der Anblick eines sterbenden Menschen kaum erträglich.

Es gab erschütternde Momente. Weil mein Vater so abgemagert war, konnte er die schönen Anzüge aus seiner früheren Geschäftszeit wieder anziehen. Wenn ich ihn jetzt besuchte, lag er mit den schönsten Seidenanzügen in seinem Bett. Es war tragisch für mich, meinen lieben Vater so zu sehen.

Oft bekam er Besuch von einem Dichterkollegen. Ich war sehr froh, dass er immer wieder Besuch bekam. Sie gingen am Rhein spazieren und sprachen über das Leben. Dieser Dichterfreund lud uns einmal in sein Haus ein, und es war eine der letzten Autofahrten meines Vaters, aber wir schafften es und hatten einen schönen, geselligen Tag im Haus des Dichters und seiner Frau. Manchmal war dieser auch dort, wenn ich meinen Vater besuchte, knabberte an Salzstängeln, die Matthyas gekauft hatte und uns anbot. Mein Vater war immer gastfreundlich.

Die nächste Phase ließ nicht lange auf sich warten. Mein Vater teilte mir per SMS mit, dass er in ein Hospiz gehen sollte. Als er mir den Namen des Hospizes mitteilte, lief es mir kalt den Rücken runter. Im Hildegard-Hospiz war drei Jahre zuvor mein Freund an Krebs gestorben. Ich sah meinen Vater schon auf dem Totenbett im Totenzimmer liegen, so wie ich damals meinen toten Freund gesehen hatte. Nur mit

Mühe konnte ich solche inneren Bilder verdrängen, die mir das Leben zur Hölle machten.

Mein Vater war bereits derart geschwächt, dass er das Palliativzentrum Hildegard nicht mehr verlassen konnte. Für die meisten war hier Endstation. Das war uns und meinem Vater klar. Dass er von nun an bettlägerig sein würde, war schwer auszuhalten. Das Leben zog sich allmählich aus seinem Körper zurück, der Krebs hat alles aufgefressen, alle Substanz, alle Energie, alles Fleisch. Unerträglich anzusehen, wie bei ihm die Haut auf den Knochen spannte, ein Anblick, den ich zuvor bei meinem Freund und damals bei Ursula gesehen hatte. Ich will nicht wissen, wie es für die Betroffenen selbst ist, sich derart abgebaut zu sehen.

Er hatte im Hospiz täglich Besuch. Ich war froh zu sehen, dass er einen guten Freundeskreis hatte, Leute, die ihn wirklich mochten. Immer war jemand da, der ihn besuchte. Sehr oft kam der Dichter Manfred Markus Jung ihn besuchen. Mit ihm hatte er eine tiefere Freundschaft gepflegt, und sie verstanden sich sehr gut. Ruedi Passavant, ein langjähriger Freund meines Vaters, kam sehr regelmäßig ins Hildegard. Er war es auch, der mit meiner Schwester alles daransetzte, dass mein Vater dort bleiben konnte und nicht in ein Pflegeheim verlegt wurde. Nach zwei Wochen Aufenthalt mussten die Patienten das Hospiz normalerweise wieder verlassen. Mein Vater konnte schließlich bleiben und dort sterben.

Die Philosophin Dominik Zimmermann besuchte ihn immer wieder, saß an seinem Bett, sprach mit ihm. Gesundheitlich ebenfalls angeschlagen, machte sich zwei Mal Hansjörg Schneider auf den Weg ins Hildegard. Ich sah, wie sich mein Vater freute, als sein ältester Freund ihn besuchte. Der Schriftsteller Rolf Lappert und seine Partnerin Sonja Maria Schobinger kamen ebenfalls vorbei. Als mein Vater Rolf Lappert erblickte, meinte er: «Mein erster Autor.» Ebenso besuchte ihn der Schriftsteller Rudolf Bussmann, der später die Gedenkveranstaltung für meinen Vater im Januar 2022 zusammen mit dem Dichter Guy Krneta organisierte. Die langjährige Freundin der Familie Regula Bänziger besuchte ihn. Kathrin Rotschild, die in seiner Buchhandlung gearbeitet hatte, fand den Weg dorthin.

Das freute mich alles sehr, und es zeugte von Respekt meinem Vater und schließlich auch uns, seinen Kindern, gegenüber.

Einmal kam ich in sein Zimmer, und die Stelle, wo sonst sein Bett stand, war leer. Ich glaubte schon, er sei von uns gegangen und man habe bereits alles geräumt. Doch ich erfuhr, dass er draußen im Garten sei. Man konnte sein Bett bequem mit dem Lift nach unten transportieren und in den Garten schieben. Ich ging also raus und sah meinen Vater aufgerichtet im Bett ein Glacé löffeln. Neben ihm saß Ruedi Passavant auf einem Stuhl, einen Panamahut in der Hand. Es war eine schöne und grandiose Szene, meinen Vater und seinen Freund so zu sehen.

Er war jetzt kaum noch ansprechbar, manchmal fragte ich mich, ob er mich überhaupt noch erkannte. Eine Dimension hatte sich zwischen uns geschoben, welche die Sterbenden von den Lebenden trennt. Allmählich bewegte er sich in eine andere Welt, die mit dieser hier nichts mehr zu tun hatte. Alles löste sich auf. Manchmal fluchte er. Auch für einen Suizid war es jetzt zu spät, er musste jetzt seinem Ende entgegensehen. Einmal hörte ich ihn mit rauer Stimme «Hallo» rufen. Das ist das Unbekannte, Unmenschliche, das uns erwartet, das auf uns zukommt, uns mitnimmt ins Unbekannte, auf die andere Seite. «Hallo Tod, was willst du von mir?»

Andere Momente gab es, wenn er aus dem Fenster schaute und das Blattwerk der Bäume betrachtete. «Schön», sagte er dann. Das Pflegepersonal war sehr nett und eine große Stütze, sie machten alles, um die Leiden meines Vaters zu lindern. Manchmal schrie er vor Schmerz auf, dann massierte eine Schwester seinen Bauch.

Wenn Zoë von Wien nach Basel kam, ging sie vom Flugplatz direkt zu meinem Vater. In einem Moleskin-Notizbuch schrieb sie alle Sätze auf, die er von sich gab. Manchmal las sie ihm mit ruhiger Stimme aus einem Buch vor. Er hörte sehr gerne zu. Oder sie legte den Kopf auf seine Brust, während er seine Hand auf ihren Kopf legte. Es waren zärtliche Szenen. Meine Schwester ließ auf dem Laptop das Klarinettenkonzert von Mozart abspielen. Mein Vater dirigierte dazu. Mozart tat ihm gut.

Für seine Leistungen hatte mein Vater 2017 den goldenen Löwenstern vom Lions Club St. Alban erhalten. Diese Trophäe mit dem Löwenkopf hatte immer auf einem Tischchen in seiner letzten Wohnung gestanden. Jetzt stand sie neben ihm auf dem Fenstersims im Patientenzimmer. Derselbe Löwenkopf zierte den Türknauf der Eingangstür des Hildegard-Hospizes. Das hat mich irritiert, weil es einen Zusammenhang zwischen dem Hospiz, in dem gerade mein Vater starb, und diesem Preis geben musste. Das war wieder ein solcher Moment, wo sich Leben und Tod die Hand gaben.

Es gab ein Zimmer im ersten Stock mit der Aufschrift «Bitte Ruhe», und es war klar, dass es das Sterbezimmer war, jener Ort, wo es vielleicht noch ein oder zwei Tage bis zum Tod gehen würde. Der Tag kam, an dem sie meinen Vater in dieses Zimmer verlegten. Ich brachte ihm immer noch sein Lieblingsglacé, das ich unten im Café kaufte. Es war eines seiner letzten Genüsse, diese Glacés zu essen. Zwei Tage vor seinem Tod streckte er zwei Mal seine Hand nach mir aus und sagte dabei meinen Namen.

Caspar

Es konnte sich nur noch um Tage handeln. Meine Schwester war wieder aus Wien angereist. An einem Samstagabend gingen wir zusammen essen, nachdem wir bei unserem Vater waren. Am 10. Oktober fuhren wir mit dem Taxi ins Hildegard. Der Zustand meines Vaters hatte sich verändert. Er schaute mit glasigen Augen und atmete sehr schnell. Ich sah in der dünnen Brust sein Herz schlagen. «Er hat ein starkes Herz», meinte der Pfleger. Wir saßen beidseitig an seinem Bett und hielten seine Hände. Meine Schwester sagte, sie wäre gerne für einen Moment mit ihm allein, und so ging ich in den Garten. Während ich im Café im Garten saß, schrieb ich mir die Namen von allen Personen auf, die uns geholfen hatten. Ich ging wieder nach oben, und als ich ins Zimmer kam, sah ich, dass mein Vater tot war. Meine Schwester sagte mir, dass er unmittelbar gestorben ist, nachdem ich das Zimmer verlassen hatte. Es war schrecklich, ihn leblos zu sehen, diesen lebendigen Mann, der vor Kraft nur so gestrotzt hatte. Ich küsste ihn auf die Stirn und nahm Abschied. Mein geliebter Vater ist von uns gegangen, die Tränen rollten mir aus den Augen. Er ist um 13:34 am 10. Oktober 2021 gestorben, ein knappes Jahr nach der Diagnose.

Kurz darauf folgten die Formalitäten. Die Angestellten des Hildegard erklärten uns, was zu tun sei. Wir mussten das Bestattungsunternehmen anrufen. Das tat ich und erklärte, dass mein Vater eine Rheinbestattung gewünscht hatte. Mir wurde erklärt, dass es Urnen aus Salz gebe, die sich im Wasser auflösten. Wir wollten aber eine normale Urne aus Holz, da wir nicht alle Asche in den Rhein schütten wollten. Wir erfüllten den letzten Wunsch meines Vaters, seine Asche mit der Asche seiner verstorbenen Frau zu vermischen und so in den Rhein zu streuen. Auf der Fähre waren die Familie und zwei Bekannte meines Vaters anwesend. Meine Schwester und ich lasen zwei Geschichten aus «Alles geht weiter, das Leben, der Tod» vor und leerten dann, gemeinsam die Urne umfassend, die Asche in den Rhein. Alle schauten der grauen Schliere nach, die sich im Wasser und bald auch aus unseren Augen verlor.

Die Sonne drängt in den Tag, ich muss mich beeilen, die Frühfähre nach Piräus zu erreichen. Am Dorfrand von IOS die Cave Homer, umlagert von Falbkatzen, in der es den Vulkan-Retsina von Santorini gibt, der den Schädel wie eine Crumb-Zeichnung zerfetzt. Auf kleinen Hügeln stehen alte Windmühlen, immer noch in Betrieb, in deren Mondschatten amerikanische Touristinnen mit ihren mühsamen orangen Rucksäcken freie Liebe – was immer das sein soll – mit Mitteleuropäern treiben.

Soeben startet der kleine japanische Autobus zum Hafen runter; ich renne und winke, aber der Fahrer sieht mich nicht, oder will mich nicht sehen.

[...] Die letzte Kurve vor dem Hafen, am Straßenrand ein struppiger Strauch, an dem von Tau vollgesogen, schlaff Notizzettel hängen, die ich vor Tagen, in der Überzeugung, dass Notizen für mich keinen Sinn haben, fortschmiss. Ich sammle im Vorbeigehen die nächsthängenden Zettel ein, stopfe sie in meine Kitteltasche, spurte über den Hafenplatz ins Fährschiff, das dumpf im öligen Hafenwasser schwappt. Bald darauf legt es ab, rummert durch die Buchtenge ins Meer, das wie ein Gehirn eines aufgeschlagenen Schädels in seiner Fassung quabbelt. Meine Augen, die hinter den geschwollenen Tränensäcken wie aus Schießscharten einer Ruine blicken, nehmen noch die Aghia-Irini-Kirche aus dem 17. Jahrhundert und das wie eine Schneekappe über einen Hügel geworfene IOS auf, während die Insel, meine Kinder, meine Frau hinter dem gleißenden Licht der prall steigenden Morgensonne verschwinden.

Aus der Story «Kalimera» in «Highway Junkie»

Prag, 2019. Bild: privat.

Kleinbasel, 2021. Bild: privat.

ZOË

Die Entscheidung, die Buchhandlung weiterzuführen, zwang meinen Vater, sich zu organisieren. Er musste kommunizieren, Bestellungen aufgeben, Entscheidungen treffen. Und wenn er nicht mit der Buchhandlung beschäftigt war, schrieb er in sein Tagebuch. Neben dem Datum schrieb er jeweils die Anzahl der Tage auf, die seit Ursulas Tod vergangen waren. In Briefform erzählte er ihr, was er tagsüber erlebt hatte, jedes Detail, erzählte ihr von Kunden und Büchern und seinem Schmerz und seiner Einsamkeit in schlaflosen Nächten. Wenn er nicht im Laden stand, saß er am Computer und widmete sich dem schriftlichen Zwiegespräch. Er schrieb fast zwanghaft. In den letzten Wochen seines Lebens waren es nur noch Listen. Er notierte alles: die Waschtage, die Schritte, die Tage ohne Ursula. In seinen Posts auf Facebook erinnerte er ständig an sie. In seinem letzten Facebook-Eintrag vom 24. Juli 2021, fast genau drei Monate vor seinem Tod, postete er den Song «Knockin' on Heaven's Door», der die Schlussszene aus dem gleichnamigen Film mit Til Schweiger zeigt. Es war Ursulas Lieblingsfilm: Zwei junge Männer erfahren, dass sie todkrank sind und bald sterben werden. Beide haben noch nie das Meer gesehen und beschließen, aus dem Krankenhaus abzuhauen und hinzufahren.

Was mein Vater nicht verkraften konnte, war die Tatsache, dass Ursula erst 46 Jahre alt war, als sie so brutal und schnell mitten aus dem Leben gerissen wurde. Ursula war 16 Jahre jünger und er überlebte sie um 14 Jahre.

In der Trauer wurde Schreiben für ihn absolut lebensnotwendig. Sicher half ihm auch, dass Freunde und viele Kunden sich in rührender Weise um ihn kümmerten. Essen und Blumen brachten, ihn einluden, mit ihm redeten. An der Abdankung am 18. Mai 2007 in der Pauluskirche war jeder Platz besetzt, und noch Jahre nach ihrem Tod standen auf der Eingangstreppe der Buchhandlung Blumen und Kerzen.

Bachletten Buchhandlung, 2010. Bild: Mischa Christen

Da er es sich zur Aufgabe gemacht hatte, die Buchhandlung in ihrem Namen weiterzuführen, blieb nicht mehr viel Zeit für anderes. Dennoch führte er das «Kleine Literaturhaus», das er mit Ursula gegründet hatte, mit großer Leidenschaft weiter. Es wurde zu einer Institution und es tat ihm gut. Aus der Ferne beobachtete ich seine Umtriebigkeit und ich sah es als gutes Zeichen. Es war erstaunlich, wer alles bei ihm im Souterrain las. Christian Kracht kam mit seinem Buch «Ich werde hier sein im Sonnenschein und im Schatten» und Nora Gomringer mit «Sag doch mal was zur Nacht».

Zoë

Er organisierte auch Diskussionen und philosophische Treffen. Zum «Tag der politischen Lüge» machte er eine Veranstaltung über die ermordete russische Journalistin und Regierungskritikerin Anna Politkowskaja. Auch lokale Autoren einzuladen war für ihn selbstverständlich. Hansjörg Schneider und Claude Cueni, aber auch unbekannte. Ich glaube, es gibt kaum jemanden, der in Basel schreibt, der nicht von meinem Vater eingeladen wurde.

Und natürlich gab er der Lyrik eine Plattform. Ein Dichter der jüngeren Generation, den er sehr schätzte, ist Jürg Halter. Er lud ihn zu einer Lesung ein, und in seinem Einführungstext kommt seine tiefe Hingabe zur Poesie noch einmal deutlich zum Ausdruck:

> Letztes Jahr war's, als ich in Solothurn vor einem offenen Zelt auf einer Holzbank saß, der Platz heißt Friedhofsplatz, und im Zelt mit weißem Pagodendach stand vor einem Stehpültchen Jürg Halter und las sein Gedicht «Ich habe die Welt berührt». Ich sitze also auf einer Holzbank und befinde mich plötzlich im Gedicht von Jürg Halter, bin in der Türkei und bestelle ein Getränk aus Joghurt, in Surinam esse ich sirupgetränkte Waffeln und ich denke an Erinnerungen und stehe am Hafen von New York und in Harlem, und dann in Brasilien, in Argentinien und in China und in Indien, und bevor ich an das große weite Poem von Walt Whitman denken kann – bin ich schon bei den Braunbären in Russland und lehne meinen Kopf an einen Samowar und flugs bringe ich Lieder und Frieden nach Afrika und neun Zeilen weiter bin ich schon in Japan und im nächsten Abschnitt in Spanien.

> Das kann niemand bewältigen, was heißt da schon Reise um die Welt in 80 Tagen, das sind 80 Sekunden, Nanosekunden, haltersche Weltsekunden, die jürgsche Weltbündelung in drei, vier, fünf Sätzen, ach was, in drei, vier, fünf Worten, nein, in drei, vier, fünf Buchstaben, und halterlos zwischen den Zeilen, wo sich die Welt öffnet in semantische Zwischen- und Schattenwelten, um- und überstülpt, Wort für Wort, wo ein Samowar zu einem Semaphor wird und umgekehrt und ohne Ende – fast ohne Ende geht es weiter zu Schuhputzern in Tibet und dann ein stilles Telefon nach Australien – ein schwarzes Loch im Funkverkehr, im haltlosen Gedichteuniversum, das die Welt verschlingt – aber standhaft wie Zinnsoldaten im Rinnsal, im Blutgerinnsel der Menschheit, stehen da die ruhigen, schleppenden Worte von Jürg Halter: Ich lege meinen Kopf auf Ungarn und in den Seen von Finnland will ich sterben. All das hörte ich staunend und fassungslos auf dem Friedhofplatz in Solothurn – ja und weil man das nicht alle Tage hören und lesen kann, ist nun Jürg Halter hier in Basel im Parterre, wo auch heute, hoffe ich, die Welt Parterre berührt wird ...

Obwohl er schon gegen die 70 ging, hatte er einen erstaunlich frischen und jugendlichen Geist. So hatte er zum Beispiel die witzige und ungewöhnliche Idee, in der Buchhandlung Übernachtungen anzubieten.

Am 4.4.2012 schrieb Joël Gernet in einem Porträt in der «Basler Zeitung»:

Zoë

Man sieht ihn fast nicht inmitten der vielen Bücher. Zwischen 4000 und 5000 Stück sollten es sein, so genau weiß das Matthyas Jenny auch nicht, es sind auf jeden Fall so viele, dass man ein halbes Leben lang in der Bachletten Buchhandlung schmökern könnte. Oder zumindest eine Nacht lang. [...] «Heute muss man um Kunden kämpfen», sagt Jenny zu seiner ungewöhnlichen Aktion. [...] Den Einfall zur nächtlichen Zwischennutzung in seiner Buchhandlung hatte Jenny vergangene Woche, nachdem er auf Zeit-Online von einem solchen Angebot im norddeutschen Buxtehude gelesen hatte. Eine Stunde später verkündete er auf Facebook, dass er selbiges plant. «Im Sommer mache ich draußen Anlässe», sagt Jenny und blickt auf den bewachsenen Innenhof. [...] Am liebsten würde Jenny die Grünfläche in eine Gartenbuchhandlung mit «Buchspielkindergruppe» verwandeln. Von der Buchhandlung aus könnten die Kleinen dann via Balkon auf einer Rutschbahn zum «Buchspielplatz» gelangen. Und im umgebauten ersten Stock würde er das «Hotel Buch» eröffnen. «Aber leider fehlt dazu das Geld», sagt Jenny. Also wird vorerst die Buchhandlung zum Mini-Hotel.

Inzwischen hat ein älterer Herr mit weißem Bart den Laden betreten. Jenny entschuldigt sich und huscht aus dem Hinterzimmer zurück in den Verkaufsraum, vorbei an einem Bild seiner Tochter Zoë Jenny. Auf dem Arm der Autorin sitzt seine Enkelin. Seinem Tonfall zu entnehmen, kennt Jenny den wartenden Kunden: «Was willst du heute wieder?», fragt der Buchhändler. «Kommst du wieder dein Geld abholen? Ich habe auch Bücher!» Nach einem kurzen Gespräch, das von Fluchen bis Lachen alles umfasst, verlässt der Mann den Laden, und Jenny kehrt lächelnd ins Hinterzimmer zurück. Seit rund vier Jahren kommt der Randständige einmal pro Woche vorbei, nimmt ein bisschen Geld oder ein Buch in

Empfang. Im Gegenzug bekommt Jenny nicht selten eine Gassengeschichte des 62-Jährigen zu hören.

Nicht nur in seinen Texten, auch in der Realität standen Randständige, sozial Schwache und gesellschaftliche Außenseiter bei meinem Vater im Fokus. Seine Großzügigkeit sprach sich herum, und irgendwann standen Drogenabhängige und Obdachlose vor der Buchhandlung Schlange. Manchmal machte ich mir Sorgen. Zweimal wurde er überfallen. Ein Einbrecher warf ihn zu Boden und zerriss seine Kleider.
Er wirkte zerbrechlich. Als ob die Bücher ihn erdrückten. Sie türmten sich. Von Büchern erschlagen. Fast war ich erleichtert, als er ankündigte, er würde aufhören.

Aber die Trauer ging nie wieder weg.

Susanna Petrin schrieb das letzte Porträt über ihn. Es erschien im Mai 2014 im «Tagblatt» und hatte den Titel «Der traurige Rebell vom Bachletten Quartier».

> *Es muss ihm auch niemand kommen und sagen, er habe nun genug um seine Frau getrauert. Nach ihrem Tod hielt ihn zunächst nur die Buchhandlung am Leben; Alltagspflichten wie Buchlieferungen, Öffnungszeiten, die ihn täglich zum Aufstehen, zu Struktur zwangen. «Zum Glück war es ihr Wunsch, dass ich die Buchhandlung weiterführe», sagt er. «Hier war das Jenseits, dort», wir sitzen in der Küche, er zeigt Richtung Laden, «dort war das Diesseits.»*
>
> ***Als ob es Bücher geregnet hätte***
> *Das Diesseits hat sich inzwischen seinen Weg ins Jenseits gebahnt, der Übergang ist fließend. Bücher, Bücher, Bücher. Bücher im Schlafzimmer, Bücher auf dem Balkon, Bücher*

vor dem Backofen, Bücher auf dem Schüttstein zwischen Tellern und der orangen Spülmittel-Flasche. Als ob Bücher eine Art Naturgewalt wären, die über die kleinste Buchhandlung Basels hereinbrechen. Er lese Buchbesprechungen in der Zeit, im Spiegel, in der bz. «Dann bestelle ich einfach, es ist dann da, die besten, aktuellsten Bücher – aber niemand will es.» Er zuckt mit den Schultern. «Eigentlich kann man nicht allein eine Buchhandlung haben, das schafft man nicht.» Aber er macht es allein. Dazu ist er nebenbei Hotelier und Koch für die Gäste, die an den Wochenenden in der Buchhandlung übernachten oder zum «Dinner for Two» kommen. [...]

Trotzdem hat sich in Jenny eine Wut aufgestaut über Basels Kultur- und Literaturszene. Zu viel Klüngelei, gegenseitiges Schulterklopfen, Anbiederung, findet er: «Es geht nicht mehr um die Sache.» Manchmal entlädt er seine Wut in einer bösen Bemerkung, die er auf halbem Weg mit einer abwinkenden Handbewegung wieder halbherzig zurücknimmt. «Viele schreiben, damit irgendein kantonaler Fachausschuss es gut findet – aber ach, lassen wir das.» Brav und bieder dünkt ihn die Szene heute, fast die ganze Stadt. Warum? «Wenn man kein Schicksal hat, ist man immer brav.» Ein Dichter, das sei für ihn «stets etwas vom Höchsten überhaupt gewesen, ein Mensch, der sich auskennt mit der Welt».

Er schaffte es, die Buchhandlung noch neun Jahre nach Ursulas Tod weiterzuführen. Dann musste er das Haus aus finanziellen Gründen verkaufen, um eine Zwangsversteigerung zu verhindern.

Er gab die Buchhandlung an die Zwillingsschwestern Manuela und Claudia Probst ab, die sie unter dem Namen Probst & Probst bis heute liebevoll und erfolgreich und weiterführen.

Im Mai 2015 schrieb der inzwischen verstorbene Literaturkritiker und Lyrikexperte Michael Braun in der «Badischen Zeitung»:

> *2003 erfand Jenny im Alleingang die erste Buchmesse für die deutschsprachige Schweiz und als Begleitprogramm ein Literaturfestival mit über 200 Veranstaltungen. Dann startete er mit dem «Kleinen Literaturhaus Basel» einen erfolgreichen Modellversuch: Er erfand das Literaturhaus als subventionsfreie Zone. In den Kellerräumen seiner Bachletten-Buchhandlung stellte er Stühle für etwa 40 Besucher auf. Hier ermöglichte er von 2006 bis 2014 Hunderte von Veranstaltungen; seine Besucherzahlen erreichten an guten Tagen die Werte des konkurrierenden großen Literaturhauses. In Jennys Kleinem Literaturhaus konnte man etwas finden, was nur noch an wenigen literarischen Orten in Deutschland wirksam ist: nämlich Leidenschaft für die Literatur. Matthyas Jenny kultivierte den Mut zur Ungefälligkeit, schuf ein Forum für Literatur als einem schönen Ort der Unvorhersehbarkeit, der literarischen Überraschung. Freilich mit dem Dauerrisiko der Insolvenz.*

In dieser Zeit sprach mein Vater davon, im Auto leben zu wollen. «Das ist gefährlich», sagte ich. Er zuckte mit den Schultern. «Und wo wirst du dich waschen?» – «In Pratteln auf der Raststätte, dort, wo auch die Lastwagenfahrer hingehen», antwortete er lapidar, als wäre alles kein Problem. Er hatte sich schon alles genau ausgedacht. Er würde im Auto leben. Er brauche nichts und er wolle auch nichts mehr, sagte er. Nur frei sein. Ich riet ihm davon ab. Ich sagte, dass er ja nicht mehr 25 sei. Und auch dass es rücksichtslos sei, sich so zu verhalten, wenn es noch Menschen gebe, die sich Sorgen um einen machten, und wie ich das meiner Tochter erklären solle, dass der Großvater praktisch obdachlos sei. Ich glaube, ich habe mich sogar über sein Vorhaben ziemlich aufgeregt. Er schlief dann trotzdem in seinem PT Cruiser, allerdings nur für ein paar Monate. Im Spätherbst zog er in die Einzimmerwohnung an der Breisacherstraße. Soviel ich weiß, war es Klaus Merz, der sich dafür einsetzte, dass mein Vater die Wohnung bekam, wofür ich sehr dankbar bin.

Efeufenster, Breisacherstraße, 2021. Bild: privat.

Zu dieser Zeit fuhr er seinen Freund Hansjörg Schneider zu seinen letzten Lesungen. Er meinte, das würde ihm Spaß machen, er sei praktisch Schneiders Chauffeur. In einem von Schneiders Büchern erscheint mein Vater als Figur, was mich nicht verwunderte. Er verhielt sich immer mehr wie eine Romanfigur, ein Antiheld erster Ordnung. «Was macht er jetzt?», fragten mein Bruder und ich uns manchmal kopfschüttelnd, als handle es sich bei unserem Vater um den Protagonisten in einem Film, bei dem man nie weiß, was als Nächstes um die Ecke kommt.

Noch jetzt ist es für mich schwierig, sein Tagebuch zu lesen. Die Verzweiflung, die aus den Zeilen spricht, die ozeanische Traurigkeit ist kaum zu ertragen. Ich schaffe es nur in Etappen, aber dann, immer wieder wie kleine Leuchttürme, ein Gedicht wie dieses:

> Anzeichen
> Der Morgenkaffee, deren zwei
> Irgendwann nur noch eine Tasse,
> von der die Hälfte, später
> einige Schlucke – dann blieb die Tasse voll und du merktest es nicht.

In den Kisten finde ich noch heute ungeöffnete Post. Er sagte immer, er sei kein Buchhalter und auch kein Verwalter. In meiner Garage stehen Kisten mit Tausenden von Büchern und das Archiv eines sehr schöpferischen Lebens. Manchmal stehe ich ratlos vor dem ganzen Stoff, den sein Leben angeschwemmt hat und der sich zuweilen mit meinem vermischte.

Auch die umfassendste Biografie muss ein Fragment bleiben. Wie ist es auch möglich, einem Menschenleben gerecht zu werden? Die Sicht für mich als Tochter ist eine spezifische. Die Gefühle meinem Vater gegenüber sind widersprüchlich, eine ambivalente Beziehung zu einem Elternteil ist, wie man in der Psychologie weiß, die schwierigste überhaupt. Weil man damit kaum fertigwird. Zu facettenreich war seine Persönlichkeit, er spielte zu viele Rollen. Daher bleibt der Wunsch nach Einordnung ein Wunsch – und mein Vater ein Rätsel.

Was ich gelernt habe, ist, dass eine Beziehung nicht aufhört, nur weil einer gestorben ist. Trauer vergeht nicht, sie verändert sich höchstens. Mein Vater hörte nie auf, um Ursula zu trauern, und er lebte mit ihr in anderer Form weiter. Seine posthumen Briefe an sie sind ein eindrücklicher Beweis dafür.

Für mich lebt er weiter in den Erinnerungen und in den Büchern, die er geschrieben hat, in Tagebuchaufzeichnungen und Notizen und in der gigantischen Bibliothek, in der die ganze Welt wohnt. In den Werken, die er als junger Erwachsener gelesen hat, sieht man auf der ersten Seite oben rechts einen mit seinem Namen versehenen Stempel. Sie stehen jetzt bei mir, zusammen mit den Nachtmaschine-Büchern.

 Ob meine Tochter dereinst noch etwas damit anfangen kann? Mit all den Geschichten, mit all der Vergangenheit? Ihr Großvater bediente noch eine Druckmaschine. Aus heutiger Sicht eine Kuriosität. Die Zeit vergeht immer schneller. Der Mensch, der schreibt, ist ein Mensch, der sich erinnert, aber die Gegenwart war noch nie so in sich selbst verliebt, gefiltert und optimiert, so überredend wie heute. Vielleicht gehört der sich erinnernde Mensch, der noch Zusammenhänge sucht, irgendwann der Vergangenheit an. Hat mein Vater das gespürt? Seine letzte Reihe im «Kleinen Literaturhaus» hieß «Gegen das Vergessen», um vergessene Schweizer Schriftsteller wieder ins Bewusstsein zu rufen. Beim Aufräumen seiner gigantischen Bibliothek von 20 000 Büchern fällt auf, wie viele, die zu ihren Lebzeiten einmal etwas bedeutet haben, verschwunden sind. Für immer.

Das letzte Bild, das ich von meinem Vater habe, ist, wie er am Fenster seiner Wohnung steht. Es war von Efeu umrankt, wir nannten es das Efeufenster. Er öffnet es, wirft ein Straßen-Gedicht aus dem Fenster und ruft: «He! Schau! Da war mal einer, der schrieb etwas von Gärten, die in uns blühen.»

Die letzte Kurzgeschichte, die er schrieb:

Der blinde Buchhändler

Da saß er, der Buchhändler, schlafend auf seinem Stuhl vor der Buchhandlung im Schatten der Markise, den Hinterkopf an die schmutzige Schaufensterscheibe gelehnt. Die Leute gingen an ihm vorbei, ließen ihn schlafen und freuten sich trotzdem, dass in ihrer Straße ein schlafender Buchhändler vor seiner Auslage saß, in der Bücher ausgestellt waren, die vor vier, fünf und noch mehr Jahren erschienen waren. Zwischen den Büchern großer Autorinnen und Autoren lagen tote Fliegen, Bienen und Spinnen.

Vor Jahren war alles noch ganz anders. Die Kunden gingen gerne in die florierende Buchhandlung, in der sich Bücher türmten und immer das Aktuelle und Interessante auflag. Er freute sich über die Bücher und über die Kunden. Er begrüßte sie beim Namen und oft ging er auf sie zu und schüttelte ihnen die Hand oder hielt beim Abschied die Tür auf. Er mochte lesende Menschen und manchmal vergaß er während eines Gesprächs, das Geld für die gekauften Bücher zu kassieren. Wenn dann der Kunde zurückkam und sagte, dass er ja vergessen hatte zu bezahlen, merkte auch er es. An einem Hochsommertag lag die Straße still, kein Mensch war zu sehen, wenige Autos standen in der Hitze, und die anderen Läden waren geschlossen, nur er hatte seine Buchhandlung geöffnet. Niemand betrat den Laden, und gegen Mittag hin stand er auf der Straße, kein Geräusch war zu hören. Ein sachter Wind fuhr durch die Straße und wirbelte eine Zeitungsseite auf. Der Wind erinnerte ihn an den Schwarz-Weiß-Film «Das letzte Ufer», den er als 14-Jähriger gesehen hatte. Auch dort wirbelten Zeitungsblätter über leere Straßen, keine Menschen waren zu sehen, die Atombombe hatte alles Leben ausgelöscht, die Städte waren tot.

Er ging in die Buchhandlung zurück und sah die vielen Bücher mit ihren farbigen Umschlägen. Er blieb in der Mitte des Ladens stehen und sah zurück durch die Tür auf die Straße. Es war ihm, als hätte er vorher die Straße und die ganze Umgebung in Schwarzweiß gesehen. Aber alles war in die hellen Farben des Städtesommers getaucht. Er trat nochmals vor die Buchhandlung in das grelle Sonnenlicht und in die Hitze und wieder sah er alles in Schwarzweiß. Irritiert ging er in den Laden zurück, setzte sich hinter den Ladentisch und wartete. Keine Kunden kamen, kein Auto fuhr vorbei, kein Passant ging an der Buchhandlung vorbei. Am Abend drehte er die Markise hoch und schloss die Ladentür.

Am nächsten Morgen drehte er die Markise hinunter, die Sonne brannte, und es war noch heißer als am Tag zuvor. Er blieb lange vor dem Laden stehen und wunderte sich, dass er im Tageslicht tatsächlich nur noch schwarzweiß sehen konnte, während er im Laden die Farben der Bücher sehen konnte. Er fragte sich, ob er sich nun das, was er draußen sah, einbildete oder die Farben im Laden. Als der erste Kunde kam, stand er hinter dem Ladentisch. Er vermutete, dass der Kunde Herr F. war. Es war aber Herr K., der das Buch von Gerbrand Bakker, «Oben ist es still», abholte, und sie sprachen über die Hitze und die Unerträglichkeit der Hitze

Zoë

in den Straßen. Weitere Kundinnen und Kunden betraten den Laden, aber auch diese erkannte er nicht. Als er das Buch «Sommerlügen» von Bernhard Schlink in eine Geschenkpackung wickelte, war es ihm, wie wenn es plötzlich regnen würde, er schaute auf, und es regnete in der Buchhandlung. Er spürte den Regen nicht, aber er sah ihn. Es rieselte auch noch in seinen Augen, als er den Kunden unter der Tür verabschiedete. Der Massenselbstmord der Stützzellen im Sehnervenkopf weitet sich aus wie die tödliche Druckwelle nach einem Atomschlag, das Augenlicht stirbt.

Tage später musste er eine starke Lupe nehmen, um die Preise auf den Büchern zu erkennen. Es kam ihm zeitweilig vor, wie wenn er aus einem Gefängnis durch ein Guckloch in die Freiheit blicken würde. Die Farben der Bücher, die er so liebte, verblassten und wurden dunkel und düster. Er begann, die Bücher zu ertasten, er roch an ihnen, um sie an ihrem Geruch zu erkennen. Er fuhr mit den Fingerspitzen über die Umschläge und dachte, das muss ein roter Umschlag sein, das ist das neue Buch von Richard Yates, «Ruhestörung». Er lernte schnell in seiner Verzweiflung. Er lernte mit den Fingerspitzen die Farben und Schriften zu erkennen, seine Fingerspitzen ersetzten nach und nach seine Augen, die von Tag zu Tag in tieferer Nacht versanken. Sein Gedächtnis half ihm zu wissen, wo welches Buch lag oder liegen könnte. Er erkannte die Kunden nur noch an ihren Stimmen und an ihrer Schattengestalt. Um seine Blindheit zu verbergen, fragte er die Kunden, welcher Preis auf den Büchern stehe, er könne ihn nicht lesen, weil er seine Brille verlegt hätte. Das Tippen auf der Kasse und das Geldeinziehen bereiteten ihm keine großen Schwierigkeiten, aber er konnte nichts mehr lesen.

Er verbrachte die Nächte und die Tage in Dunkelheit und er hörte sich seine Anweisungen sagen: zwei Schritte geradeaus, einen Schritt nach links, drei Schritte zum Pult, der Stuhl. Seine Erinnerungen führten ihn durch die kleine Wohnung, die er auswendig wie einen Text kannte.

Aber er verlor die Übersicht über die eintreffenden Neuheiten, er konnte sie nicht sehen, hatte sie zuvor nie gesehen, konnte sie nicht einordnen, und das Befühlen und das Riechen an den Büchern nützte nichts, sie fühlten sich alle gleich an und rochen ähnlich. Er sagte den Kunden, nachdem er auch die Bestellmaske auf dem Bildschirm nicht mehr lesen konnte: Ich kann das Buch für Sie nicht mehr bestellen, gehen Sie in eine andere Buchhandlung. Nach wenigen Tagen kamen keine Kunden mehr, einzelne verirrten sich noch in seine Buchhandlung, aber er sagte immer dasselbe: Gehen Sie in eine andere Buchhandlung, wenn Sie ein anderes Buch wünschen als diejenigen, die Sie hier sehen.

Manchmal kaufte jemand ein Buch.

Er öffnete und schloss die Buchhandlung jeden Tag, obwohl er keine Kunden erwartete.

Es änderte sich nichts mehr. Im Schaufenster und in der Buchhandlung blieben die Bücher liegen und sie wurden zusammen mit ihm älter.

Zoë

Die Jahre zogen vorbei, bei schönem Wetter saß er vor der Buchhandlung, bei kaltem Wetter saß er im weißen Besuchersessel in der Buchhandlung.

Er brauchte nichts mehr, die Finsternis gab ihm alles.

Er setzte sich vor die Buchhandlung in den Stuhl, lehnte den Kopf an die verschmutzte Schaufensterscheibe. Er schlief nicht, wie ein Vorübergehender vermuten könnte. Er war hellwach und lebte in seinen Erinnerungen und in den Tausenden von Büchern, die er gelesen hatte.

Er spürte die Wärme der Sonne und er hörte in seiner unendlichen Finsternis das ferne fröhliche Lachen seiner Frau am hellen Strand, er sah und hörte das blaue Meer, die Sonne, das Licht, die Farben des Lebens.

Matthyas Jenny

DANK

Ganz herzlich bedanken möchten wir uns bei folgenden Personen für Ihre Unterstützung und Mithilfe bei diesem Projekt

- Regula Bänziger
- Hansjörg Schneider
- Monika Raetz
- Walter Brack
- Ruedi von Passavant
- Martin Furrer und Beatrice Flubacher
- Familie Probst, Bachletten Buchhandlung
- Tobias Eggenschwiler, Buchhandlung pep and no name
- Thomas Gierl
- Béatrice Al-Shaltchi
- Markus Ritter
- Markus Adamica
- Barbara Martin
- Rudolf Bussmann
- Guy Krneta
- Dominique Zimmermann
- Fabia Zindel
- Fritz Hauser
- Ingeborg Kaiser
- Manfred Markus Jung
- Oliver Thommen
- Bebsise
- Familie Koç
- Angelo A. Lüdin
- Claude Giger
- Iwan Schumacher
- Veit Stauffer
- Jean Willi
- Hans Jörg Knecht
- Fredi M. Murer
- Peter Schnetz
- Roland Minder
- Galerie von Bartha

ZOË JENNY

Geb. 1974 in Basel, veröffentlichte sechs Romane, den Erzählband «spätestens morgen» und zwei Kinderbücher. Berühmt wurde sie mit ihrem Roman «Das Blütenstaubzimmer», der in über 27 Sprachen übersetzt wurde. Zuletzt erschienen der Roman «Der verschwundene Mond» und das Kinderbuch «Nachts werden alle Wünsche wahr». Sie lebt mit ihrer Tochter bei Wien. Bild: privat

CASPAR JENNY

Geb. 1971 in Basel, aufgewachsen auf Ios, Griechenland, und in Carona, Tessin. Studium der Philosophie, Germanistik und Ethnologie. Veröffentlichungen in Literaturzeitschriften. Lebt in Basel und arbeitet als Fremdsprachenlehrer. Bild: privat

MATTHYAS JENNY

1945–2021, Schweizer Autor, Verleger, Literaturaktivist. Gründer des ersten deutschsprachigen Poesietelefons, des Tages der Poesie, des Internationalen Literaturfestivals Basel und des Internationalen Lyrikfestivals Basel sowie Initiator der Buchmesse BuchBasel, Inhaber des Verlags Nachtmaschine, wurde u. a. 2011 mit dem Kulturpreis der Stadt Basel ausgezeichnet.
Bild: privat